BIBLIOTHÈQUE INSTRUCTIVE

LA NOUVELLE-CALÉDONIE

ET

LES NOUVELLES-HÉBRIDES

Corbeil. — Typ. et stér. Crété.

BIBLIOTHÈQUE INSTRUC

LA
NOUVELLE-CALÉDO
ET
LES NOUVELLES-HÉBRIDES

PAR

H. LE CHARTIER

Ouvrage orné de 45 gravures sur bois
ET DE 2 CARTES HORS TEXTE

PARIS
LIBRAIRIE FURNE
JOUVET ET Cie, ÉDITEURS
5, RUE PALATINE
—
1885
Tous droits réservés.

Août 1884.

A MON GEORGES

Mon cher Enfant,

C'est à toi que je dédie ce livre.

Cette terre nouvelle que ma plume a décrite, ces archipels lointains, avec leurs océans et leurs rivages aux escarpements capricieux, ces vallées égayées par un beau ciel et par la variété des races qui les peuplent, ces forêts vierges avec leurs lianes, leur végétation, leurs plantes médicinales et pour nous pleines de mystères, ces montagnes avec leurs volcans, ces îles embrasées, ces mers enfin où la lutte pour l'existence s'accuse plus grandiose et plus rude, tu les as parcourus avec moi, quand tu étais tout enfant.

Je désire que le récit de nos aventures communes berce aujourd'hui tes jeunes années, communique à ton âme le charme de la vie du marin et te fasse entrevoir le vrai sens de ta destinée.

Ton père.

LA NOUVELLE-CALÉDONIE

ET

ES NOUVELLES-HÉBRIDES

PRÉFACE

Je n'ai entrepris ce récit de voyage que dans le but de servir mon pays, en déroulant à tous les regards les immenses ressources offertes au commerce, à l'agriculture et à l'industrie par notre colonie de la Nouvelle-Calédonie. Ce sera l'objet de la première partie de cet ouvrage.

Pour cette synthèse des observations faites avant moi, je m'honore d'avoir puisé largement dans l'œuvre de mes devanciers. Il eût été, en effet, présomptueux à moi de vouloir rivaliser avec les travaux des Montrouzier, Rochard, J. Garnier, E. Heurteaux, Lemire, Guaharou et autres.

Dans l'intérêt de la colonisation, j'ai cru devoir en extraire la moelle et ne me suis proposé que de réunir en un seul faisceau des œuvres diverses ayant chacune son mérite propre, après avoir élagué ce qui s'y rencontre de passager et d'accidentel, pour n'y conserver que les observations caractéristiques, permanentes, ou faciles à rectifier, si leur objet est susceptible de modifications : comme par exemple ce qui concerne la statistique.

Je crois devoir également offrir l'hommage de ma gratitude aux membres du personnel du Ministère de la Marine et des Colonies, qui ont bien voulu me fournir les chiffres donnés par les recensements officiels à la date la plus rapprochée de la publication.

Mais, si j'ai tenu à laisser à cette partie de mon œuvre un caractère d'impersonnalité, je me glorifie au contraire, dans la seconde, de revivre avec le lecteur la meilleure part de mon existence passée, puisque c'est celle qui m'a le mieux permis de mettre mes forces au service de la France.

J'y raconterai mes aventures au magnifique groupe d'îles sauvages appelées les *Nouvelles-Hébrides;* non pas pour la vaine gloire de chercher à sortir de l'obscurité, non pas même pour le plaisir d'amuser mes lecteurs en leur roucoulant comme le pigeon de notre bon La Fontaine :

> Je vous dirai : j'étais là,
> Vous croirez y être vous-même.

Tout autre et bien plus noble est le but que je me suis proposé. Il s'agit d'éclairer le pays sur ses propres intérêts, de lui montrer les *Nouvelles-Hébrides* comme le complément absolu de la Nouvelle-Calédonie, complément sans lequel notre colonie ne saurait que végéter, jusqu'au jour où, lasse d'efforts inutiles et dispendieux, la France abandonnerait à l'Angleterre, qui guette la proie, une terre arrosée par le sang des Gally-Passebosc et de tant d'autres martyrs.

On s'apercevra que, fils de Rollon, je n'ai jamais dépouillé le vieil esprit normand; fidèle à la patrie choisie par nos pères, épousant sa querelle et ses espérances.

On me pardonnera d'éprouver une maligne joie à la pensée d'arracher à la Grande-Bretagne non plus sa couronne, mais au moins quelques-uns des diamants dont ses capitaines et ses marins rêvent d'enrichir le diadème de l'impératrice des mers !...

PREMIÈRE PARTIE

LA NOUVELLE-CALÉDONIE ET SES DÉPENDANCES

CHAPITRE PREMIER

HISTORIQUE, GÉOGRAPHIE PHYSIQUE (TOPOGRAPHIE, OROGRAPHIE, HYDROGRAPHIE, ETC.).

Historique. — La Nouvelle-Calédonie fut découverte le 4 septembre 1774 par l'illustre navigateur Cook, qui lui donna ce nom en souvenir de l'Écosse, dont les côtes de l'île rappelaient l'aspect sévère et tourmenté. Le premier point reconnu par lui fut un cap de la côte orientale, qu'il appela cap Colnett, du nom du matelot de vigie l'ayant le premier signalé. Quelques jours après, Cook, avec les deux bâtiments sous ses ordres, l'*Aventure* et la *Résolution*, vint jeter l'ancre dans la baie de Baiaup, tribu de Pouma, au nord de Balade. Il descendit à terre, et, profitant des bonnes dispositions des naturels, qui, différents de ceux des terres tropicales déjà visitées par lui, se montraient paisibles, bienveillants, chastes, il renouvela son eau et fit quelques observations astronomiques. Plusieurs excursions dans l'intérieur des terres amenèrent des découvertes précieuses pour l'histoire naturelle. Le docteur Forster, naturaliste de cette expédition, s'occupa également d'études sur les mœurs du pays. Le 13 septembre, Cook quittait le havre de Balade, en longeant la côte est, et venait reconnaître le 23, au sud de la Nouvelle-Calédonie, l'île *Kunié* ou *Kounié*, suivant la prononciation des indigènes. Il lui donna le nom de l'île des *Pins* sous lequel elle est aujourd'hui connue, à cause de la grande quantité d'arbres de cette essence qu'elle renferme. Les deux navires quittèrent ensuite ces parages.

Il n'est pas douteux que La Pérouse, avec la *Boussole* et l'*Astrolabe*, n'ait visité la Nouvelle-Calédonie en quittant Botany-Bay (Australie) au mois de février ou de mars 1788 ; mais son naufrage à l'île *Vanikoro* nous a privés des renseignements qu'il avait recueillis sur cette île.

A la demande de la Société d'histoire naturelle de Paris, et par suite d'un décret de l'Assemblée nationale, le roi Louis XVI décida en 1791 qu'une expédition serait envoyée à la recherche de ce grand navigateur, dont on n'avait pas eu de nouvelles depuis le 7 février 1788. Cette expédition se composa des deux navires *la Recherche* et *l'Espérance*, montés le premier par le contre-amiral Bruni d'Entrecasteaux commandant en chef, et le second par le major de vaisseau Huon de Kernadec. Les deux navires appareillèrent de Brest le 28 septembre 1791 et se dirigèrent vers l'Australie, en doublant le cap de Bonne-Espérance où ils ne parvinrent que le 17 janvier 1792. Après avoir touché en avril à l'île de Van-Diémen, ils arrivèrent le 16 juin 1792 en vue de l'île des *Pins*. Ils remontèrent alors vers le Nord en longeant les récifs qui bordent la côte occidentale de la Nouvelle-Calédonie, sans entrer dans les passes.

Pendant ce temps Beautemps-Beaupré, premier ingénieur hydrographe de l'expédition, dressait sous voiles la carte de l'île. Cette reconnaissance périlleuse fut exécutée de la manière la plus satisfaisante sur une côte d'environ 370 kilomètres d'étendue, défendue par un récif qui se prolonge d'une distance presque égale dans le Nord, récif où l'on n'aperçoit pas une ouverture qui laisse l'espérance d'y trouver un port ou de jeter l'ancre. Les deux bâtiments suivirent cette chaîne immense depuis le 16 juin jusqu'au 3 juillet, ne s'en éloignant guère de plus de deux à dix milles, soit de 4 à 18 kilomètres.

Cette suite de récifs et d'îlots à fleur d'eau, dont on détermina les positions et les limites, reçut plus tard des navigateurs les noms de récifs d'*Entrecasteaux* et d'îles *Huon*. Continuant ses recherches, d'Entrecasteaux explora les archipels situés à l'ouest et au nord de la Nouvelle-Guinée, traversa la mer des Moluques, contourna l'Australie et, en longeant les côtes ouest et sud, repassa à la terre de Van-Diémen, visita l'Archipel des Amis, et, le 9 avril 1793, appareilla pour la Nouvelle-Calédonie, sans avoir découvert les traces de La Pérouse. Comme il avait reconnu l'année précédente que la côte occidentale en était inaccessible et ne possédait aucun port, il prit le parti de gagner directement celui de Balade, situé à l'extrémité nord de la partie Est de l'île, et où Cook avait séjourné quelques jours en 1774. Chemin faisant, les navires, poussés dans la nuit du 17 avril par un grand vent et une grosse mer, sans les prévoyantes manœuvres de Mérite, officier de quart à bord de la *Recherche*, se perdaient sur un récif de corail de 55 ou 60 kilomètres d'étendue du nord au sud et de 38 à 40 kilomètres de l'est à l'ouest. Ce récif renferme 3 petites îles boisées qui furent alors nommées îles *Beaupré*. La latitude de celle qui est la plus au nord fut trouvée de 20°15′30″ et la longitude de 163°50′ est. Le 18 avril, on mouillait dans le havre de Balade.

Les naturalistes de l'expédition, notamment Labillardière qui nous a laissé à ce sujet d'excellents renseignements, eurent pendant cette relâche à braver des dangers incessants, pour échapper à l'astuce, à la férocité des insulaires, voleurs adroits et anthropophages insatiables, dont ils nous ont fait des récits moins optimistes que ceux du naturaliste Forster, l'ami de Cook. Il en fut de même de Beautemps-Beaupré, qui réussit pourtant à faire de nouveaux relèvements, au moyen desquels il relia les opérations géographiques de l'année précédente sur la côte occidentale avec celles de l'année actuelle sur la partie orientale de la Nouvelle-Calédonie. C'est pendant le séjour de l'expédition à Balade que mourut, le 6 mai 1793, Huon de Kernadec, commandant de l'*Espérance*. On l'inhuma de nuit sur la petite île de Poudoumié sans qu'aucun signe extérieur annonçât sa tombe. Il était alors à craindre que les naturels ne vinssent l'exhumer et le dévorer. Depuis, une croix fut élevée sur cet emplacement en novembre 1845, par les marins de l'*Héroïne*, les missionnaires et les sauvages convertis. Quand il quitta Balade, le 3 mai, d'Entrecasteaux prolongea les récifs qui s'étendent au nord, et parvenu à l'extrémité nord que Cook avait trouvée se terminant à 18° 36′ de latitude, il la fixa à 18° 1′ de latitude et 160° 40′ de longitude est.

L'expédition fit ensuite route pour le nord, et d'Entrecasteaux mourut en mer le 20 juillet suivant.

Néo-Calédoniens.

Pendant la même année, en 1793, ou en 1805 suivant une autre version, le capitaine Kent, du *Buffalo*, découvrit le port Saint-Vincent, sur la côte ouest de l'île, et depuis ce temps jusqu'en 1843, la Nouvelle-Calédonie ne reçut la visite d'aucun navire de guerre ; on ignore même si quelque bâtiment de commerce y aborda. Dumont d'Urville n'y toucha pas en 1827 ; le 15 juin de cette année, il se contentait de prendre connaissance des îles les plus méridionales de l'Archipel des Nouvelles-Hébrides et de lever la carte du groupe d'îles Loyalty à peine vues en 1800 par le *Walpole* et en 1805 par le *Britannia*, et sur lesquelles les Anglais ne nous avaient transmis que des idées fort confuses. Les îles comme les baies et les caps les avoisinant reçurent du commandant de l'*Astrolabe* des noms témoignant de sa gratitude pour ceux dont le patronage avait été favorable à son entreprise et de son respect pour les hommes illustres dans la navigation, les sciences et les lettres. Il s'assura ensuite que la grande chaîne de récifs prolongée au nord-ouest de la Nouvelle-Calédonie se termine exactement aux derniers qui avaient été vus par d'Entrecasteaux.

Le 21 décembre 1843, le *Bucéphale*, commandé par le capitaine de corvette Julien de la Ferrière, mouilla à Balade et y déposa les premiers Européens destinés à séjourner dans l'île : des missionnaires du vicariat apostolique de l'Océanie centrale, Mgr Guillaume Douarre, évêque d'Amata *in partibus*, les Pères Niard et Rougeyron, et deux maristes, Jean Taragnat et Blaise Marmoiton. A Balade, à Pouébo, à Hyenghène, il fut tout de suite noué des rapports de commerce et de bonne amitié. Le commandant du *Bucéphale* profita de ces circonstances, il fit reconnaître par les différents chefs de ces peuplades la suzeraineté de la France, arbora notre drapeau, et, le 22 janvier 1844, repartait pour la France, où l'attendait en récompense le grade de capitaine de frégate.

Je ne raconterai pas comment l'Angleterre s'inquiéta de cette prise de possession et s'en plaignit au gouvernement français, ni comment celui-ci crut devoir céder et envoyer la frégate *la Seine*, commandant Le Comte, pour retirer le pavillon français. Dans l'intervalle, le 28 septembre 1845, le *Rhin*, commandé par M. Bérard, lieutenant de vaisseau, avait visité Balade. Le 3 juillet 1846, la *Seine* échoua dans le port de Pouébo, sur la côte entre le cap Colnett et Balade. Néanmoins le pavillon français fut retiré. L'équipage naufragé, composé de deux cent trente marins, fut sauvé entièrement et recueilli par Mgr d'Amata.

Au mois de juillet 1847, une épidémie maligne ayant jeté le désaccord parmi les tribus déjà amies, les indigènes incendièrent l'église élevée par les missionnaires, massacrèrent le frère Marmoiton, volèrent une foule d'objets appartenant soit aux Maristes, soit à des navires de la Société française de l'Océanie, venus à ce moment dans la Nouvelle-Calédonie. Heureusement les missionnaires purent échapper à un massacre certain et profiter du passage d'un navire français, la corvette *la Brillante*, sous les ordres de M. Du Bouzet, pour abandonner momentanément, le 21 août, la Nouvelle-Calédonie et se réfugier d'abord à Sydney, puis à l'île d'Annatom, la dernière au sud de l'Archipel des Nouvelles-Hébrides, et enfin à l'île des Pins qu'ils quittèrent en septembre 1849, au retour de Mgr d'Amata, pour rentrer à Pouébo.

Au commencement de 1851, l'*Alcmène*, commandant

M. le comte d'Harcourt, vint mouiller à Balade. C'est pendant le séjour de ce bâtiment que les indigènes massacrèrent l'équipage d'une chaloupe envoyée à 40 kilomètres plus loin pour faire une reconnaissance hydrographique sous les ordres de MM. Devarenne et de Saint-Phalle, aspirants de marine. Les deux jeunes officiers succombèrent les premiers aux coups des sauvages, trois matelots sur quinze purent seuls regagner l'*Alcmène*. La répression de cet acte de cannibalisme ne se fit pas attendre, le commandant envoya aussitôt une centaine d'hommes sur le lieu du massacre, une vingtaine de naturels furent tués, les plantations, les cases, les pirogues des naturels détruites. Les événements, les rapports du comte d'Harcourt et le désir de posséder une colonie lointaine qui pût au besoin recevoir des établissements pénitentiaires, tout en servant de station navale à notre marine de guerre, décidèrent enfin le gouvernement français à s'emparer de la Nouvelle-Calédonie, convoitée par les Anglais depuis longtemps.

En conséquence, le 1er mai 1853, le Ministre de la marine et des colonies prescrivit au contre-amiral Febvrier-Despointes, commandant en chef des forces navales dans le Pacifique, de mettre ce projet à exécution. L'amiral arriva à Balade, le 24 septembre suivant, sur la corvette à vapeur *le Phoque*, et le jour même, sans la moindre opposition de la part des naturels, il prit solennellement possession de la Nouvelle-Calédonie et de ses dépendances au nom de la France. De Balade, l'amiral se rendit à l'île des Pins, où, quelques semaines avant lui, la frégate anglaise *la Havanah* était venue avec la mission d'imposer aux naturels le pavillon britannique. Les chefs indigènes, qui avaient refusé de l'accepter, s'empressèrent, grâce à l'intervention des maristes, de faire, le 19 septembre, leur soumission à la France sous les yeux mêmes des officiers anglais. L'amiral revint ensuite à Balade, où il fit commencer la construction d'un blockhaus.

L'amiral Febvrier-Despointes quitta la Nouvelle-Calédonie, le 31 décembre 1853, sur le *Catinat*, laissant à Balade le *Prony*, qui fut rallié le mois suivant par la corvette *Constantine*, détachée de la division navale des mers de Chine. Le commandant de ce bâtiment, Tardy de Montravel, assura et compléta notre prise de possession, il entra en relations avec les principaux chefs de tribus de l'île et leur fit reconnaître la souveraineté de la France. Pendant un séjour assez prolongé dans ces parages, il explora les côtes de l'île, cherchant les ports qu'elles pouvaient offrir, et choisit la baie de Nouméa sur la côte sud-ouest pour y fonder *Port-de-France*, aujourd'hui *Nouméa*, le chef-lieu de la colonie.

Le capitaine de vaisseau Du Bouzet, nommé gouverneur des établissements français, partit de France sur l'*Aventure* au mois d'avril suivant, et arriva à Port-de-France en janvier 1855. Les premiers mois de son gouvernement furent employés à la construction d'une caserne et des édifices nécessaires à toute colonie naissante. Il visita Balade et Pouébo, en compagnie du chef de bataillon d'infanterie de marine Testard, venu de France avec lui, et nommé par lui commandant particulier de la Nouvelle-Calédonie. Le 24 juillet 1855, le commandant Du Bouzet partit de Port-de-France pour Taïti, laissant en son absence la direction des affaires de la colonie au chef de bataillon Testard. Celui-ci, au mois d'octobre suivant, concéda des terres à quelques colons dans le voisinage de Port-de-France. Les missionnaires obtinrent pour leur part cinq mille hectares dans la baie de Morari ou Boulari, dont le centre se trouve situé à dix kilomètres de Nouméa. Ils fondèrent à seize kilomètres environ un important village auquel ils donnèrent le nom de Saint-Louis, et à dix kilomètres celui moins important de la Conception.

Au mois de mai 1856, le capitaine de frégate Lebris, commandant par intérim de la subdivision navale de l'Océanie, fit avec le commandant particulier le tour de l'île. Le mois suivant, de nouveaux colons cherchèrent à s'établir dans la belle vallée de Boulari, située au pied du mont d'Or, à quelque distance au sud de Port-de-France, et qui leur avait été vendue par un chef indigène. Mais, attaqués par les naturels, ils furent contraints de se réfugier au chef-lieu. Quelque temps après, M. Bérard, qui avait donné sa démission de sous-commissaire de la marine, pour s'associer à un certain nombre de colons européens, reprit possession de la vallée de Boulari, y commença des plantations considérables de canne à sucre, et monta un moulin à cannes apporté de Sydney. Cependant les indigènes, sous les ordres du chef *Kouinédo*, continuaient leurs manifestations hostiles contre les nouveaux colons. Ils commencèrent par assassiner trois indigènes de la Conception; puis, quatre colons tombèrent sous leurs coups, le 3 novembre 1856; enfin, le 19 janvier 1857, ils parvinrent à cerner l'habitation de M. Bérard, ainsi que les onze blancs qui avaient leurs cases près de la sienne et qui étaient associés avec lui; ce fut le commencement de la guerre dans cette partie de l'île. On fit de fréquentes observations dans les montagnes et les vallées voisines du chef-lieu. Au mois de février 1858, on réussit à surprendre le chef *Kouinédo* et ses alliés, dans les villages de l'intérieur. Le coup de main, appuyé par les indigènes convertis de la Conception, amena la soumission de *Kouinédo*, qui donna des otages. Sur la côte est, nous rencontrions aussi de la résistance : sept colons européens, qui se dirigeaient de Canala vers le nord de l'île, au mois de mars 1856, furent attaqués à Houaïlou, six d'entre eux assassinés, et le seul survivant parvint à se réfugier chez les missionnaires de Wagap ou Ti-Uaka. A Balade, le poste était menacé; à Pouébo, l'église de la mission était incendiée. On fit trois expéditions contre les naturels ; Buaratte, le chef de la tribu d'Hyenghène, qui s'était montré le plus hostile envers nous, fut déporté à Taïti. Après cinq années d'exil, Buaratte s'étant franchement rallié à nous fut, en août 1863, réintégré comme chef de sa tribu et se montra, depuis, l'un des chefs les plus dévoués à la France.

Le capitaine de vaisseau, devenu vice-amiral, Saisset, commença immédiatement une reconnaissance à travers l'île, à la tête d'une forte colonne. Sa première station fut au Pont-des-Français ou *Yahoué*, à 8 kilomètres de Port-de-France, au point de jonction de la presqu'île avec la Grande Terre. De ce point il se rendit à Boulari, au pied du mont d'Or, et y fit reprendre des fouilles commencées par le *Prony*, commandant de Brun. On trouva presque partout des affleurements de houille, mais point de couche exploitable.

De Boulari, l'expédition se rendit par terre sur la côte Est, pour surprendre les villages d'Ounia et de Yaté. Après avoir exploré les environs, la colonne expéditionnaire fut transportée par le *Styx* à Canala. La beauté de cet endroit le fit choisir au commandant Saisset pour fonder, au fond de la baie, un établissement sous le nom de Napoléonville, du nom du souverain régnant. La

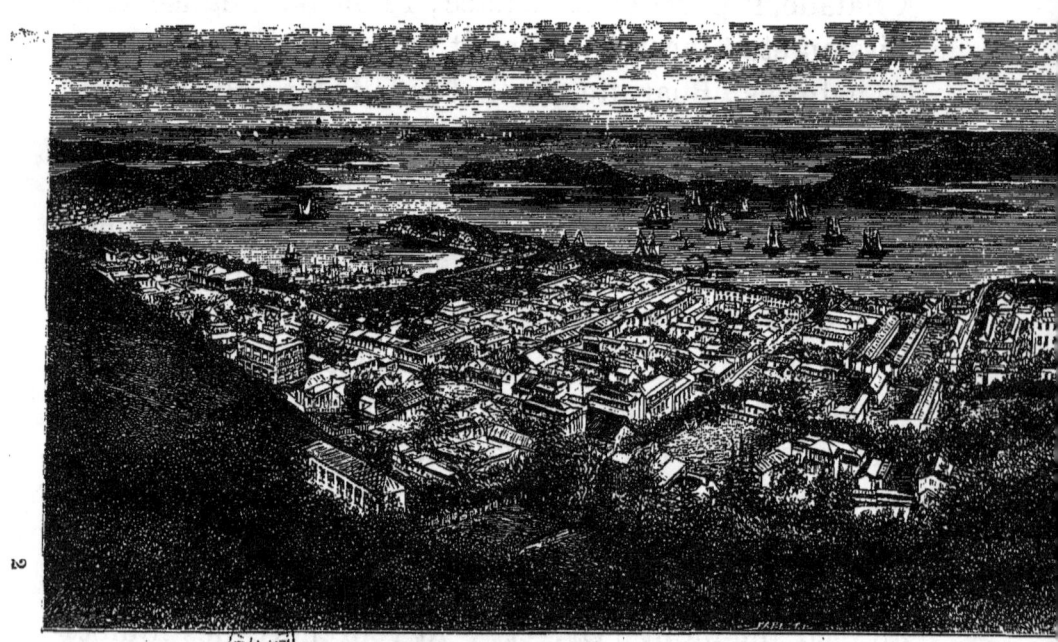

Vue de la ville de Nouméa, prise du Sémaphore.

tribu de Hyenghène, quoique privée de son chef, Buaratte, appelé le *roi du Nord*, exilé à Taïti, et l'une des plus belliqueuses de l'île, n'en conservait pas moins une attitude menaçante. Quelques Anglais de la pire espèce, hommes de sac et de corde, s'étaient disputé la succession de ce chef et étaient parvenus à exciter contre nous les naturels.

Une colonne de cent soixante-quinze hommes, ayant à leur tête le commandant Saisset, marcha contre eux, le 31 août 1859, et en moins de huit jours parvint à les disperser. Trois des Anglais, pris les armes à la main et qui s'étaient mis à la tête de l'insurrection, furent condamnés à être fusillés. Cette expédition nous coûta deux hommes tués, dont un officier, le capitaine d'infanterie de marine Tricot, et vingt-cinq hommes blessés. L'ordre rétabli, la colonne revint à Canala et traversa l'île dans toute sa largeur pour se rendre à Ouraye ou Ourail, sur la côte Ouest, d'où le *Styx* et la *Calédonienne* la ramenèrent à Port-de-France. Vers la même époque, les chefs *Jack* et *Candio*, principaux meurtriers de M. Bérard, furent pris et fusillés. Au mois de décembre 1859, le gouvernement accorda une amnistie aux débris des indigènes qui n'avaient pas fait leur soumission dans le voisinage de Port-de-France.

Après le départ du capitaine Saisset (3 avril 1860), M. Durand, chef de bataillon d'infanterie de marine, prit l'administration de la colonie. Par décret du 14 janvier 1860, la Nouvelle-Calédonie et ses dépendances furent séparées des autres établissements de l'Océanie et érigées en colonie distincte, dont M. Durand fut nommé commandant. Il fut remplacé par le capitaine de vaisseau Charles Guillain, nommé le 14 décembre précédent, avec le titre de gouverneur, et qui prit possession, le 2 juin 1862, de son gouvernement. A M. Guillain succédèrent le capitaine de vaisseau Gaultier de la Richerie, bientôt remplacé par le contre-amiral de Pritzbüer auquel la colonie est redevable de l'agrandissement de la ville de Nouméa, par suite de la suppression de la butte Conneau, et d'une conduite d'eau remarquable. La fermeté et l'énergie de ce gouverneur ont accru de beaucoup la prospérité de la Nouvelle-Calédonie. Rentré en France sur sa demande, le contre-amiral de Pritzbüer fut remplacé par le capitaine de vaisseau Olry. Enfin, le capitaine de vaisseau Courbet, nommé récemment vice-amiral pour ses brillants faits d'armes dans la campagne du Tonkin, occupa, non sans mérite, le poste de gouverneur et le céda au capitaine de vaisseau Pallu de la Barrière.

Au moment où paraîtront ces lignes, le commandant Pallu de la Barrière aura cédé la place de gouverneur à M. Le Boucher, directeur de l'intérieur. La transition du gouvernement militaire au gouvernement civil sera notablement facilitée par l'affabilité, l'expérience et la connaissance profonde du nouveau gouverneur en ce qui concerne les intérêts de la colonie.

Depuis l'occupation de la Nouvelle-Calédonie, nous avons eu à réprimer quelques révoltes partielles et une insurrection beaucoup plus grave : Wagap (janvier 1862), Monéo (mars et avril 1864), Gatope (septembre 1865); enfin l'insurrection de 1878, suivie de l'anéantissement des tribus d'Ourail et Boulouparі, Bourail, Poya. Cette leçon sévère semble avoir à jamais assuré la tranquillité de la colonie.

Topographie. — *Situation géographique.* — La Nouvelle-Calédonie est située en Océanie, dans l'océan Pacifique. Elle fait partie, comme l'Australie et la Nouvelle-Zélande, de la Mélanésie. Elle se compose d'un groupe d'îles qui sont la Nouvelle-Calédonie ou Grande-Terre, l'île des Pins, les îles Loyalty, l'île Ouen, les îles Belep, les îles Huon, les îles Chesterfield, et un grand nombre d'îlots peu importants. La Grande-Terre, ou Nouvelle-Calédonie proprement dite, trois fois égale à la Corse en superficie, est une des îles les plus importantes du Pacifique, comprise tout entière sous les tropiques, gisant entre 20° 35′ et 22° 26′ de latitude sud et entre 161°35′ et 164°40′ de longitude est du méridien de Paris. Sa longueur est de 360 kilomètres sur une largeur moyenne de 55 kilomètres, et sa superficie de 1,200 lieues carrées environ. C'est une terre allongée, dont la direction, dans le sens du nord-ouest au sud-est, fait avec l'équateur un angle d'environ 40°. Un récif madréporique l'enveloppe comme une ceinture et se prolonge au nord et au sud dans une étendue telle, que la distance d'une extrémité à l'autre de ce récif est de 694 kilomètres ou 125 lieues marines. Les colonnes volantes qui ont sillonné le pays en tous sens, après l'insurrection de 1878, ont permis de reconnaître la configuration géographique du centre de l'île jusqu'alors plus ou moins ignorée.

Orographie. — Figurez-vous le squelette d'un immense poisson qui, gisant du sud-ouest au nord-ouest, et bifurquant au nord pour former la vaste plaine du Diahot, posséderait un système d'arêtes inégalement espacées, et plus longues dans la partie occidentale que du côté oriental, mais se dirigeant toutes vers la mer, et vous aurez un aperçu de l'orographie calédonienne.

Dans la partie sud, c'est-à-dire du mont d'Or à Unio, la côte est bordée de montagnes élevées, tourmentées, diminuant de hauteur en descendant dans le sud. La chaîne de la côte est se termine à la baie du Sud, celle de la côte ouest entre Huébini et le Port-Boisé. Dans tout l'espace compris entre Unio et le mont d'Or d'une part, de l'autre entre la vallée de Thio et la baie d'Ourail, à voir les montagnes jetées pêle-mêle les unes sur les autres, on rêve de je ne sais quel Briarée ayant entassé Pélion sur Ossa. Ces monts ne se relient point les uns aux autres, et lancent à droite, à gauche, d'énormes contreforts dont les pentes inaccessibles encaissent tantôt de simples filets d'eau, tantôt des torrents considérables.

Les plus hautes montagnes sont : le plateau qui domine au Nord le piton de Panié, atteignant 1,700 mètres; le piton de Panié, 1,642 mètres, et le Humboldt, 1,610 mètres. Le mont d'Or peut être cité comme une des montagnes les plus connues à cause de son voisinage avec le chef-lieu : sa hauteur est de 775 mètres.

Hydrographie. — Les cours d'eau en Nouvelle-Calédonie sont très nombreux, leur parcours est généralement de peu d'étendue, et peu profond. Le plus important de ces cours d'eau est le Diahot (grande rivière); mais il ne devient navigable qu'à partir de Boindé à Manghine ; de ce dernier point à la mer, ce cours d'eau s'élargit au point de présenter une embouchure qui n'a pas moins de 1,200 mètres. Son cours est de 80 à 90 kilomètres et peut être remonté pendant plus de 50 kilomètres, avec des embarcations d'un assez fort tonnage. Ce qui rend surtout cette rivière importante, c'est sa direction du sud au nord. Cette direction est unique dans la colonie et tient à la bifurcation de la chaîne centrale des montagnes de l'île. L'immense demi-cercle formé par les monts Nindo du sud-ouest au nord-est, et par les monts Parages du sud-est au nord-ouest, trace au Diahot et à ses affluents un bassin à part, très remarquable par sa constitution géologique. Toutes les autres rivières coulent perpendiculairement à la ligne de partage des eaux qui sert d'arête ou d'axe à la Nouvelle-Calédonie. Les autres cours d'eaux importants de la colonie sont : les rivières de Pouébo, celle de Houéhiahommé, dans laquelle se trouvent des gisements aurifères, de Hyenghène et de Tchyenghène, celles de Tipindié, de Tiané, de Wagapo, de Wagap, de Goyeté, de Bâ, de Canala, de Negrepo, de Nakety, de Yaté, des Kaoris, de Boulari, de Dumbea, la Tamoa, la Tontouta, la Ouengui, qui se perdent dans des terres marécageuses de la baie de Saint-Vincent, les deux rivières de Néhoué et de Pœghiane.

Caps. — Les côtes de la Nouvelle-Calédonie sont très accidentées, on y remarque des caps assez nombreux : Colnett, Tuo, Baye, Bocage, etc.

Côtes, baies, ports, rades, havres, criques. — J'ai déjà nommé le havre de Balade, Pouébo, Hyenghène, la baie de Ti-Uaka, la baie Goyeté, le port de Bâ et une série de havres, baies ou criques qu'il serait trop long d'énumérer.

Lacs et étangs. — On rencontre aussi des marais et des étangs, mais de peu d'importance. Je ne citerai que les principaux : les lacs du Sud, les lacs de Yaté dans le premier arrondissement, le lac de Tigamus ou Tiéa dans le quatrième arrondissement, etc. Ils sont généralement poissonneux.

CHAPITRE II

MÉTÉOROLOGIE. — POPULATION

Météorologie. Saisons. — En Nouvelle-Calédonie on peut reconnaître un été austral, puis deux époques de transition entre l'hiver et l'été et réciproquement. Le printemps austral est caractérisé par sa sécheresse ; l'automne austral remarquable par ses pluies très sensibles ; l'hiver austral se fait sentir par l'abaissement de la température. Inutile de dire que dans l'hémisphère boréal, l'hiver calédonien correspond à l'été, l'automne au printemps, le printemps à l'automne.

Bien qu'on puisse ainsi distinguer quatre saisons, les Australiens n'en reconnaissent que deux : la saison froide, la saison chaude. Cette dernière, en Nouvelle-Calédonie, ne dure guère que trois mois. Les vents alizés du sud-est, sud, y règnent le plus généralement, sauf exceptions dans le sud de l'île. C'est ainsi qu'à Nouméa on est exposé à des séries de brise N.-O. parfois très fraîches, orageuses et torrentielles.

En janvier et février et pendant tout l'hivernage, l'île peut être visitée par les ouragans et les cyclones ; pendant mai et juin les brises se font fraîches et irrégulières, les grains assez fréquents ; en juillet et en août le temps est généralement beau, sec et les vents alizés bien établis ; les mois de septembre, octobre, sont les

Vallée et rivière Nakóty.

plus beaux de l'année : brise régulière et modérée, température égale et très douce, pluies très rares ; vers la mi-novembre, les fortes brises et les grains reparaissent par intervalles, et dans l'opinion des personnes fixées depuis longtemps dans l'île, le jour de Noël marque le commencement de la saison d'hivernage ou été austral.

Courants et marées. — Les courants sont en général assez réguliers, sauf à la sortie des deux passages, *Havanah* et *Sarcelle.*

Population indigène. — Les Néo-Calédoniens sont en général bien constitués, mais leurs traits sont peu agréables. Beaucoup plus noirs que les Polynésiens, mais beaucoup moins noirs que les nègres d'Afrique, ils ont les cheveux crépus, le front peu évasé, les lèvres saillantes, le nez épaté, les oreilles, le plus souvent, percées au lobe inférieur. Leur barbe est fournie. Ils ont généralement peu d'enfants, aussi la race néocalédonienne tend-elle à disparaître assez promptement. D'après différentes raisons données par le R. P. Montrouzier dans sa *Notice sur la Nouvelle-Calédonie* (avril et mai 1860), ces naturels viendraient du sud de l'Asie.

La population indigène en 1874 était à tort estimée à 40,000 habitants compris les indigènes des îlots adjacents (ceux des îles Loyalty non compris) et répartis en tribus de 150 à 250 habitants au plus. Aujourd'hui elle n'est guère que de 20 à 22,000 ; tous ont accepté notre domination, sinon de bonne grâce, au moins par raison, et avec une conduite prudente et beaucoup de fermeté les Européens n'ont aucun danger à redouter.

Population européenne. — On peut diviser la population blanche de la Nouvelle-Calédonie en deux catégories subdivisées en cinq classes. La première catégorie, flottante ou du moins instable, est composée de la garnison, des fonctionnaires et de leurs familles, et des transportés ; la deuxième catégorie, permanente, est composée des colons et des libérés. La garnison compte 2,327 hommes ; les familles de fonctionnaires, officiers et agents montent à 580 individus ; les surveillants militaires et leurs familles à 504 ; transportés, libérés et familles à 10,129 ; la population civile à Nouméa (française) 1,422 ; étrangère 391 ; population civile dans l'intérieur 1,429 ; engagés néo-hébridais 2,500 ; Africains 26 ; Asiatiques 221 : — soit une population de 19,529 individus.

Une habitation à Canala.

CHAPITRE III

DIVISION DU PAYS (1)

La Nouvelle-Calédonie se divise en cinq arrondissements.

LE PREMIER ARRONDISSEMENT

Comprend tout le Sud de l'île, est limité au nord par une ligne partant de la rivière *Tontouta* sur la côte ouest, et aboutissant à la rivière *Ngoné* sur la côte est. On y rattache l'île des Pins et les îles Loyalty.

Chef-lieu : *Nouméa*, chef-lieu de toute la colonie, siège du gouvernement et des administrations, possède un port admirablement abrité par l'île Nou et l'île aux Lapins ; ce port est, du reste, le seul ouvert en Nouvelle-Calédonie. Les fortifications le rendent imprenable, ses quais en pierre permettent le déchargement rapide des navires. Dans les environs, se trouve un établissement industriel qui est appelé à avoir une grande influence sur l'avenir de la colonie et connu sous le nom de hauts fourneaux de la pointe Chaleix. On rencontre aussi sur ce même point une fabrique de savon et une fonderie.

Localités principales :

(1) Voir *Géographie de la Nouvelle-Calédonie*, par Léon Guaharou, 1882.

L'*île Nou*, pénitencier-dépôt.

La *Presqu'île Ducos*, ancienne enceinte fortifiée pour la déportation.

Le *Pont des Français*; ferme modèle d'*Yahoué*, mission catholique de la Conception, prise de la conduite d'eau de *Pritzbuër*.

La *Dumbéa* tire son nom de la belle rivière qui la traverse, cultures maraîchères, maïs, café.

Païta, légumes, nickel, houille.

Saint-Vincent, bétail, café.

Baie du Sud, bois, fer, chrome, cobalt, sources d'eau chaude.

Mont d'Or, café, briqueterie.

Saint-Louis, mission catholique, écoles de garçons et de filles (200 enfants indigènes environ). Or, au lieu dit les *Grosses-Gouttes*.

Yaté et *Unia*. — *Yaté*, ancien phalanstère, désert des Touaourous.

Font aussi partie du premier arrondissement : les îles *Ouen*, l'île des *Pins*, les îles *Loyalty* et les petites îles et îlots situés au sud de la Nouvelle-Calédonie.

LE DEUXIÈME ARRONDISSEMENT

Borné au Sud par les rivières *Tontouta* et *Ngoné*, au Nord par une ligne suivant les crêtes de la vallée de Kouaoua et aboutissant à un ravin entre Bourail et Téremba.

Chef-lieu : *Canala*. Point très pittoresque, pénitencier agricole; café, riz, nickel; bon mouillage, mais un peu loin et qui se trouve au pied du *pic des Morts*, ainsi nommé parce qu'autrefois les Kanacks transportaient leurs morts sur ce sommet.

Hyenghène. — Roches connues sous le nom de Tours de Notre-Dame.

Localités principales :

Thio, nickel.

Nakéty, mission, café, nickel, antimoine ; plaine renommée ; point culminant, d'où l'on jouit d'une vue magnifique.

Kouaoua, au fond d'une belle vallée, forte tribu indigène, mouillage excellent, mines de nickel.

Moindou, centre agricole libre.

Téremba, débarcadère de Moindou.

La *Fonwary*, pénitencier agricole. Ateliers et distillerie. Pommes de terre.

La *Foa*, centre agricole libre et pénitentiaire, bancs d'huîtres. Monument commémoratif, élevé en souvenir du colonel Gally-Passebosc, tué en cet endroit au début de l'insurrection de 1878.

La *Ouaméni*, ancienne sucrerie de Kerveguen.

Bouloupari, bétail.

Tomô, beaux pâturages, camp d'exploitation forestière, nickel.

LE TROISIÈME ARRONDISSEMENT

Limité au sud par la limite nord du deuxième, au nord par une ligne partant de la rivière *Pouendimie*.

Chef-lieu : *Houaïlou*, centre agricole, district minier ; cette localité doit son importance à la mine de nickel dite le *Bel-Air*, une des premières découvertes en Nouvelle-Calédonie et aujourd'hui en pleine exploitation.

Localités principales :

Bourail, pénitencier agricole, cannes à sucre, camp des Arabes condamnés, couvent des femmes condamnées destinées à se marier avec les libérés.

Trazegnies, du nom de M. Trazegnies d'Ittres, fondateur du village. Haricots, tabac, café renommé.

Gouaro, village abandonné par suite de l'insurrection de 1878 et non repeuplé.

Cap Goulvain, nombreuses et importantes stations de bétail.

Poya, bétail, anciens villages canaques.

Mouéo, poste militaire.

Baye, coprah.

a *Tchamba*, magnifique vallée, bétail.

Pounérihouen, très grande et curieuse vallée.

Mou, coprah et élevage.

Monéo, manioc, maïs, tabac, café.

Cap Bocage, — *Baie Lebris*, nickel, café, plantes vivrières.

Koua, nickel, café, tabac.

Il existe encore dans cet arrondissement plusieurs petites localités destinées par leur fertilité à devenir des points importants.

LE QUATRIÈME ARRONDISSEMENT

Limité au sud par la limite nord du troisième arrondissement, au nord par une ligne partant de la rivière *Boualabio*.

Chef-lieu : *Touho*, tribu canaque, bon mouillage, bétail, moutons.

Localités principales :

Pouembout, vaste vallée, bétail.

Koné, centre agricole, tribus canaques populeuses, bétail.

Voh, peu importante, coprah.

Hyenghène, point très coquet et pittoresque, tribu canaque très importante, roches curieuses de 80 mètres d'élévation auxquelles on a donné le nom de *Tours Notre-Dame*, coprah et café.

Wagap, établissement de trappistes, ardoises.

Gatope, mausolée élevé à la mémoire des matelots du *Secret* massacrés par les indigènes.

Tao, magnifique cascade.

Puis viennent les localités non moins importantes de *Panié* où l'on a trouvé de l'or ; de *Tanghène* ; la vallée de *Tipindié* ; *Congouma* ; *Ponandou*, où se trouvent d'importantes forêts ; la *vallée de Ti-Waka*, où l'on fait du café et de l'élevage ; la *vallée de Tié* et *Amoa*.

LE CINQUIÈME ARRONDISSEMENT

Limité au Sud par les limites nord du quatrième, comprend le reste de l'île.

Chef-lieu : *Ouégoa*, pénitencier agricole.

Localités principales :

Gomen (*Teoudié*) appartient tout entier à la Société Franco-Australienne, élevage.

Koumac, tribu canaque et peu civilisée, cuivre.

Iles *Paaba*, coprah, commerce de fibres de cocotiers, espèce de crin végétal.

Arama, coprah.

Pam, ou plutôt *Pouarambaoum*, est le port de la vallée du Diahot, dépôt des minerais de cuivre de la Balade.

Balade, où fut effectuée la prise de possession de l'île, importante mine de cuivre.

Pouébo, mission catholique importante, café, maïs, coprah, élevage du porc, bon mouillage.

Oubatche, localité peu importante, mais d'un grand pittoresque, élevage du bétail et des chevaux.

Femme Néo-Calédonienne de Koné.

Dans l'intérieur du cinquième arrondissement se trouvent :

Le Caillou, débarcadère d'Ouégoa, nickel.

Manghine, or, cuivre.

Bondé, mission catholique importante.

La *vallée du Diahot* est de beaucoup la plus grande de l'île : elle court dans la direction de la longueur de l'île, particularité digne d'être signalée, car toutes les autres vallées sont pour ainsi dire perpendiculaires : mine de cuivre portant le nom de *Sentinelle*, bons pâturages.

Au cinquième arrondissement se rattachent les îles *Bélep*, où les indigènes cultivent le taro, l'igname, le bananier et la canne à sucre ; nous y avons interné des révoltés de 1878.

Les îles *Huon*, tortues de mer d'une écaille de peu de valeur, mais d'une chair excellente, dépôts de guano.

Les îles *Chesterfield*, devenues possession française en 1878, dépôt de guano.

CHAPITRE IV

VIE ADMINISTRATIVE. — VIE PRIVÉE : A, DES COLONS ;
B, DES INDIGÈNES.

Le gouvernement français a doté graduellement la colonie d'un système administratif analogue à celui de la mère patrie, tempéré cependant par les nécessités inhérentes à la création d'une colonie naissante.

A la tête de l'administration se trouve placé un gouverneur, assisté, dans la sphère de leurs fonctions, par un commandant militaire, un commissaire de marine ordonnateur, un directeur de l'intérieur, un chef du service judiciaire, un directeur de l'administration pénitentiaire ; les intérêts religieux sont commis à la sollicitude d'un évêque *in partibus*, ayant la haute main sur diverses congrégations.

Un conseil privé du gouverneur, un conseil colonial, sorte de conseil général, un conseil municipal à Nouméa, plusieurs commissions municipales dans d'autres centres complètent l'organisation administrative.

La garnison assez considérable, des postes de gendarmerie coloniale, assurent l'ordre général et la sécurité privée.

Des établissements d'instruction publique disséminés partout où s'est groupée une agglomération de colons ou de libérés promettent une génération instruite et active.

Indigène de la tribu d'Hyenghène.

Une chambre de commerce veille scrupuleusement au développement de la prospérité publique.

De nombreux établissements, bureaux de secours, bureaux de bienfaisance, bureaux d'immigration, garantissent emploi à toutes les forces vives, et secours à toutes les infirmités.

Jamais colonie n'a été dotée d'une administration plus nombreuse et plus spécialisée; aussi doit-on attendre un superbe essor de l'agriculture, du commerce et de l'industrie.

Je ne m'appesantirai pas sur la vie privée des Européens : elle est, sauf des modifications peu importantes, celle de nos citadins et de nos paysans. Toutefois, je ferai remarquer la liberté d'allures, le sans-gêne ordinaire aux colonies.

Mais je descendrai dans les détails tant de la vie administrative que de la vie privée des indigènes. Là tout nous sera nouveau, tout prendra d'autant plus d'importance que trop souvent, faute de connaître les us et coutumes de ces sauvages, on s'expose à les blesser profondément et l'on s'attire des haines irréconciliables.

Organisation des tribus. — La tribu se forme ordinairement de plusieurs villages et les chefs de village relèvent du chef de la tribu. Les fils succèdent aux pères dans le commandement; mais comme les adoptions d'enfants sont fréquentes, il se produit dans l'ordre des parentés comme dans l'ordre des dignités d'inextricables confusions. Les Kanacks doivent à leurs chefs la corvée pour les cultures, les constructions de cases, la pêche, et les prestations en nature pour les diverses réjouissances de l'année. Les tribus sont complètement indépendantes les unes des autres, ce sont les mêmes mœurs mais le langage est différent.

Chefs kanacks. — Le grand chef est le chef à l'oiseau *Damma Ammani*. L'oiseau est une étoile en bois placée horizontalement au sommet d'une grande case. Ce chef a droit aussi à une main au-dessus de sa case; une main, c'est-à-dire une palette à plusieurs dents ornées de coquilles. Il suspend encore à sa case de longs tillits, lambeaux d'une étoffe d'écorce de banian. Enfin les pieux qui indiquent ses plantations sont ornés de cette étoffe et d'un pigeon grossièrement sculpté. Dans les fêtes, il porte au doigt de la main gauche un tillit noir. Sa personne est inviolable. Puis viennent les chefs à paille qui marquent leurs plantations avec de petites bottes de paille, mais n'ont droit ni à l'oiseau ni à la main. Les Kanacks attachent une grande importance à ces insignes.

A la tête des agglomérations d'indigènes formées en petites sociétés l'on trouve un grand chef ou *Teama*, un second chef ou *Moueaou;* le fils aîné du grand chef, le *Dauphin*, s'appelle *Tea*, sa fille *Kabo*. L'attention se porte ensuite sur le dernier de ses enfants *Dienguelot*. Si le chef n'a pas d'enfants, il adopte ceux de ses proches parents, soit garçon soit fille, qui dès lors prennent les noms de *Tea* ou *Kabo*. La cheferie est héréditaire et la loi salique en vigueur. Tout membre de la famille du chef porte le nom de *Aose*, tous les autres sont *Jambouets*, c'est-à-dire des sujets. Toute la famille du chef est environnée de grandes marques de respect. Mais c'est surtout le *Teama* qui est la gloire de la tribu. Quand un grand chef vient de rendre le dernier soupir, son successeur envoie porter aux habitants de chaque village ces quelques mots : *Le soleil est couché!* Les hommes ne passent près du chef qu'en se courbant avec respect. A son approche les femmes s'écartent de son chemin et s'accroupissent, n'osant le regarder. Si elles sont obli-

Ataï, un des chefs de l'insurrection de 1878.

gées de poursuivre leur chemin près du lieu où il est, elles n'y passent qu'en rampant.

Les pouvoirs et privilèges du chef sont fondés sur un droit coutumier qui, pour n'être pas écrit, n'en est pas moins exactement et rigoureusement observé. Le chef a ordinairement auprès de lui quelques hommes de confiance et conseillers intimes; mais pour les grandes entreprises, il consulte ou informe les hommes influents de toute la tribu, espèce de grand conseil : c'est ce qu'ils appellent *Oulaia-Mebou*, l'ordre des vieux. Les deux événements capitaux de la vie de l'indigène sont la guerre ou les grandes réunions, *Pilou-pilou*. Le chef est investi du pouvoir de déclarer la guerre, d'inviter les chefs des tribus voisines à ces fêtes populaires, de convoquer ses sujets pour leur assigner par village la part qu'ils doivent prendre à la construction des cases, à l'apport des vivres. A lui appartient encore de punir, d'autoriser le châtiment des gros méfaits.

Le châtiment consiste dans l'incendie de la case du coupable, la dévastation de ses champs, la mort.

La culpabilité est quelquefois recherchée d'une manière sérieuse dans des réunions publiques ; dans les cas difficiles, à défaut de preuves, on a recours aux opérations sortilégiques.

Au point de vue de la propriété, voici les idées et les coutumes des indigènes de la Nouvelle-Calédonie.

L'on distingue le domaine direct ou propriété particulière, et le domaine vacant ou terrain inoccupé que nous pouvons subdiviser en commun à chaque village et en domaine de la tribu. Les chefs comme les simples particuliers ont leurs propriétés, bien reconnues, parfaitement délimitées.

La propriété s'acquiert par succession, donation, rarement par échange et par vente ; mais il y a très souvent location de terrain.

Le domaine non occupé autour de chaque village est considéré comme servitude du village.

Le domaine commun à chaque village a une limite morale au delà de laquelle se confond le domaine commun à la tribu.

Sur l'un et l'autre le chef a une autorité générale. Un étranger qui violerait d'une manière grave les droits du village ou de la tribu soulèverait des querelles qui, portées devant le chef en conseil, se termineraient soit à l'amiable, soit par une déclaration qu'il y a lieu de prendre la lance ou le casse-tête : c'est la guerre !

Il est important de ne pas confondre les biens incultes avec les biens vacants. Tout ce qui est plaine ou cultivable a ordinairement un propriétaire. Mais, vu le chiffre restreint de la population, pas d'homme qui ne trouve à cultiver un champ. Le vrai pauvre ici se confond avec le paresseux qui, ne voulant pas cultiver, devient le parasite des autres. L'homme qui n'a pas de terrain ou celui qui veut en avoir davantage trouve toujours au moins une parcelle de la forêt à défricher, une lisière de berge fertile sur un ruisseau, un pli de montagne cultivable et pouvant être arrosé par les eaux du torrent bien dirigées. Le droit de premier occupant le guide ; mais quand cette parcelle de terrain inoccupé aura été rendue féconde par son travail et ses sueurs, il en sera propriétaire dans l'estimation de tous, et, viendrait-il dans la suite à la laisser inculte, on la regardera toujours comme sienne, et après sa mort comme propriété de ses héritiers.

Dans la généreuse pensée de sauvegarder les droits respectables des premiers occupants du sol, la France, au début de son occupation, a fait la solennelle déclaration du 20 janvier 1855 et a institué en 1876 une commission de délimitation des tribus indigènes. Après la délimitation viendra la répartition du territoire entre les villages, et enfin, dans un avenir malheureusement encore éloigné, la constitution de la propriété indigène individuelle. Ces trois étapes ne peuvent être parcourues que de concert avec le degré d'avancement des indigènes dans la civilisation.

Religion. Cultes. — Les Néo-Calédoniens n'ont pas l'idée du Dieu créateur, mais il ne faudrait pas en conclure qu'ils n'admettent pas de divinité. Ils parlent souvent de l'âme du monde, *Nenergut ;* c'est elle qui gouverne toutes choses, qui est la cause des phénomènes qu'on ne peut expliquer. Outre cette divinité, chargée de gouverner le monde, il est une foule de génies attachés à divers lieux et appliqués à diverses fonctions. Ainsi, il en est que l'on prie pour obtenir une pêche abondante, d'autres qui accordent le vent, la pluie ou le soleil. Ceux-ci résident dans les forêts, ceux-là dans les cimetières. Tous ont leurs prêtres qui se divisent en plusieurs classes : les uns sont chargés de jeter des maléfices ; il y en a qui distribuent des amulettes pour être invulnérable, réussir dans une entreprise, se rendre invisible ; d'autres enfin qui ont le don de voir et d'entretenir des génies tantôt mâles, tantôt femelles, vivant dans les bois, principalement près des sources, ayant un corps invisible aux profanes, d'une ou de deux coudées de haut, volant dans les airs et portés au mal, etc. Les Néo-Calédoniens croient aussi à une vie future ; ils n'ont pas d'idée bien arrêtée sur le sort différent des bons et des mauvais ; ils disent que chacun conservera après la mort la position qu'il avait sur la terre, que les chefs resteront chefs, les sujets resteront sujets, mais que les uns et les autres se-

Hauts-fourneaux de la pointe Chaleix. — Nouméa.

ront plus heureux qu'ils ne l'ont été ici-bas, mangeant des bananes cuites et se plongeant dans le plaisir des sens; souvent ils se croient obsédés par les âmes de leurs ancêtres; ils se livrent alors à des pratiques extraordinaires, grimpent sur les arbres, gravissent les montagnes avec une agilité inusitée, déploient beaucoup de force, battent quelquefois ceux qu'ils rencontrent et ne reviennent à leur état normal que lorsqu'un de leurs prêtres a mâché quelques herbes qu'il leur étend sur le corps et plus particulièrement sur la figure.

Missions. — Nous avons déjà vu comment les maristes sont venus les premiers (21 décembre 1843) s'installer en Nouvelle-Calédonie, à Balade et quelles rudes épreuves ils eurent à supporter, après s'être retirés à l'île *Anatom* (Nouvelles-Hébrides); ils revinrent à l'île des Pins et cherchèrent en septembre 1849 à s'établir de nouveau en Nouvelle-Calédonie. Cette nouvelle tentative ne fut pas plus heureuse que la première; après avoir séjourné quelque temps à Hyenghène ainsi qu'à Yaté, l'attitude des indigènes devenant de plus en plus hostile, les missionnaires abandonnèrent une seconde fois la Nouvelle-Calédonie et se retirèrent les uns à l'île des Pins, les autres à Sydney, attendant un moment plus favorable. Ils emmenèrent avec eux néanmoins un certain nombre d'indigènes qu'ils avaient convertis au christianisme. Enfin en avril 1851 le vicomte d'Harcourt, commandant de l'*Alcmène*, ramenait Mgr d'Amata et quelques missionnaires et les installait à Balade. Cette mission prospéra vite et celle de Pouébo fut relevée; les indigènes de Tuo, tribu voisine, fréquentaient ces deux missions, et en 1853, Mgr d'Amata mourait d'une maladie contractée au milieu d'une épidémie qui exerça à Pouébo de tels ravages qu'en dix jours elle enleva un dixième de la population. La mission s'étendait à Tio-Uaka et tout prospéra jusqu'en 1855. Dans le courant de cette année, une partie de la tribu de Balade ayant montré quelques intentions hostiles, la mission dut de nouveau être abandonnée. Ceux des indigènes qui avaient embrassé le christianisme, étant devenus l'objet des défiances et des persécutions du reste de la tribu, abandonnèrent eux aussi ces tribus belliqueuses et, avec *leurs pères*, s'établirent dans cette belle plaine située au Sud du chef-lieu, dans la vallée de Boulari, dont la mission venait d'obtenir du gouverneur de l'île la concession (environ 5,000 hectares). C'est là que les maristes fondèrent les deux splendides et luxuriantes missions *Saint-Louis* et *la Conception*.

L'importance de ces deux missions est telle que l'on doit s'y arrêter un instant. La première, *Saint-Louis*, se trouve à 16 kilomètres de Nouméa, et la seconde, la *Conception*, à 10 kilomètres. Une route appelée la route du Pont des Français, tirant son nom du ruisseau qu'elle traverse, à 8 kilomètres du chef-lieu, sur un pont en pierre construit par les soldats de la première compagnie disciplinaire et non loin duquel est située la ferme modèle de *Yahoué*, avait relié ces deux missions au chef-lieu.

La mission de Saint-Louis est beaucoup plus importante que celle de la Conception sous le rapport industriel et agricole, mais la population indigène de chacune d'elles est à peu près la même et varie de 250 à 300 individus. A *Saint-Louis* l'on trouve près de la maison des missionnaires, et leur appartenant, une usine à sucre et à rhum, une scierie mécanique, deux vastes écoles ou asiles, l'un pour les petits garçons indigènes, l'autre pour les petites filles, et ayant toujours en moyenne une centaine d'élèves. Là, les enfants sont reçus par la mission, nourris, logés, habillés, instruits. Pendant quatre ou cinq heures par jour ils sont occupés à des travaux agricoles et rétribués, ce qui leur permet de se trouver à la tête d'un petit pécule à leur sortie de l'établissement. On donne aux garçons des habits, des haches, des bêches, des couteaux, etc.; aux filles une batterie de cuisine, des ciseaux, du fil, des aiguilles, des étoffes, des habits, du savon, etc. Souvent aussi de jeunes indigènes se marient entre eux. Les indigènes habitant les deux villages qui se trouvent à côté du presbytère sont travailleurs et approvisionnent de légumes et de fruits le marché de Nouméa.

En 1855 fut fondée la mission des îles Belep; en 1856 celle d'Uvéa, et en 1857 celle de Lifou, ces deux dernières îles appartenant au groupe des Loyalty. Enfin la mission catholique compte aujourd'hui une quinzaine de missions tant en Nouvelle-Calédonie que dans ses dépendances, et le nombre des indigènes baptisés peut être évalué, d'après le chiffre accusé par la mission, à environ 16,000.

La mission protestante ne possède aucune station en Nouvelle-Calédonie et n'a de ministres qu'aux îles Loyalty dont une grande moitié des indigènes a embrassé cette religion. Le culte protestant se célèbre à Nouméa où se trouvent un grand nombre de protestants, surtout parmi la population anglaise.

Tabou. — Les Kanacks païens ont les ablutions, les abstinences et la coutume du tabou.

Le *tabou*, c'est l'interdiction, la prohibition, la consécration imposée à un être ou à un objet.

Le *tabou* se met sur une plantation pour préserver la récolte, sur une femme pour lui défendre l'accès du village à certaines époques, il dure jusqu'aux relevailles ; le mari ne peut assister sa femme ; sur les habitations d'un mort et son lieu de sépulture, etc., etc.

Lorsqu'un chef ou un parent meurt, hommes et femmes de la tribu se déchirent le bout de l'oreille. Il en est de même qui ont le bout de l'oreille déchiqueté en plusieurs lambeaux. On peut donc dire que le deuil est éternel. En France, où le veuvage n'est pas toujours inconsolable, on ne saurait demander aux femmes un tel courage.

Le *tabou* est appliqué aussi à ceux qui ont enseveli un mort ; ils laissent croître leur barbe et leurs cheveux. Ils enferment leur chevelure dans un turban d'étoffe de banian ou de peau de niaouli ; ils ne se découvrent jamais, et s'ils étaient aperçus par une femme en arrangeant leur chevelure, ils devraient faire des ablutions au fond des forêts.

Les femmes et les simples Kanacks sont enterrés ; mais les corps des chefs sont exposés sur les montagnes, soit dans les branches d'un arbre sur un treillis de lianes avec des nattes, soit sur les rochers. On cherche à amener les indigènes à enterrer tous leurs morts dans des cimetières par mesure de salubrité publique.

Vie privée des indigènes, etc. — Les indigènes de la Nouvelle-Calédonie ont la peau couleur chocolat, les pommettes sont plus saillantes que celles des Européens, mais moins que celles des nègres. Ils ont les yeux noirs et la conjonctive oculaire rougeâtre, ce qui leur donne une expression farouche. Avec leurs grandes dents blanches proéminentes, ils paraissent toujours disposés à dévorer un membre humain. Ils diffèrent beaucoup des indigènes Australiens auxquels ils sont certainement bien supérieurs.

Femmes. — Les femmes, qu'on appelle *popinées*, sont très laides en général, leur tête d'écouvillon, leur chevelure crépue comme la chenille d'un casque, leurs seins énormes et piriformes, leurs oreilles déchiquetées, présentent un aspect peu séduisant. C'est un pays où la vertu semble facile ! Souvent elles blanchissent leur chevelure avec de la chaux, comme les marquises se poudraient au siècle dernier. Elles nourrissent leurs enfants au moins trois ans et souvent cinq. Elles sont flétries de bonne heure, tant par suite des privations qu'elles endurent que des rudes travaux auxquels elles sont soumises.

Costumes. — Le costume des Kanacks est tellement primitif qu'il est indescriptible. Dans l'intérieur on pourrait en habiller dix avec une paire de gants ; mais lorsqu'ils quittent leur tribu pour venir dans un centre européen, ils sont obligés de remplacer leur *inexpressible* par une culotte qu'ils portent collante. Le Néo-Calédonien aime à faire alterner le costume d'Adam avec celui des Européens, et il est fier de se vêtir d'un gilet avec un chapeau haut de forme et une chemise de couleur sans pantalon, avec un pagne en indienne de couleur entourant les cuisses. Rien de grotesque comme ces accoutrements. S'ils n'ont ni pantalon ni bas, etc., ils portent en revanche des jarretières ornées de coquilles aux genoux et des bracelets au gras des bras, des colliers en poils de roussette, des pendants d'oreilles en bois, en écaille de tortue ou en écorce, des bobines de fils, des pipes en terre, des bouchons, etc., passés dans le lobe de l'oreille. Ils ornent leur chevelure de verdure ou d'aigrettes de plumes, ou ils l'enveloppent dans une étoffe nouée en turban avec la corde de leur fronde.

Ils portent la barbe comme attribut de la virilité. Mais après un deuil, une réconciliation, la rencontre d'un ami longtemps recherché ou attendu, on casse une bouteille de verre, on prend un tesson et l'on se rase mutuellement. Avant de connaître le verre, ils employaient un morceau de bambou ou une valve de coquillage. L'usage du rasoir n'est pas encore parvenu jusqu'à eux.

Quant aux femmes, en Nouvelle-Calédonie, à Nouméa et aux environs, elles sont vêtues d'une grande blouse droite, blanche ou de couleur voyante. Dans l'intérieur elles n'ont qu'une ceinture frangée en herbes ou en fibres de cocotier teintée avec le *coleus*. Elles y ajoutent par derrière un appendice en forme de giberne où elles renferment leur pipe, leur tabac, leurs allumettes, etc. Les colliers en pierres polies et percées, en graines, en poils de roussette, les bracelets de coquilles, rehaussent l'attrait des femmes. Elles fument comme les hommes une espèce de tabac américain en figue, très âcre et très fort. Leur pipe et leur couteau ne quittent pas leur ceinture, et souvent leur pipe remplace dans le trou de leurs oreilles le rond de bois ou d'écaille qu'elles y mettent ordinairement.

Le tatouage n'est que partiel, il est plus en usage chez les femmes que chez les hommes. Pour l'opérer ils se piquent, dans la peau de la poitrine et des bras, des brins d'herbes sèches, y mettent le feu et se font ainsi de petites tumeurs rondes et gaufrées disposées par rangées.

Alimentation. — Les Néo-Calédoniens se nourrissent d'ignames, de taros, de patates, de bananes, de cocos,

Danse guerrière. — Pilou-Pilou.

de cannes à sucre, de papayes, de poissons, de coquillages. L'eau de mer et les coquillages ajoutent aux aliments le sel qui leur manque. Ils élèvent bien des volailles et des porcs, mais non pour leur usage : cela leur sert à faire trafic avec les caboteurs.

La récolte des ignames et des taros est dévorée dans les grandes fêtes que les tribus se donnent entre elles. Dans l'intervalle de deux récoltes, souvent le Kanack mourant de faim s'emploie chez les Européens qui le nourrissent et le payent, ou alors il en est réduit à manger des fruits, des sauterelles, des racines, et même une espèce de terre. Cette terre est une stéatite molle, en boulettes, se délitant avec la salive, ayant un goût légèrement sucré. C'est une espèce de chocolat trompeur qui engourdit l'estomac, mais qui n'engraisse pas.

Les Kanacks, dont le caractère est d'être anthropophages, le sont restés. On cite cette réponse de l'un d'eux à un missionnaire : *Père, dis que c'est mal de manger de l'homme, mais ne dis pas que ce n'est pas bon, tu mentirais.* Un autre, à qui un *père* avait reproché sa bigamie, crut rentrer en grâce en dévorant la plus dodue de ses épouses et vint réclamer l'absolution en ces termes : *Mi toupaï popinée, finish kaï-kaï beaucoup lélé.* « J'ai tué ma popinée : je l'ai mangée, elle était très bonne. »

Usages. — Ces pauvres popinées ! on les envoie à la pêche même avant et aussitôt après leurs couches. Elles portent les fardeaux pendant que leurs seigneurs et maîtres marchent en avant, le casse-tête ou la sagaïe à la main. Ces derniers leur font l'honneur d'être très jaloux. Les usages défendent aux femmes de s'approcher des hommes, même de leur mari, autrement qu'en rampant. Il est très inconvenant de demander à un

Kanack des nouvelles de sa mère, de sa femme ou de sa sœur. Il est prescrit par la civilité néo-calédonienne de passer devant les chefs et les invités, de s'asseoir quand ils se tiennent debout, de ne pas ôter sa coiffure quand on a pris part à un enterrement ; de montrer, à la façon des Espagnols et des Cochinchinois, à son amphitryon qu'on a le ventre plein jusqu'à l'excès.

Fêtes Pilou-Pilou. — Dans la fête les sexes sont séparés. Les hommes se mettent à la file ou en rond complètement nus, les yeux, les pommettes, les joues teints en bleu ou en rouge, des plumes ou de la verdure dans la chevelure. Ils tiennent à la main un bâton surmonté de plumes blanches, une sagaïe, un casse-tête ou une hache. Ils s'avancent en ligne frappant la terre en cadence, s'arrêtant court devant le chef ou le principal invité, déposant à ses pieds des présents : fruits, cocos, bananes, ignames, poissons, etc. S'il s'agit du gouverneur, on lui apporte un beau coq blanc et des armes. Ce présent officiel, hommage de soumission civile et militaire, est suivi d'un autre cadeau : un cochon bien gras suspendu à un bambou par les quatre pattes. Cette offre est accompagnée de sifflets, de hurlements sauvages qui se joignent au grognement du porc ou au chant du coq. Les Européens répondent à ces politesses en offrant des vêtements, des étoffes, du tabac, et on renvoie les bêtes dans le village pour y être consommées. Le soir, à la lueur des torches, commencent des danses effrénées. Ce sont des contorsions du corps en cadence et accélérées qui se terminent par de formidables cris de guerre. Au milieu des forêts épaisses, autour de feux allumés, ces bandes de sauvages surexcités ont un aspect fantastique et terrible, et l'on a une idée des plus affreuses scènes de cannibalisme. A

Jeune femme Néo-Calédonienne

la suite de scènes regrettables occasionnées par ces danses, l'autorité a cru devoir les défendre dans Nouméa, et elles ne peuvent avoir lieu qu'à une certaine distance du chef-lieu.

Langue. — Il n'y a pas de langue unique, les idiomes varient avec les tribus, mais on parle généralement un patois commun français, anglais, canaque appelé le *bichelamer*. Les Kanacks aiment à veiller très tard le soir, et les conteurs récitent de longues et poétiques légendes. Ils n'ont pas d'écriture ni de livres, mais ils gravent sur des bambous les faits qui les intéressent, et, au moyen de cette représentation figurée, ils racontent les faits dont le souvenir doit se perpétuer.

Numération. — « Les Kanacks, dit le R. P. Lambert, peu versés dans les idées abstraites, se servent, pour compter, de la parole appliquée à des objets sensibles. Leur manière de procéder est tirée de la nature d'une façon aussi simple qu'ingénieuse. Ne pourrions-nous pas appeler leur méthode *système vigésimal*, par la raison qu'ils prennent comme étalon des nombres à former le nombre *vingt*, qu'ils réalisent en comptant les doigts des mains et des pieds d'un homme. Ensuite, selon les besoins, ils multiplient ce nombre vingt ou le divisent par quatre. Leur numération successive ne s'élève que jusqu'à cinq, et se répète sur chaque membre digité de l'homme. Dans leur numération, ils ont trois termes différents, suivant qu'ils comptent des êtres animés, des objets sans vie, ou des objets de grande dimension.

« Ce qu'ils ont à compter dépasse-t-il le nombre cinq, ils fixent l'autre main et répètent absolument les mêmes termes, ce qui leur donne le nombre *dix*, *toumlik*, ils ajoutent ensuite les doigts d'un pied et arrivent à quinze, *tsinlik;* passant enfin à l'autre pied, ils réalisent le nombre vingt, ce qu'ils appellent un homme, *aïaït.*

« Nous devons constater qu'ils font l'application de leur système d'une manière très variée.

« Pour les mesures de longueur d'abord, s'il s'agit de perles, de monnaies, d'étoffes, ils emploient, pour la brasse, *amban;* ils retranchent la dernière lettre du radical, et placent à la fin la terminaison ordinaire : *ambalaït,* une brasse.

« Veulent-ils, dans une fête, compter un tas de cannes à sucre, etc., ils prennent chaque paquet, et du mot *got* font *golaït,* un paquet.

« Leurs champs d'ignames sont plantés par rangées; la rangée se dit *indan.* Pour les compléter, ils appliquent la règle précédente et s'expriment ainsi : *indalaït,* une rangée.

« Mais, si l'envie leur vient de savoir combien ils ont de pieds d'ignames sur une rangée, *poun,* qui désigne tout pied de plante en général, se transforme ainsi : *poulaït,* un pied, etc.

« Et ils poursuivent leur numération, comptant toujours les unités par cinq jusqu'à vingt et les vingtaines par cinq encore jusqu'à vingt; ce qui porte le résultat à quatre cents. Ils n'arrivent pas toujours à ce nombre sans se brouiller et même tous ne seraient pas de force à conduire l'opération. Du reste, rarement ils éprouvent le besoin de dépasser ce chiffre, ou même de l'atteindre.

« Avant de quitter notre sujet, nous lui devons encore une remarque. Si nos indigènes veulent compter quelques menus fruits de la terre, pour hâter la besogne sans doute, ils comptent par trois. Prenant donc les fruits par trois, ils les passent en disant: *Magnilaït,* trois de l'espèce *magnirou,* six de l'espèce, etc., etc.; puis ils

Ile Nou. — Pénitencier-dépôt.

recommencent jusqu'à ce que la quantité soit épuisée et le partage fait. »

Quant à moi, lorsque j'ai désiré me procurer près d'eux quelques objets, je m'emparais d'un bâton et en leur désignant l'objet je leur indiquais la quantité en leur faisant autant de petites coches. Un jour me trouvant avec une personne de ma famille qui avait, pour se rafraîchir, mangé et pris à un arbre quelques fruits, j'assistai à une leçon de numération donnée par l'indigène propriétaire de l'arbre et qui, s'étant caché au sommet, se présenta aussitôt pour réclamer le montant des fruits enlevés. *Toi kaï-kaï pommes canaques, toi les avoir là* (en désignant le ventre), *toi en avoir mangé quatre, mis huit dans ta voiture,* etc., et pour nous en faire connaître le nombre qu'il ne pouvait dire en français il avait fait sur un jonc douze nœuds, chiffre exact des fruits cueillis.

Ils ne veulent accepter aucune monnaie au-dessous des pièces de 50 centimes, *un dix sous ;* ils prétendent avoir, au début de leurs échanges avec les Européens, été trompés en recevant des sous neufs ou nettoyés pour des pièces d'or ; ils acceptent aussi en échange de leurs produits des marchandises européennes, tabac en figues, etc., etc. Une fois je me souviens avoir obtenu une quantité de curiosités en ayant, sans le vouloir, eu recours à un moyen bizarre. Mon ami regretté le docteur Letourneau, chez lequel je me trouvais dans l'intérieur de l'île, possédait une boîte à musique que j'eus l'idée de remonter au moment où une bande de Kanacks venait de s'accroupir devant sa case; aussitôt ce furent des *oué* d'étonnement, Kanacks de m'entourer et d'ouvrir les yeux comme pour dévorer la petite boîte. L'un me proposa sa fronde et ses pierres, un autre sa sagaïe, un autre son casse-tête, etc., pour voir et toucher. Bref, chacun fut mis à contribution d'un objet et ils étaient vingt et un !

M. Ch. Lemire parle d'une séance de lanterne magique à laquelle il assista, et dit combien fut grand son étonnement en constatant l'influence de cet instrument sur le développement du commerce; il parle aussi de l'exhibition d'un singe qu'un Européen possédait et que les Kanacks venaient voir de très loin, cet animal étant inconnu d'eux. Cet Européen, avant de les autoriser à visiter son singe, exigeait un petit contingent de leurs produits. De même le soir, lorsque la lanterne magique en question faisait apparaître à leurs yeux des figures étranges qu'ils croyaient être les fantômes de leurs anciens chefs.

CHAPITRE V

RAPPORT DES INTÉRÊTS PUBLICS ET DES INTÉRÊTS PRIVÉS.

Permettre aux immigrants d'acquérir facilement un champ d'exploitation, assurer la sécurité de leur travail, garantir la main-d'œuvre à bon marché, enfin créer et entretenir des voies de communication procurant des débouchés aux produits, tels sont les principaux devoirs du gouvernement dans une colonie.

Nous avons vu qu'une force relativement considérable et des forts détachés rendent maintenant impossible tout mouvement insurrectionnel, que toute haine privée traduite en fait serait aussitôt réprimée par la gendarmerie coloniale.

Pour l'encouragement de la colonisation, l'administration a cru devoir prendre une série d'arrêtés dont on me permettra de signaler l'utilité pratique.

Le sol comme dans toute contrée sauvage coûte peu, c'est en effet le travail de l'homme qui lui donne sa véritable valeur d'échange; aussi peut-on à peu de frais devenir propriétaire en Nouvelle-Calédonie. — Après la prise de possession, le gouvernement s'est réservé une partie des terres laissées incultes ou délaissées par les indigènes afin de pouvoir, au gré des émigrants et des colons, en faire vente, échange ou concession.

Je n'entrerai pas dans les détails de ces différentes opérations administratives, me bornant à donner quelques renseignements susceptibles de faire mieux ressortir la sollicitude de la mère-patrie et de ses représentants envers ses fils émigrés. C'est ainsi que les concessions à titre onéreux ont lieu sur le pied de 24 francs par hectare, payables en douze ans; encore le concessionnaire n'est-il tenu, selon la marche progressive des revenus du sol, qu'à verser 50 centimes par hectare et par an pendant les trois premières années; 1 franc pendant les quatrième, cinquième et sixième années, 2 fr. 50 centimes pendant les septième, huitième et neuvième; 4 francs pendant les dixième, onzième et douzième.

Les biens dépendant du domaine de la colonie peuvent même être concédés gratuitement ou sous certaines conditions à imposer aux concessionnaires. Ainsi tout immigrant reçoit, s'il le veut, trois hectares de terres à culture, à la condition de résider sur sa concession et de la mettre en valeur pendant cinq ans consécutifs. Des concessions spéciales sont accordées aux officiers, sous-officiers, désireux de se fixer dans la colonie à leur retraite.

De plus, les jeunes immigrantes patronnées par le département de la marine et des colonies, les jeunes filles et les garçons élevés dans les orphelinats de la colonie reçoivent, comme présent nuptial au moment de leur mariage ou de premier fonds au moment de leur majorité, une concession de trois hectares de terres à culture sous condition d'exploitation. Enfin, tout enfant légitime reconnu ou légitimé, né dans la colonie de parents habitant en dehors de la commune de Nouméa, devient à sa naissance propriétaire de trois hectares immédiatement, et les parents conservent jusqu'à la majorité de l'enfant l'usufruit de ce terrain.

Peut-on rêver un pays où il suffise de débarquer, ou de naître, pour avoir droit à un capital représenté par d'excellentes terres à culture sous la simple condition de l'exploiter? Peut-on prétendre, après cet exemple, que la nation française ne sait pas coloniser? N'est-ce pas un devoir de faire connaître de si grands avantages à tant de malheureux, qui, soit par suite de leurs propres folies, d'opérations malheureuses, ou en raison de la pauvreté de leurs parents, végètent dans nos villes et nos campagnes, luttant sans espoir pour se créer une place au soleil? Combien plus heureux seraient-ils, si, comprenant qu'ils sont venus trop tard, selon l'expression du poète, et dans un monde trop vieux, ils se décidaient à se transporter dans un monde plus jeune pour y devancer à leur tour, par une prise de possession aujourd'hui très facile, les émigrants de la dernière heure appelés selon une loi fatale à jalouser un jour l'heureuse fortune des premiers immigrants!

Mais, dira-t-on, s'il est si facile à chacun d'acquérir un titre de propriété, n'est-il pas à craindre que tout le monde veuille exploiter sa parcelle, et que par suite les bras manquent pour une exploitation d'une certaine importance? Comment assurer la main-d'œuvre si nécessaire cependant pour le défrichement de terres vierges, le desséchement des marais, le creusement des mines? Ce n'est point aux noirs peu familiarisés avec les procédés européens et peu disposés surtout à l'obéissance que l'on peut s'adresser; faudra-t-il donc continuer à faire appel, comme en Australie jadis, comme à San-Francisco, aux travailleurs chinois?

L'administration a prévu ces différentes objections.

La Nouvelle-Calédonie n'est pas seulement un pénitencier, elle est aussi une colonie pénale. La colonisation pénale est à la fois un but et un moyen.

Les transportés, c'est-à-dire les individus condamnés aux travaux forcés pour crime de droit commun, sont assez fréquemment mis à la disposition des colons qui les demandent. Ce louage fournit à la fois une récompense aux condamnés en voie d'amélioration et une assistance des plus utiles à la colonisation. Deux autres classes de transportés sont employées sous la direction de surveillants et agents spéciaux dans les établissements modèles, tels que la ferme d'Yahoué, l'atelier des travaux publics de Païta, l'exploitation des bois de marine et de construction de la baie du Prony. Les individus des deux dernières classes font ainsi un apprentissage qui profitera aux colons lors de leur passage à la classe précédente, et qui plus tard leur permettra de devenir des libérés utiles à la colonisation. La quatrième classe demeure à l'île Nou, au peloton de correction jusqu'à ce que les condamnés qu'elle comprend aient été jugés dignes de passer dans les autres catégories.

On a construit à l'île Nou, pénitencier central, une scierie, une manutention et un magnifique hôpital. On y trouve de grands magasins d'approvisionnements, des ateliers de construction et de fabrication, des casernes, des fermes agréables, des jardins et des quais ; c'est là aussi que sont gardés les engagés sans engagiste ou sans travail, et les impotents. On voit par quelles écoles successives la mère patrie se propose de réintégrer dans les droits et les devoirs de citoyen le malheureux que des circonstances fatales, la misère, l'ignorance, ont la plupart du temps retranché de la société. Selon la

Première installation de déportés.

gravité du crime varie la durée de la peine et de l'école correctionnelle. Après avoir successivement parcouru ces stages vers la régénération, le libéré est astreint, pour ainsi dire, à une étape avant de pouvoir rentrer dans la mère patrie. Il y a même une classe, malheureusement la plus nombreuse, de libérés qui doit perdre tout espoir de retour ; ce sont les condamnés à au moins huit ans de transportation. Que faire de ces libérés, dont le nombre va croissant de jour en jour ? La première pensée du gouvernement a été de les marier, de fonder des familles pour peupler la colonie, et en conséquence il leur a donné certains avantages. Il a encouragé par des transports et des concessions gratuites les familles qui voudraient rejoindre leur chef en cours de peine. En France il s'est adressé dans les diverses maisons centrales ou dans les maisons de refuge, a fait des propositions aux détenues, a choisi celles qui lui ont paru les meilleures et les a amenées dans la colonie. A Bourail on a fondé un vaste pénitencier ou mieux une ville ou commune de libérés et même de transportés déjà éprouvés, et c'est là surtout que s'établissent les familles dont nous venons de parler. Les enfants reçoivent une instruction solide ; des écoles de garçons et de filles assurent une génération morale et ouvrière. Mais Bourail n'est pas toute la colonie, le flot des libérés monte de jour en jour menaçant de noyer sous son limon l'élément de l'émigration libre, grave écueil susceptible d'entraîner les plus grands désordres et de compromettre l'avenir de la Nouvelle-Calédonie. Cependant la solution de ce péril social s'offre d'elle-même. Je veux parler de l'établissement des libérés à fonder aux Nouvelles-Hébrides.

La Nouvelle-Calédonie a reçu aussi à certaines époques les condamnés politiques ou déportés, je ne crois pas devoir m'appesantir sur leur passage, l'amnistie ayant mis fin à leur séjour et très peu d'entre eux s'étant établis dans la colonie.

Colons et libérés se trouvant forcément disséminés à d'assez grandes distances les uns des autres sur toute la surface de la Nouvelle-Calédonie, il importait d'établir des relations entre tous les éléments de la civilisation aux prises avec la barbarie. On a couru au plus pressé. Ne pouvant établir des routes fort dispendieuses pour une colonie naissante, on a jugé utile de relier entre eux les différents centres et les fermes principales par un réseau télégraphique qui permît de signaler rapidement, soit les perturbations climatériques et géologiques, soit les mouvements hostiles de la population indigène. Aujourd'hui (1) un télégraphe établi à peu de frais sur des poteaux vivants en niaouli rend impossible une insurrection semblable à celle de 1878. Quelques routes même sillonnent la plus grande partie de l'île. M. le capitaine de vaisseau Pallu de la Barrière, gouverneur actuel, vient d'inaugurer en février dernier (1884), à la satisfaction générale, la grande route de Païta à Boulouparí. Des ponts ont été construits, épargnant aux colons les difficultés d'un passage souvent dangereux et leur permettant d'éviter les méandres capricieux des rivières torrentielles. Un câble sous-marin relie l'île Nou à la presqu'île Ducos, autrefois réservée à la déportation dans une enceinte fortifiée, aujourd'hui ne servant plus qu'à la déportation d'insurgés arabes.

Il est fortement question de relier la colonie à la mère-

---

(1) Voir *La Nouvelle-Calédonie*, par Ch. Lemire.

patrie au moyen d'un câble sous-marin passant par l'Australie. Un autre projet plus vaste, rendu plus sérieux encore par le percement de l'isthme de Panama, unirait San Francisco à Sydney, Honolulu, les Fidji et la Nouvelle-Calédonie. Évidemment l'existence de notre nouvelle colonie de Taïti rendrait plus fructueuse encore pour la France la ligne Panama, Marquises, Tuamotu, Taïti, Nouméa, Brisbane.

La création d'un service postal dans la colonie date du mois d'août 1839, mais la malveillance des indigènes attaquant, massacrant et dévorant parfois les courriers a longtemps entravé le développement de ce service. Depuis la répression de 1878 et la réunion des postes et télégraphes en 1880, la colonie se trouve dotée d'un réseau suffisant.

Indiquons en passant le double itinéraire de France en Nouvelle-Calédonie.

Il peut s'opérer à l'aller sur les navires de la compagnie des Messageries Maritimes par Marseille, Suez, Aden, La Réunion, Maurice, Albany, Adélaïde, Melbourne, Sydney, Nouméa, et l'on peut au retour, si l'on veut accomplir le tour du monde, visiter la Nouvelle-Zélande, Honolulu, San-Francisco, New-York, le Havre. L'on vient d'inaugurer également (février 1884) une ligne ayant Bordeaux pour point de départ.

CHAPITRE VI

EXPLOITATION ANIMALE, VÉGÉTALE, MINÉRALE.

Doit-on attribuer à une guerre d'extermination ou simplement à une sorte d'impuissance de la nature l'absence de vie animale qui attriste la vue du voyageur européen ? Il n'y a pas un seul mammifère sauvage, ni dans les bois, ni dans les plaines. Car il ne faut pas compter les rats qui ne se montrent pas, ni la roussette, grande chauve-souris, qui ne déploie son activité qu'à la nuit. Cependant on rencontre quelques écureuils à Bouloupari. Pas d'oiseaux, bien qu'on en ait cité 107 espèces habitant les rivages et les forêts. C'est à peine si cinq ou six espèces forestières sortent des bois ; très rares et surtout silencieux sont ces pauvres petits insectivores. Dans les forêts, quelle tristesse ! Sauf, dans l'intérieur, le pigeon notou, le pigeon vert, la tourterelle verte, quelques perruches, aucun autre oiseau ! Au rivage et dans quelques marais l'on trouve cependant des canards sarcelles. Mais, si les oiseaux manquent, en revanche les insectes pullulent : sauterelles, cancrelats, moustiques dévorent à qui mieux mieux qui les récoltes, qui les gens. Pour les sauterelles il serait bon d'arrêter ce terrible fléau par l'introduction d'oiseaux choisis dans une contrée équatoriale et par suite plus faciles à acclimater. Heureusement les oiseaux importés de Cochinchine réussissent pour la plupart à merveille.

L'exploitation du règne animal ne peut donc s'exercer sur les types indigènes. Mais l'importation européenne du bétail a parfaitement réussi, sauf cependant pour l'espèce ovine. Les espèces chevaline, bovine, porcine prospèrent à merveille. Dans notre colonie, comme en Australie, l'élevage a précédé l'agriculture ; la douceur du climat permet de laisser en constante liberté les troupeaux. A peine en fait-on le rassemblement une fois par an pour en opérer le recensement. Si l'on songe avec quelle facilité s'accomplit la reproduction, on comprend que de 1859 à 1880 les bêtes à cornes aient crû de 1000 à 80,000 têtes.

L'espèce ovine a moins bien réussi par suite d'une herbe à piquants qui blesse l'animal et l'amène à un dépérissement funeste à la chair et à la toison. Pour remédier à cet inconvénient le gouvernement colonial a mis en location les îles et îlots exempts de cette herbe malfaisante, l'île des Pins et les îles Loyalty exceptées.

La chèvre est malheureusement sujette à l'anémie.

L'espèce chevaline se réfère à deux types également sobres et robustes : le plus grand provenant d'Australie, le plus petit de l'île Norfolk. Pour favoriser l'élevage du cheval, l'amiral Courbet, pendant son gouvernement, a décidé que dorénavant la remonte coloniale se ferait avec les produits de la colonie.

L'espèce porcine importée par Cook appartient à la race dite chinoise si renommée.

Tous nos oiseaux de basse-cour sont périodiquement décimés par des maladies meurtrières ; mais leur multiplication rapide répare promptement les pertes produites par la mortalité.

Il importe de signaler un produit d'origine animale : le guano, qui couvre certaines îles avoisinant la Nouvelle-Calédonie et particulièrement les îles *Huon* et *Chesterfield*.

Si nous passons de l'exploitation animale terrestre à l'exploitation animale maritime on trouve le trépang, le dugong, la tortue, espèces dont je parlerai quand je traiterai des pays où elles se rencontrent plus particulièrement.

Exploitation végétale. — Il semble que la nature avare d'animaux indigènes ait voulu récompenser ces contrées au point de vue végétal. Oh! quelle flore splendide que la flore calédonienne ! Forster, La Billardière en 1824, le R. P. Montrouzier en 1860, le commandant Jouan en 1861, MM. Vieillard, Desplanches, Dr Rochard, Bal, Bescherelle, Fournier et surtout M. Lecart nous en ont révélé la richesse exubérante.

Au point de vue agricole, je donnerai à mes bienveillants lecteurs un extrait du *Journal officiel* de 1875.

« Le maïs est jusqu'ici la culture la plus générale du pays, il remplace l'orge et l'avoine et sert aussi à la nourriture des noirs. On en peut faire deux et quelquefois trois récoltes par an.

« La culture du blé n'a pas répondu aux espérances.

« Le caféier réussit très bien, sa production est de première qualité.

« La canne à sucre est cultivée dans toute l'île par les indigènes, mais seulement comme plante alimentaire.

« Le coton, le riz, l'indigo, la vanille, le tabac, toutes les plantes tropicales poussent admirablement. Les plantes vivrières telles que les patates, le manioc, les haricots; celles fourragères, telles que la luzerne, le sainfoin, le trèfle; celles oléagineuses telles que les co-

Canala. — Mines d'antimoine.

cos, les noix de bancoul, le ricin, les arachides et tous les fruits si variés des pays intertropicaux réussissent à merveille. »

Si l'on envisage maintenant l'exploitation végétale au point de vue industriel et commercial je citerai d'après le catalogue de M. Lecart, ex-directeur des pénitenciers agricoles, quelques spécimens des innombrables espèces d'arbres et de plantes constituant ces superbes forêts et recouvrant ces splendides vallées, sur lesquels se repose l'œil avec tant d'admiration.

Parmi les arbres de toutes essences le *Pancheria Jernata*, bois rouge violet foncé, souvent saxifragé, panaché de veines noires, dur, incorruptible, d'un grain très fin, susceptible d'emplois variés (menuiserie fine, ébénisterie et tour) ; la *Lanceolata*, conifère gigantesque vulgairement appelée *Kaori* ou bois léger, propre à toutes sortes d'usages ; l'*Itralia*, pour la menuiserie légère ; le *Carissa*, le *Niaouli melaleuca rondiflora* dont les feuilles remplacent le thé et le laurier dans les sauces, qui assure la salubrité du pays, raison pour laquelle on le propage également en Algérie comme l'*Eucalyptus* ; son fourreau d'écorce le préserve du feu et sert à faire des cases ; il produit l'essence de Niaouli ou huile de cajeput employée dans la parfumerie et en médecine contre les rhumatismes et les maladies de la vessie. Le *caoutchoutier*, le *bancoulier*, le *houp*, l'*arbre à pain*, l'*arbre gomme*, l'*arbre à goudron*, le *tamarinier*, l'*ébène blanc*, le *chêne tigré*, et une foule d'autres arbres abondent.

Exploitation minérale. — Mais de toutes les exploitations auxquelles peut se livrer la colonisation, la plus importante est sans contredit, en Nouvelle-Calédonie, l'exploitation minérale.

Les richesses minérales de notre belle colonie sont incalculables ; de tous côtés, l'on rencontre des mines de cuivre, d'or, de nickel, d'antimoine, de chrome, de cobalt, de houille ; des carrières de pierres lithographiques, de marbre, de serpentine, de jade, d'ardoises, de kaolin ; mais, hélas ! le manque de bras laisse improductifs tant de trésors. Cependant de nombreuses mines sont déjà entrées en exploitation.

Parlerai-je des superbes mines de cuivre de *Balade* et de *Koumack ?* de la mine d'or de *Manghine* ou *Fernhill*, des concessions aurifères de *Galarino* et de *Panié*. MM. Clark, Montrouzier, Heurteaux et Ratt, renseigneront amplement les lecteurs.

Mais nous devons une mention spéciale au nickel, source incomparable de richesses pour la colonie et pour la mère-patrie. Le minerai extrait de *Houaïlou*, *Canala* et *Thio* sur des concessions de 4,000 hectares est fondu à Nouméa, et affiné près Marseille à l'usine de Septèmes. Indispensable à l'horlogerie, à la coutellerie, à l'article de Paris, à l'orfèvrerie, appelé à remplacer le cuivre comme monnaie divisionnaire, déjà en usage à ce titre en Allemagne, en Suisse et en Belgique, ce métal dont les principaux gisements ont été découverts par l'ingénieur J. Garnier, a été naturalisé dans l'industrie française par M. J. Higginson, colon australien, mais au cœur français, à qui le gouvernement a cru devoir en récompense délivrer des lettres de grande naturalisation.

En traitant les différents minéraux que recèle le sol calédonien, on rencontre parfois l'antimoine dont on se sert en imprimerie et en thérapeutique.

Le chrome fournit aussi un rendement très rémunérateur. On l'emploie à teindre les toiles, les papiers et les fleurs artificielles. L'Allemagne et l'Angleterre le font servir au tannage des peaux, industrie dont les tanneries de Bordeaux retireraient grand profit.

Le cobalt, dont on peint la porcelaine et les émaux, est en Nouvelle-Calédonie d'une facilité d'exploitation exceptionnelle.

Et si les marchés d'Australie ne fournissaient à vil prix d'immenses quantités de charbon, on pourrait citer plusieurs gisements de houille assez productifs.

Les pierres lithographiques de la presqu'île Ducos remplaceraient avantageusement les grandes plaques de Saxe aujourd'hui si rares.

Enfin la pierre à bâtir deviendra un important objet d'exportation entre Nouméa et Taïti qui en est dépourvue.

Voilà sommairement l'exposé des richesses minérales de notre colonie, et nous n'en connaissons rien encore, car pour exploiter, il faudrait des mineurs outillés en conséquence, et nous avons malheureusement à regretter le peu d'enthousiasme montré jusqu'ici par l'immigration libre. Pourquoi le flot d'émigrants français se jette-t-il ainsi dans l'océan des États-Unis où il se perd sans retour, tandis que de nombreuses et importantes colonies françaises sont contraintes d'admettre au partage de leurs richesses, des bras étrangers, des bras anglais ! voire même allemands...

CHAPITRE VII

PASSÉ, PRÉSENT, AVENIR DE LA NOUVELLE-CALÉDONIE.
NÉCESSITÉ D'ANNEXER LES NOUVELLES-HÉBRIDES.

Aux luttes sauvages qui décimaient la Nouvelle-Calédonie indépendante a succédé l'occupation européenne, non moins fatale aux indigènes ainsi que l'accuse un dépérissement progressif de la race. Tout en regrettant la disparition de peuplades humaines, j'envisagerai l'exploitation calédonienne par la race blanche ou la race métissée qui proviendra de son croisement; je poserai donc les questions suivantes: un rameau européen ou européanisé peut-il dans ce pays vivre et se développer, en trouvant toutes les ressources de la civilisation dans un avenir plus ou moins rapproché? J'examinerai s'il importe à la prospérité de la France d'y maintenir haut et ferme son pavillon. J'étudierai quels sont les facteurs du développement colonial, comment on peut en activer l'énergie en la dirigeant selon le double intérêt de la colonie et de la mère-patrie.

Dans cette voie je rencontrerai l'annexion des Nouvelles-Hébrides, objet particulier de cet ouvrage. Envisager, en effet, la Nouvelle-Calédonie sans les Nouvelles-Hébrides, c'est vouloir séparer la tête du corps.

Située sous les latitudes correspondantes à celles du midi de l'Europe, la Nouvelle-Calédonie possède un climat très sain. Pas de fièvres ni de maladies endémiques. La température ne subit aucune des sautes si fréquentes en Australie : toutes conditions nécessaires à la vie d'une race européenne.

A égale distance de notre colonie de Cochinchine et de nos possessions américaines, elle prolonge utilement notre réseau colonial et profite de son développement général.

D'ailleurs il importe à la France de ne point laisser accaparer l'Océanie par l'Angleterre déjà maîtresse de l'Australie, de la Nouvelle-Zélande, des Fidji et de la Nouvelle-Guinée.

Un jour viendra, dont on aperçoit déjà l'aurore, où Londres pourra éprouver le sort de Carthage, il serait donc utile dès aujourd'hui de prendre position pour recueillir son héritage.

Les Anglais le comprennent si bien eux-mêmes que nous les voyons se jeter à la traverse de toutes nos entreprises coloniales.

Il faut prévoir même dans un avenir très rapproché l'émancipation des États-Unis d'Australie et s'assurer un marché d'échange avec ce monde naissant. Il faut préparer lentement mais sûrement la revanche des Montcalm, des Dupleix, des Déjean.

Aujourd'hui que le monde austral, grâce à la généreuse initiative du grand Français Ferdinand de Lesseps, doit se trouver, par suite du percement de l'isthme de Panama, beaucoup plus rapproché de l'ancien continent, la France verra ses colonies d'Océanie visitées plus fréquemment par les navires de commerce, sur la route desquels Taïti, les Tuamotu, les Marquises, la

Nouvelle-Calédonie et, je l'espère, les Nouvelles-Hébrides, offriront un point de relâche, centre d'un commerce avantageux.

La Nouvelle-Calédonie dans ce système est appelée à être la tête d'un corps colonial dont ferait partie nécessairement l'Archipel Hébridais. Voyons donc quels éléments peuvent contribuer à son développement, quelles forces ils apportent à la colonisation? N'oublions pas que la Nouvelle-Calédonie répond à un double but, qu'elle est à la fois un débouché commercial et un pénitencier. Outre l'élément libre trop rare actuellement, elle possède l'élément pénal destiné à s'accroître de jour en jour. La loi sur les récidivistes jetterait une perturbation profonde dans la vie coloniale. De là résulte la nécessité de l'annexion des Nouvelles-Hébrides.

Il est vrai, la main-d'œuvre deviendrait moins chère et plus puissante, mais les colons libres se verraient à la merci de foules indisciplinées. N'y a-t-il donc pas un procédé plus simple qui permettrait à la fois de faire affluer les travailleurs en Nouvelle-Calédonie, de débarrasser la France de la lie sociale en agrandissant notre système colonial?

Ne pouvant vaincre l'horreur du Kanack calédonien pour le travail, même par l'appât d'un gain relativement considérable, sous l'impression récente d'une révolte formidable nous avons fait appel aux naturels des Nouvelles-Hébrides; la jalousie de l'Angleterre est venue nous enlever cette ressource : sous prétexte d'humanité, Sa Majesté Britannique n'a pu souffrir l'engagement libre pourtant de ces pauvres noirs! Il faut croire que sa morale change avec les temps et les latitudes, ou que le pressentiment de ses déboires en

Thio. — Plan incliné des mines de nickel.

Égypte avait endurci son cœur, car sur les instances de notre honorable sous-secrétaire d'État à la Marine, M. Félix Faure, elle nous a rendu carte blanche aux Nouvelles-Hébrides. Mais, trop juste compensation, elle a décrété par l'organe d'un de ses généraux, le *biblique Gordon*, le rétablissement au Soudan du marché aux esclaves. Eh bien! malgré cette condescendance ou plutôt ce compromis, le devoir de la France s'accuse de plus en plus nettement. Il faut annexer les Nouvelles-Hébrides. Libres alors d'engager le nombre de travailleurs nécessaires, nous serons libres aussi de les remplacer par l'élément pénitentiaire devenu l'avant-garde de la civilisation. Et ainsi nous remédierons à un double péril, le manque de bras à Nouméa, le fourmillement des récidivistes à Paris.

Aucune de nos colonies n'est préparée à recevoir cette marée montante, et cependant il importe de nous en débarrasser. Aux Nouvelles-Hébrides, bien que l'Archipel soit plus étendu que la grande terre Calédonienne, aucune île ne présente assez de surface pour permettre à la race canaque des révoltes analogues aux massacres de 1867 et à la grande insurrection de 1878. D'ailleurs il serait très facile d'interdire entre les différentes parties du groupe toute communication dangereuse. En revanche, comme on le verra dans la suite de ce récit, le climat y est généralement excellent, l'exubérance de la végétation prodigieuse, les richesses minières supérieures encore à celles de la Nouvelle-Calédonie. On ne saurait désirer un emplacement mieux approprié à l'installation de pénitenciers dans le genre de ceux de Bourail, Canala, La Fonwary.

Le meurtre tout récemment commis par les naturels d'Aoba sur un jeune Français, le vœu des indigènes et de la presque totalité même des colons étrangers qui, hardis pionniers, y ont devancé la civilisation : tout nous impose le devoir d'annexer le plus promptement possible cet Archipel. Déjà l'Australie convoitant sa possession vient d'obtenir une réponse favorable du chef du *Foreign Office ;* décidons-nous donc : sans les Nouvelles-Hébrides, la Nouvelle-Calédonie destinée à végéter tomberait d'abord, commercialement et industriellement parlant, aux mains des Australiens et finirait par servir de proie à la rapacité britannique.

Au nom des Gally-Passebosc, des Houdaille, et de tant d'autres martyrs; des Rivière, des Servan, ces héros de l'insurrection ; au nom des missionnaires et des savants, des Montrouzier, des Lambert ; au nom des colons aussi habiles que les Higginson et des Kerveguen, nous conjurons nos gouvernants de ne pas souffrir que la honte d'une annexion hébridaise pour le compte de l'Angleterre stérilise à jamais tant d'abnégation et de dévouement.

DEUXIÈME PARTIE

ILE DES PINS, ILES LOYALTY, ARCHIPEL DES NOUVELLES-HÉBRIDES.

Ayant eu l'honneur d'être appelé par la confiance de M. le contre-amiral de P..., alors gouverneur de la Nouvelle-Calédonie, à remplir les fonctions de commissaire du Gouvernement pour l'émigration aux *Nouvelles-Hébrides*, je m'embarquai, sur le brick-goëlette *Tanna* (1), en rade de Nouméa.

Le même jour, à deux heures de relevée, nous levions l'ancre, nous dirigeant vers les Nouvelles-Hébrides, groupe magnifique d'îles sauvages, dans le but d'y rapatrier des indigènes, dont le temps d'engagement comme travailleurs venait d'expirer, et de recruter de nouveaux engagés en vue de la campagne suivante.

Entouré de nombreux amis venus à bord nous serrer une dernière fois la main, j'assistais impatient aux longues manœuvres de l'appareillage, maudissant la faiblesse de la brise qui nous occasionnait tant de virements de bord, avant de sortir de la rade fermée de Nouméa; mon désir me portait déjà au milieu de ces îles où nous attendaient tant de suprises et d'émotions.

(1) Nom d'une île volcanique des Nouvelles-Hébrides.

Pour charmer les lenteurs de la traversée, je me mis à étudier les indigènes des deux sexes, nos compagnons de voyage. Rien de touchant et de comique comme de voir ces pauvres créatures accroupies pêle-mêle sur leurs talons, les uns roulant de gros yeux à fleur de tête, et les autres lançant d'ardents regards, où se trahissait l'envie de quitter la rade bruyante de Nouméa, et de regagner les baies paisibles de leur pays natal.

Certes, nous n'allions point avoir à mener la vie facile, élégante, mais monotone, oisive du flâneur parisien. Quant à moi, loin de m'en plaindre, je me sentais attiré par cet inconnu mystérieux, et remerciais la destinée de m'avoir jeté dès l'âge de vingt ans au milieu des attraits et des périls de la vie coloniale, au lieu de me laisser savourer, comme tant d'autres, les douceurs énervantes du *far niente*. Il me prenait comme une soif d'aventures, un amour étrange de l'inconnu, qui me rendait capable de briser ou tourner les plus rudes obstacles ; et je me sentais une expansion d'activité que seule la mort me semblait pouvoir arrêter ; je comprenais alors cet enthousiasme que Tacite prête aux Romains, partant pour les côtes encore inexplorées de la Bretagne.

Enfin, voici le signal du départ ! A peine avions-nous doublé la pointe de l'île Nou, mettant le cap sur la baie du Sud, que le capitaine invite nos amis à regagner leurs embarcations amarrées le long de notre bord. On échange les adieux, on se serre affectueusement la main, et l'on se sépare...... peut-être pour toujours !

L'équipage de notre gracieux petit brick se composait de seize vigoureux marins dont quatr formant l'état-major : le capitaine, déjà signalé, le second, le lieutenant et votre serviteur ; parmi les matelots, un coq et un mousse, ce dernier investi des délicates fonctions de maître-d'hôtel.

A tout seigneur, tout honneur. Notre capitaine, âgé de trente-six ans, ce point fatal que le Dante appelle le milieu de la route, a un aspect que l'on pourra trouver, au premier abord, dur et sévère et vous en imposerait peut-être ; moi, qui le connais bien, je ne puis que vous engager à vaincre ce premier mouvement : plus tard, vous conviendrez avec moi de son affabilité bien française et de l'excellence de son cœur.

Je ne vous conseillerai pas de vous livrer aussi vite au second, si vous n'aimez à subir ses manies et même ses *anglomanies*, car il affecte les manières anglaises sur lesquelles tranche assez comiquement, du reste, un vieux levain français. Mais réservez, je vous prie, vos étonnements et votre admiration pour le lieutenant.

Le lieutenant Mac....., d'origine écossaise, offre le type le plus frappant du *Yankee* (1). Taille élevée, figure rousse, encadrée d'une longue barbe jaune et grise, ce marin écossais, vrai loup de mer, naviguant tantôt au service de l'Angleterre, tantôt pour son propre compte, entre-temps mineur en Californie et en Australie, a vu couler le Pactole sous ses doigts sans pouvoir retenir la moindre paillette d'or. Pourquoi les plaisirs, pourquoi le gin coûtent-ils si cher ?... Et d'ailleurs, à quoi bon la vie, sinon pour la dépenser joyeusement et à sa guise. Tant qu'il restera une pépite

---

(1) *Yankee*, nom donné dérisoirement par les Anglais aux Américains, sous le prétexte que les Peaux-Rouges prononcent ainsi le mot *English*.

d'*or au placer* (1), une marchandise à échanger, une concession à exploiter, Mac... vivra largement et sans compter, quitte à reprendre le lendemain sa place parmi les travailleurs. Il faudrait la plume de *Bret-Hart* (2) pour célébrer dignement une existence si fantaisiste et si fantastique. Naguère encore, il promenait sa face et son profil dans toutes les mines de nickel de la Nouvelle-Calédonie, quand, repris du désir de courir les aventures, il consentit à nous accompagner à bord du *Tanna*, pour nous aider dans notre mission d'émigration. Le capitaine mit d'autant plus d'empressement à accepter son concours que Mac....., familiarisé avec les dialectes des différentes îles de l'Archipel des *Nouvelles-Hébrides*, avait eu le talent, par ses plaisanteries et son affabilité, de capter la confiance des indigènes auprès desquels il pouvait nous servir de truchement.

D'ailleurs on connaît Mac..., sous sa triple face de viveur, de mineur et de marin. Aussi sobre à bord qu'intempérant sur la terre ferme, il nous donnera mille fois pendant la traversée et surtout dans nos descentes à terre, l'occasion de rendre justice à son sang-froid, à sa sagesse et à sa prudence. Il semble que cet homme étonnant ait adopté, probablement à son insu, dans les diverses phases de sa triple existence, la devise de César : « *age quod agis* (3). »

Avec de tels compagnons, sur un théâtre aussi vaste, aussi changeant que l'Océan, nous n'avons point à craindre l'énervante monotonie que l'on éprouve à

---

(1) *Placer*, nom donné dans la Californie et l'Australie aux lieux où l'on trouve de l'or.
(2) Bret-Hart, romancier américain des scènes du *farwest* et de la Californie.
(3) *Fais bien ce que tu fais*.

Ile des Pins. — La reine Hortense et son époux Samuel.

bord des navires de guerre. A peine y met-on le pied, il faut, selon l'expression du Dante : « *Lasciate ogni speranza,* » dire adieu à tout plaisir, à toute réunion de famille, et se condamner, pour toute distraction, à la lecture du fastidieux et réglementaire journal du bord.... écrit en caractères algébriques.

Combien plus agréable se présente la traversée à bord du *Tanna!* Pas un jour ne se passera sans nous apporter son contingent d'émotions violentes ou délicieuses, soit que nous rassasiions nos regards au spectacle féerique d'une flore exubérante, soit que, chose moins gaie mais non moins attrayante par son danger même, nous courions le risque d'assouvir l'appétit des cannibales.

Mais le souvenir plein de charmes des dangers bravés et surmontés me fait presque oublier que mon récit s'arrête au départ.

Après avoir longé le canal *Woodin* qui sépare la Grande Terre de l'île *Ouen*, petite île habitée par les indigènes de la tribu des Touaourous, j'étais encore étendu sur ma couchette quand j'entendis le bruit de la chaîne qui descendait de son puits au fond de la baie du Sud. Nous employâmes la journée à faire de l'eau, du bois et du lest, aidés dans cette opération par les indigènes non moins impatients que nous d'arriver à la terre promise. Rien ne nous était plus facile, car la baie du Sud forme un véritable amas de fer dans lequel poussent des arbres magnifiques, exploités du reste par les pénitentiaires de l'administration. Je n'eus pas le temps, à mon grand regret, d'aller visiter la plaine des lacs, ainsi nommée parce qu'elle renferme à une altitude de 400 mètres deux lacs donnant, le premier naissance à la rivière de Port-boisé, le second en forme de 8 d'où s'échappe la rivière de la baie du Sud, qui vient de cascade en cascade se déverser dans la mer. On me fit remarquer deux sources d'eau chaude qui permettraient d'y établir une station thermale. Le lendemain à l'aurore nous quittions la baie du Sud, et prenant le canal de la *Havanah* nous cinglions vers le nord-est, gagnant l'île Maré, l'une des îles Loyalty.

Au sud-est, l'œil distinguait vaguement le pic *Nga*, le point le plus élevé de l'île des Pins, et le cœur se serrait à la pensée que plus de 3,000 malheureux compatriotes y expiaient sur un rocher isolé, au milieu des récifs, loin de la famille pour la plupart et de la patrie, un dévouement aveugle à leurs convictions politiques.

A l'heure où j'écris ces lignes, la patrie a, depuis 1880, ouvert de nouveau ses bras à ses fils égarés et ils ont été remplacés par les débris des tribus insurgées. Kanacks, déportés et indigènes autochthones de l'île des Pins, au nombre de 660 environ, obéissent à la reine Hortense et à son époux Samuel, dirigés par l'importante mission catholique de *Vao*. Là, les jeunes sauvages apprennent à parler notre langue, à aimer et à servir la France. L'île des Pins renferme de vastes forêts de pins colonnaires auxquels l'île doit son nom; elle possède des espèces de cavernes s'enfonçant sous terre, formées de calcaires et de stalactites; leurs voûtes supportent des arbres magnifiques de toutes essences et particulièrement le santal et le pougnet, et leurs flancs recèlent les squelettes des indigènes morts avant notre occupation. Nous doublons la pointe extrême est de la Nouvelle-Calédonie, et nous apercevons bientôt à bâbord devant, Lifou et Ouvéa, à tribord Maré dont nous gagnons rapidement le mouillage, et où nous jetons l'ancre à quatre heures de relevée.

Ile des Pins. — Atelier de déportés faisant de l'ébénisterie.

Lifou, Ouvéa, Maré sont, avec quelques autres petits ilots, les trois îles dont se compose le groupe des îles *Loyalty*, dépendant de la Nouvelle-Calédonie et situé entre cette dernière, à une distance d'environ 111 kilomètres dans l'est, et l'archipel des Nouvelles-Hébrides ; ces îles ne sont élevées seulement que de 70 mètres au-dessus de la mer.

La population indigène est relativement beaucoup plus dense que celle de la Grande Terre, puisqu'on y compte 14,700 habitants, contre 16,500 en Nouvelle-Calédonie, sur une surface 13 fois plus grande. Si la population est plus nombreuse, elle est aussi plus intelligente, plus laborieuse, plus civilisée. Tous les indigènes appartiennent soit à la religion catholique, soit à la religion protestante, qui leur sont enseignées par les missionnaires Maristes pour les catholiques et jusqu'ici, en attendant une mission française, par des presbytériens anglais pour les protestants. L'idée de propriété est fort développée chez eux, et, pour un droit de pêche, un morceau de terrain sans importance, des discussions, des rixes ont lieu et il se livre de véritables batailles. C'est surtout le fanatisme religieux qui cause les troubles les plus sérieux.

Ouvéa, la plus au nord du groupe, en est la plus petite ; sur une longueur de 42 kilomètres, et une largeur moyenne de 4 à 5 kilomètres, excepté dans la partie nord, qui a près de 14 kilomètres de largeur. Cette île forme une bande étroite de terre, habitée par une population tranquille, ignorant les querelles de tribus ; l'élément catholique y domine. La population est de 1,740 habitants, dont 990 catholiques et 750 protestants. Au nord-ouest d'Ouvéa se trouvent les petites îles *Beaupré*, habitées par quelques familles dépendant d'une tribu d'Ouvéa. L'île de Mouli se trouve au sud d'Ouvéa et a 250 habitants environ.

Lifou est la plus grande île du groupe; elle mesure 60 kilomètres de long sur 30 kilomètres de large, elle a environ la superficie de l'île de la Réunion, elle est formée, comme les deux autres, de corail mort et les abords en sont partout escarpés, et même à Chépénéhé, résidence du représentant français, le débarquement est très difficile. Le pourtour de l'île dénudé et stérile laisse apercevoir l'intérieur qui ressemble à une véritable forêt de pins et de cocotiers. Lifou compte 8,500 individus dont 1,670 catholiques seulement, ce qui prouve combien l'influence anglaise prédomine dans cette colonie française.

Entre Lifou et Maré, se trouvent les îles Vauvilliers, Tiga ou Boucher, Uo ou Laîné, Ndundière ou Molard. L'île Tiga a une centaine d'habitants.

Maré, d'une superficie inférieure à celle de Lifou (32 kilomètres de longueur sur 29 kilomètres de largeur), comme ses congénères est très peu élevée, entourée de récifs de corail et dépourvue de port. Les vaisseaux y mouillent dans des baies *foraines* (1), protégées seulement par les récifs environnants contre l'impétuosité des vents.

L'aspect de cette île, vue de l'endroit où nous étions mouillés, est des plus pittoresques : la mer bat de ses flots le pied de la montagne où s'ouvre une espèce d'escalier taillé dans le roc par la nature. On prendrait pour de longues rangées de fortifications ces remparts naturels, dont les cavités recèlent des touffes de pins. Au-dessous de l'endroit où il prend naissance, le regard

---

(1) Rade foraine, terme de marine, rade mal fermée, rade ouverte aux vents du large.

Iles Loyalty. — Indigène d'Ouvéa.

découvre une vallée profonde conduisant à un plateau qui s'étend sur la presque totalité de l'île. A quelques mètres en arrière, la falaise surplombe le village de Teune, le plus peuplé, ombragé par de nombreux cocotiers. Nous en voyons sortir une foule d'indigènes portant leurs pirogues, qu'ils ne tardent point à mettre à flot, cherchant à nous accoster pour nous vendre des langoustes, des coquillages et des oranges. Dans ces échanges, la plupart s'expriment en anglais, quelques-uns seulement en français. Nous nous plaisions à examiner ces sauvages demi-civilisés, si beaux, si forts, à la physionomie ouverte, au visage agréable, contrastant si étrangement avec leurs voisins de la Nouvelle-Calédonie.

A les voir avec leurs pantalons gris et leurs chemises de couleur, les pieds nus, on comprend que l'on a devant soi déjà autre chose que des sauvages. Ils jouissent même d'une haute réputation comme marins : aussi n'avons-nous point oublié de songer à eux pour compléter notre équipage.

Dans les concours de régates, soit en Nouvelle-Calédonie, soit en Australie, les indigènes de *Maré* remportent presque toujours les premières récompenses. Ils paraissent fiers de leur réputation et répètent à l'envi : « *Man Maré good sailor*, l'homme de Maré est bon marin (1) ».

Ces insulaires sont même parvenus à se faire une idée assez exacte de la valeur de l'argent ; dans tous les cas ils le préfèrent aux articles d'échange. Ils commencent à commercer pour leur propre compte, se

---

(1) A Maré, comme dans toutes les îles des archipels environnants, c'est par le mot anglais *man* et jamais par le mot français *homme* que l'on indique la nationalité de l'indigène ; *man Maré*, *man Api*, etc.

livrent avec succès à la culture du coton qu'ils vendent aux navires de passage, ou l'apportent à Nouméa sur leurs baleinières. Ils approvisionnent d'oranges le marché de la Nouvelle-Calédonie ; car, bien qu'inférieure à celle de notre colonie, l'orange de Maré parvient plus tôt à maturité. Ils font aussi le commerce de l'igname, du taro, de la canne à sucre, des bananes, du coco et du fruit de l'arbre à pain. Comme ce dernier fruit ne se rencontre guère que dans le nord de la Nouvelle-Calédonie et encore en petite quantité, ils en trouvent facilement l'écoulement auprès des Kanacks domestiques ou travailleurs habitant le chef-lieu. Avec les indigènes de l'île des Pins et ceux des autres îles du groupe des Loyalty, ils partagent aussi l'honneur de fournir de langoustes le marché de Nouméa : la langouste est en effet inconnue sur les côtes calédoniennes.

Quant aux femmes de Maré, bien que noires, elles se distinguent des Néo-Calédoniennes par une physionomie relativement belle. Je ne dirai rien de leur corps, une longue blouse le voilant des pieds à la tête. Elles observent envers leur mari la plus grande fidélité : toute femme fautive n'aurait d'autre ressource que la fuite et l'exil.

Mais, pourra-t-on dire, ce peuple n'a rien de sauvage, et s'il s'est élevé seul, l'homme jusqu'au commerce, la femme jusqu'à la pudeur, ce peuple appartient à une race d'élection.

Modérez votre enthousiasme : *Maré*, comme Ouvéa et Lifou, est travaillé par des missions catholiques et protestantes, voilà le secret de cette civilisation anticipée, comme des discordes qui arment les uns contre les autres ses habitants, qui sont au nombre de 4,455 dont 3,480 protestants et 975 catholiques. Il a suffi de la concurrence entre missionnaires pour jeter l'inimitié au sein de chaque famille et changer l'aménité et la douceur du *man Maré* en haine et violence religieuses. Plus d'une fois même les autorités de Nouméa ont dû prévenir ou arrêter l'effusion du sang.

Le capitaine demandait quatre hommes, cinquante se présentèrent, excellents marins, parmi lesquels on choisit quatre vigoureux insulaires ayant déjà navigué et trafiqué aux Nouvelles-Hébrides.

Le lendemain, à la première heure, le *Tanna* quittait l'île *Maré*, et quand le mousse me réveilla pour le thé, montant sur la dunette j'aperçus *Maré*, déjà tribord arrière, à une distance respectable, et ses deux congénères à bâbord. Rasant les îlots *Molard*, *Uo*, *Tiga*, nous cherchons à mettre le cap sur *Aneitum*, la première des îles de l'archipel des Nouvelles-Hébrides, par rapport à la Nouvelle-Calédonie.

Avant d'entamer une étude sur chacune des îles de cet Archipel, il est nécessaire d'en faire l'historique encore peu connu aujourd'hui, et le panégyrique bien légitime.

L'Archipel des Nouvelles-Hébrides était resté pour ainsi dire complètement oublié, lorsqu'il y a 30 à 40 ans, le manque de bois de santal en Chine y amena quelques navires de commerce, qui, du reste, firent une récolte prodigieuse.

Plus récemment, en 1865, le manque de bras dans les provinces d'Australie et aux îles Fidji et depuis aux îles Samoa donna l'idée aux colons de ces contrées d'aller engager des Néo-Hébridais.

Description. — L'Archipel, auquel se joint celui de *Banks islands* ou *La Pérouse*, est situé dans le grand océan Pacifique entre 14°29′ et 20°4′ latitude sud, et

Iles Loyalty. — Indigène de Lifou.

164° et 18° longitude est et au nord-est de la Nouvelle-Calédonie.

Il fut découvert en 1606 par Fernandès de Quiros. Ce navigateur crut, en apercevant l'île *Saint-Esprit*, avoir trouvé le continent qu'il recherchait depuis longtemps dans les mers du Sud. Aussi, enchanté de sa découverte, décora-t-il cette île du nom pompeux de : *Terra Australia del Espiritu Santo*, supposant qu'elle faisait partie d'un continent austral. Quelque temps après, il revenait en Espagne annoncer sa découverte, sans même en avoir reconnu les côtes, et adressait une requête au roi Philippe III pour lui demander d'en prendre possession.

Bougainville, après de nombreuses explorations, reconnut, en 1768, que le prétendu continent de Fernandès de Quiros n'était autre qu'une grande île faisant partie d'un groupe important dont il découvrit les principales îles et auquel il donna le nom si bien approprié de *Grandes Cyclades*.

Enfin, en 1774, le célèbre navigateur Cook fixa la longueur du groupe, et, après en avoir déterminé avec une habileté peu commune la situation topographique, il imposa à cet Archipel le nom de *Nouvelles-Hébrides*, le considérant comme le plus occidental du Grand Océan, et il distingua chacune de ces îles par des noms particuliers de provenance indigène, espagnole et anglaise. Il n'eut qu'à faire l'application du principe scientifique des chaînes sous-marines, pour compléter ses découvertes, et c'est ainsi qu'il paraît avoir atteint l'extrémité méridionale de la chaîne ; mais au nord le capitaine Bligh en a trouvé un prolongement composé d'îles que probablement Quiros avait vues.

Depuis, ces côtes furent visitées et explorées par

d'Entrecasteaux, La Pérouse, qui périt sur les récifs de Vanikoro, île d'un groupe situé au nord des *Nouvelles-Hébrides* et portant avec *Banks islands* le nom de notre infortuné compatriote ; plus tard par Dumont d'Urville qui donna des noms français à quelques îles et ports, par Dillon, et enfin en 1789 par l'amiral Dupetit-Thouars, sur le *Segond*.

L'Archipel entier forme une chaîne étroite de 140 lieues environ, du nord-nord-ouest au sud-sud-est ; il se divise en deux groupes d'îles : l'un méridional, l'autre septentrional.

Le groupe méridional comprend :

Aneitum ou Annatom, Erronan ou Foutouna, Tanna, Immer ou Nuia, Erromango. Ce groupe est détaché du reste de la chaîne.

Ces îles sont élevées, à l'exception de celle d'Immer ; Tanna possède un volcan.

Le groupe septentrional comprend :

Sandwich, Api, Mallicolo, Ambrym, Pentecôte, île des Lépreux (Aoba), Aurore, Saint-Esprit, sans compter les nombreux petits îlots ou rochers, qui sont en assez grand nombre.

L'Archipel des *Nouvelles-Hébrides* nous offre deux aspects bien différents. L'on y trouve certaines îles formées de plateaux de corail successifs, représentant ainsi des gradins de 30 à 40 mètres de hauteur et se coupant à angle droit. Ces gradins ou terrasses forment très souvent de petites îles désignées sur les cartes anglaises sous le nom de *hat* (chapeau), ainsi dénommées à cause de leur forme bizarre. D'autres îles ont une véritable constitution montagneuse et renferment plusieurs volcans en activité : telles sont Tanna, Lopevi et Ambrym.

Le groupe septentrional se subdivise lui-même en deux autres groupes, créant, le premier, à l'ouest avec l'île Mallicolo et l'île Saint-Esprit, le second, à l'est avec l'île Pentecôte et l'île Aurore, une large baie à laquelle le groupe d'îles de La Pérouse sert d'entrée.

Il ressort de leur position géographique, que les *Nouvelles-Hébrides*, situées au nord-est de la *Nouvelle-Calédonie*, semblent en être l'annexe naturelle et se prêteraient merveilleusement à l'extension de notre colonie pénitentiaire. Ces îles pourraient naturellement suffire à un grand nombre de colons ; la civilisation serait facile à introduire chez ce peuple où il existe une foule d'indigènes ayant travaillé chez les blancs ; la main-d'œuvre se trouverait sur les lieux mêmes, et la Nouvelle-Calédonie deviendrait ainsi l'entrepôt de produits agricoles, dont la plupart n'y réussissent pas à cause des sauterelles et des inondations.

Les saisons ne peuvent guère se définir aux *Nouvelles-Hébrides*, et, n'était une légère élévation dans la température, l'on se croirait en Nouvelle-Calédonie.

*Aspect.—Climat.—*Le coup d'œil féerique que les *Nouvelles-Hébrides* offrirent aux regards du capitaine Cook lui fit jeter un cri d'admiration : il avoua n'avoir jamais rencontré sous aucun ciel un aspect plus pittoresque dans son élégance, une végétation plus riche dans sa variété. Aussi n'hésita-t-il point à lui donner la préférence sur Tahiti. Tahiti ! Eden chanté par tous les navigateurs, Tahiti terre promise que tout marin entrevoit dans ses rêves ! C'est que sillonnées par de longues chaînes de collines ornées de forêts vierges et entrecoupées de larges vallées, ces îles semblent être, en effet, un paradis océanien.

Et cependant il est une ombre à ce tableau magique,

Iles Loyalty. — Indigène de Maré.

ombre bien légère, il est vrai, et destinée à disparaître bien promptement, mais que la vérité défend de dissimuler.

Les *Nouvelles-Hébrides* jouissent, en général, d'un climat excellent; les côtes exposées aux vents régnants du sud-est ont toujours été saines, mais celles situées sous le vent et visitées seulement par des brises passagères sont un peu malsaines. Qu'y a-t-il d'étonnant? là, depuis des milliers de siècles, ont grandi des forêts vierges impénétrables; les lianes qui relient entre eux des arbres séculaires, les joncs et les bambous si serrés dans quelques endroits autour de ces colosses du monde végétal, qu'ils y arrêtent la circulation de l'air, empêchent le soleil d'y pénétrer et y produisent des miasmes fétides. Un tel amas de détritus engendre parfois de légères épidémies qui disparaîtraient d'ailleurs à l'apparition de l'Européen.

Les personnes dont les récits ont présenté ces îles comme malsaines sont les missionnaires qui ont habité quelque temps Aneitum, île marécageuse et la moins salubre de l'Archipel, et qui ont trop souvent manqué des premières choses nécessaires à la vie. On n'a cependant jamais entendu parler de cas un peu important de fièvre paludéenne tels qu'il s'en présente à Madagascar, au Sénégal, à la Guyane. Mais, même dans l'état actuel, les quelques colons européens que j'eus le bonheur de rencontrer sur l'une de ces îles (*Sandwich*) m'ont certifié ne s'être jamais mieux portés sous le ciel de la mère-patrie. L'on peut donc affirmer que le climat des *Nouvelles-Hébrides* serait très supportable pour le blanc qui, toutefois, saurait se conformer aux principes d'hygiène auxquels les pays chauds nous astreignent.

DESCRIPTION.

La hache du pionnier aurait bientôt donné de l'air à ces immenses forêts ; quelques tranchées d'une côte à l'autre, et toute appréhension disparaîtrait et les deux côtes rivaliseraient de salubrité, d'exubérance.

Ces îles étant, la plupart, étroites, cette opération n'offrirait pas de bien grandes difficultés ; mais, en revanche, sans parler de l'amélioration du climat, quels immenses revenus viendraient rémunérer les peines du travailleur ! Sait-on que ces forêts abondent en bois les plus rares ; que le santal, le bois de rose, l'ébénier en constituent les principales essences ?

Les indigènes ne nous ont-ils pas d'ailleurs indiqué le moyen d'atténuer la fièvre ! Les parties qu'ils habitent ne sont pas malsaines, cela tient au débroussaillement qu'ils font autour de leurs cases, tout en conservant les gros arbres pour s'abriter contre la trop forte chaleur.

Malgré la différence de leur constitution respective, toutes ces îles sont recouvertes de forêts impénétrables à l'aspect verdoyant, au-dessus desquelles les cocotiers et les banians gigantesques élèvent leurs têtes altières. L'exploitation seule des cocotiers (*cocos nucifera*) suffirait à assurer l'existence d'un grand nombre d'individus.

Terre d'alluvion, le sol des *Nouvelles-Hébrides* possède une végétation et une fertilité sans égales. Le maïs, le café, le coton, le cacao, le manioc, la vanille, le ricin, le rocou, le riz, le tabac, la canne à sucre, l'oranger, le citronnier, le limonier, etc., y poussent admirablement. De gras et abondants pâturages y permettraient l'élevage du bétail. Les terres arables y comprennent la majeure partie de la surface du sol.

Dans certaines îles, notamment à Tanna, jaillissent des sources d'eau sulfureuse.

Si l'on sondait les flancs des collines, on y trouverait certainement les produits minéraux qui se rencontrent dans les terrains volcaniques ; déjà nous avons reconnu la richesse en soufre de l'île Tanna qui serait là sous la main pour le traitement du nickel exploité en Nouvelle-Calédonie.

Don Fernandès de Quiros assure dans sa requête au roi Philippe III que l'or et l'argent se trouvent à Saint-Esprit.

Quelle immense carrière ouverte à l'activité commerciale, quel heureux débouché pour la Nouvelle-Calédonie où le nombre des forçats libérés devient tellement croissant qu'il ne doit pas être sans inquiéter nos gouvernants ; quel lieu sera jamais meilleur pour la transportation, ou la relégation comme l'on voudra, des récidivistes dont l'internement ou la libération nuiraient à la prospérité, déjà si lente, de notre colonie. — Le débit des bois rares, des bois durs, de ces beaux arbres sans ramification et si précieux pour la mâture pourrait constituer immédiatement une des branches les plus importantes du commerce.

La mer enfin rivaliserait de bienfaisance avec la terre en fournissant au pêcheur le corail, la nacre et une huitre perlière de moyenne valeur ; la pêche du trépang (1) ou biche de mer, de la tortue, des innombrables légions de monstres marins présenterait aussi quelques ressources.

Ces îles dégagées de récifs renferment une foule de ports et de baies offrant d'excellents mouillages ; le commerce y serait donc très facile et les communications rapides, grâce aux vents du sud-est, régnant dix

---

(1) Espèce d'holothurie (*holothuria edulis*).

bons mois de l'année et favorisant la marche des navires.

Les puissances étrangères semblent si bien considérer ces îles comme une dépendance naturelle de notre colonie, qu'aucune d'elles n'a encore osé se les approprier.

Peut-être objectera-t-on à leur prise de possession le peu d'hospitalité des indigènes envers la race blanche ; on prétendra que la densité de la population y rendra difficile toute espèce de séjour. Aux objections des premiers je répondrai : l'installation des colons français en Calédonie, et celle des colons anglais aux îles Fidji nous donnent la mesure de la terreur que doivent inspirer ces indigènes dont cependant le cannibalisme passe pour si féroce et si insatiable ; le tout est d'agir avec prudence et d'obtenir par la bienveillance et la patience les résultats que la rigueur et des mesures violentes empêcheraient à jamais. C'est la guerre ou la paix avec les indigènes, selon la manière dont on se comporte soi-même.

Quant aux prétentions des seconds elles ne sont pas mieux fondées. Certainement la population est nombreuse ; il est impossible même d'en connaître le chiffre, les indigènes eux-mêmes dans l'état actuel de leur numération ne sauraient guère nous renseigner à cet égard : comptant par lunes ou par ignames, ou selon des procédés canaques décrits plus haut.

Les indigènes vivent en tribu ou plutôt en familles, réunis par groupe variant de 25 à 200 personnes.

La femme est l'esclave de l'homme et la richesse se mesure au nombre de femmes ou de cochons qu'un indigène possède. C'est, en effet, avec des cochons qu'un homme achète une épouse et en discute le prix suivant ses qualités.

L'habillement de l'un et l'autre sexe se réduit à bien peu de chose ; quant à la forme, il ne diffère que par la manière dont il se porte, ce qui varie d'une île à l'autre.

Les Néo-Hébridais se parent de perles formant colliers ou brassards : les femmes d'Aoba et de Saint-Barthélemy s'en font même des ceintures ; la plupart portent des dents de cochons sauvages en guise de bracelets, des peignes dans leur chevelure, et les guerriers ornent leur tête d'un plumet.

Chaque tribu a son chef, mais ces chefs m'ont paru jouir d'une faible autorité, et il leur faut l'assentiment des principaux de la tribu pour pouvoir mettre le *tabou* sur les cocos, les ignames et autres produits.

Nombre de chefs paraissent fiers de tendre la main aux Européens, tandis que d'autres affectent de nous dédaigner et refusent de répondre à nos avances, mais c'est heureusement le plus petit nombre.

On ne saurait assigner un type commun aux insulaires des *Nouvelles-Hébrides,* tant ils se ressemblent peu de groupe à groupe, d'île à île, ce qui permet au premier aspect de reconnaître à quelle île appartient tel indigène : l'ensemble, toutefois, se rapprocherait du type mélano-polynésien. La race habitant le groupe méridional est uniformément petite, vigoureuse, musculeuse, au teint noir, mais tirant sur le brun. Celle qui habite le groupe septentrional a la taille, au contraire, élevée, élancée et offre les aspects les plus variés.

Dans tout l'Archipel il existe deux catégories d'individus : le *man salt water* (l'homme de la mer) et le *man bush* (l'homme de la brousse) (1), distinction analogue

---

(1) Brousse, diminutif de broussailles. Terme très employé aux colonies : J'habite la brousse, je vais dans la brousse.

à celle que nous établissons entre citadins et paysans. En effet, l'homme de la mer est plus civilisé, moins grossier, que l'homme de la brousse et ce n'est que par son intermédiaire que ce dernier peut acquérir quelques objets européens.

Le dialecte change d'une île à une autre et quelquefois dans la même île on en rencontre plusieurs : telle par exemple la petite île des *Trois-Monts*, qui, ne renfermant que très peu d'habitants, jouit de trois idiomes.

Heureusement pour l'Européen qui visite ces îles, le voisinage de la Nouvelle-Calédonie et de l'Australie a permis à quelques-uns des indigènes d'apprendre le français et l'anglais suffisamment pour fournir quelques renseignements élémentaires au voyageur désireux de se les procurer.

Pour donner au lecteur une idée du langage de ces indigènes, je vais citer les mots que j'ai pu recueillir et transcrire.

	ERROMANGO BAIE DE COOK.		SANDWICH PORT VILX.	
Manger............	Néninevan.		Tégaï.	
Boire.............	Nomanaki.		Toun.	
Cas...............	Nakki.		Nerméou.	
Eau...............	Noû.		Neaï.	
Eau de mer........	»	»	»	»
Homme............	Ovatemé.		Tougat.	
Femme............	Asivaine.		Fofinéa.	
Cochon............	»	»	»	»
Poule..............	»	»	»	»
Cheveux...........	Nampsoum.		Soléoum.	
District...........	»	»	»	»
Case...............	Nima.		Tphari.	
Feu................	»	»	Teafi.	
Casse-tête.........	Nirame.		Tiposolé.	
Pirogue............	»	»	Tabog.	
Arc................	Nélanai.		Nazou.	
Flèche.............	Nagnasaou.		Ensou.	
Sagaie.............	»	»	Tao.	
Pierre.............	»	»	»	»
Un.................	Saïterero.		Etas (2).	
Deux...............	Douro.		Eroua.	
Trois...............	Daissel.		Edourou.	
Quatre.............	Meutarat.		Efa.	
Cinq...............	Choukrime.		Erima.	
Six.................	Nesika.		Eou.	
Sept...............	Choukrime naro.		Evidou.	
Huit................	Choukrime daissel.		Efarou.	
Neuf...............	Choukrime meutorat.		Essiva.	
Dix.................	Naro hellem (1).		Signofouro.	
Onze...............	»	»	Signofouro etas(3). Udouma etas.	
Douze..............	»	»	»	»
Vingt...............	»	»	Signofouro eroua.	
Cent................	»	»	Nidiska.	
Deux cents.........	»	»	Nidiska eroua.	
Mille...............	»	»	Manou.	

(1) Je n'ai pu les faire compter au-delà de dix.
(2) Nul doute que cette numération perfectionnée ne soit due à l'enseignement que
(3) On voit que, dans leur numération, les indigènes de cette ile procèdent par
et un, dix dix un. Ils ont, dans ces deux ports de la même ile, quelques mots ayant
(4) Ce système de numération est le système par addition de l'île Mallicolo.

DESCRIPTION. 121

MALLICOLO		SAINT-ESPRIT
PORT SANDWICH.	BAIE DE BANNAM.	PORT VERA-CRUZ.
Janniau.	Negerir.	Ngani.
Najaï.	Kankan.	Ohô.
Narrou.	Najoula.	Kaki.
Nenaï.	Nabouï.	Npé.
» »	à	Npétass.
Jarrar.	Amag	Saoulé.
Rumbahy.	Tombolo.	Natzaï.
Brambeurr.	Brambar.	»
» »	» »	Tooux.
Baime.	» »	Baoum.
Naimanass.	Naimauass.	»
Naïm.	Numa.	Naïma.
Nadjambeurr.	Nadjambeurr.	»
» »	Namboté.	»
Neuhang.	Naji.	Narog.
» »	Nibsué.	»
» »	Naoué.	»
Nabarr.	» »	»
Tsikaï.	Bajals.	Tea (4).
Ehne.	Nroua.	Roua.
Ereuï.	Dillé.	Tôlou.
Eleats.	Baiss.	Vati.
Elime.	Elima.	Lina.
Tsoukaï.	Ropohol.	Linarabé.
Jenhne.	Rogouroux.	Labororoua.
Jouroï.	Rotil.	Nabeto.
Oupats.	Ropise.	Terapaté.
Tzinabeurr.	Zangabeul.	Saraboulo.
Tzinabeurr tsikaï.	Zangabeul bajalo.	Saraboulo téa.
Tzinabeurr ehne.	Zangabeul Nroua.	Saraboulo roua.
Tzinabeurr tzinabeurr.	Zangabeul zangabeul.	Saraboulo ssraboulo.
» »	» »	»
» »	» »	»
» »	» »	»

les colons européens qui se trouvent dans ce port ont donné aux naturels. addition : pour dire onze, ils disent dix un ; douze, dix deux ; vingt, dix dix ; vingt de la ressemblance entre eux.

L'industrie de ces sauvages se restreint, à peu de choses près, à six objets : 1° à se procurer une nourriture frugale ; 2° un logement contre les injures du temps ; 3° à creuser des pirogues ; 4° à se palissader et à se garantir des invasions de leurs semblables, même à les attaquer et à les détruire ; 5° à tresser des nattes, des paniers, des ceintures dont ils teignent certaines parties en rouge, noir ou bleu ; 6° à fabriquer des armes.

Rien d'admirable comme leur outillage industriel pour la construction de leurs cases, de leurs pirogues, etc. ; ils n'ont d'instruments ni de fer ni d'aucun métal susceptibles de remplacer les outils de nos ouvriers. Mais ils y suppléent, sans trop d'infériorité, par des pierres très dures, des coquilles, des os taillés en forme de fer de hache, de ciseaux, d'herminette.

Ces considérations préliminaires ayant donné au lecteur un aperçu général et suffisant sur l'état matériel et moral des insulaires néo-hébridais, je crois pouvoir décrire ce qu'il me fut permis de connaître pendant ma mission.

Ce que je vais raconter, je l'ai vécu et puis dire comme Enée : *Quorum pars ipse fui.*

ANEITUM

(Annatom)

Latitude sud 20° 71'.
Longitude est 167° 15'.
Circuit 45 kilomètres (environ). — Distante de 220 kilomètres de Maré (cap Coster) et de 62 kilomètres de Tanna ; découverte par Cook en 1774, revue par d'Entrecasteaux en 1793 et reconnue par Dumont d'Urville en 1827 ; cette île possède un bon port, le port Inyang ou port Aneitum au sud, et plusieurs baies ; elle est bien arrosée et par conséquent fertile, mais malheureusement sujette aux tremblements de terre.

Son aspect semble magnifique aux vaisseaux mouillés dans la baie ou plutôt dans le port d'Inyang. Une superbe chaîne de montagnes gracieusement courbée élève dans un ciel éternellement bleu une série de sommets couronnés de forêts verdoyantes ; le sol a la couleur rouge de la rouille. Du mouillage on croit voir une colline tapissée de gazon, mais à mesure que l'on approche du rivage, l'œil, suivant la descente rapide du paysage vers le bord de la mer, rencontre une surface de plus en plus irrégulière et une rangée d'arbres plus distincte, jusqu'à ce que le regard se repose définitivement sur de splendides forêts de cocotiers, balançant la tête au-dessus d'un sable blanc. De profondes vallées cachées dans l'ombre jettent les pics de leur montagne dans l'azur du ciel, tandis qu'en avant se déroule majestueux l'Océan aux flots étincelants. Le navigateur qui voit pour la première fois cette île croit assister à la création d'un nouvel Eden; mais aussi quelle désillusion s'il lui arrive de descendre sur cette bande étroite qui forme le littoral semé, surtout au sud-ouest, de marais paludéens, où l'horrible fièvre change bientôt en cauchemar sa douce contemplation.

Ce fut Cook qui donna à cette île le nom d'*Annatom* ou plus correctement *Aneitum*.

Pour être une des plus petites du groupe, elle n'en a pas moins une assez grande importance grâce à la civilisation relative que les missionnaires ont inculquée à ses habitants. C'est, en effet, la première où les missions essayèrent de se fixer : en 1839 John William, presbytérien anglais, s'y établit; mais ayant cherché à catéchiser les autres îles, il fut massacré à Erromango.

En 1843 un capitaine anglais y forma un établissement; il était propriétaire de plusieurs navires qu'il envoyait recueillir du bois de santal dans les îles voisines, d'où il expédiait cette marchandise en Chine par navires de Sydney.

En août 1847 le R. J. W. fut remplacé par un concurrent, l'évêque catholique Collomb, de la mission catholique néo-calédonienne, qui, après un premier voyage et une installation provisoire, dut se retirer devant les fièvres.

En mai 1848 les coadjuteurs du R. John W., sachant quelles richesses attendaient l'Européen dans ces contrées, y envoyèrent de nouveau le R. John Geddie, qui eut le même sort que son prédécesseur et tomba sous les coups des indigènes de l'île *Tanna*.

En 1867, revinrent à la charge les missionnaires anglais; mais un de leurs navires ayant apporté la rougeole et la petite-vérole, les insulaires furieux menacèrent de tuer les missionnaires ; ceux-ci s'empressèrent de quitter ce pays qui jusque-là avait paru assez hospitalier. Cependant, ses habitants sont généralement plus doux que dans les îles voisines, et moins nombreux. On estime la population (et *Aneitum* est la seule dont on peut connaître approximativement le nombre d'indigènes) à 1,200 habitants, dont les deux tiers de femmes. Décimés par la fièvre, ils n'ont pas l'énergie féroce des *Men* Tanna, par exemple, et, comme s'ils reconnaissaient eux-mêmes que la fièvre et les maladies sont des fléaux bien suffisants, ils s'abstiennent entre eux de ces guerres intestines qui dépeuplent tout le groupe des *Nouvelles-Hébrides*.

D'après les rapports des missionnaires qu'il m'a été permis de consulter, une seule épidémie enleva le tiers de la population et nombre d'*Aneitiens* effrayés, abandonnant la place, se retirèrent sur les îlots avoisinants où ils sont restés. Ils n'avaient pas la constitution assez forte pour résister à de telles attaques et ils ne pouvaient prendre les remèdes qu'on emploie pour les prévenir et les guérir.

Souvent aussi ces fléaux terribles sont apportés par les navires de passage : je ne puis flétrir avec trop d'indignation la conduite de certains capitaines qui, faute des précautions les plus élémentaires, vouent à la mort des milliers d'êtres humains. Sans doute il faut bien relâcher quelque part quand la maladie est à bord, mais avant ne doit-on pas réfléchir, et choisir les lieux convenables pour prévenir la contagion ? si l'intérêt seul guide certains capitaines, ils devraient songer, du moins, que la vie de ces hommes non encore civilisés n'est pas toujours sacrifiée sans impunité.

L'état moral et sanitaire d'*Aneitum* bien connu, qu'il me soit permis de revenir un peu sur son aspect topographique.

Aneitum présente une forme circulaire avec quelques échancrures ou baies; sans ses marais si malsains elle pourrait nourrir une assez forte population, car les vallées renferment des terres arables et l'on en trouve également entre la base des collines et les côtes de la mer. Ces collines assez élevées sont couvertes de forêts comprenant des bois de toutes essences; de gracieux ruisseaux découlant des montagnes serpentent dans la plaine et la fécondent; mais en séjournant dans quelques parties de l'île, ils se changent en marais et causent ces fièvres si pernicieuses dont j'ai dû parler.

La baie ou port d'*Inyang* où nous avons mouillé, et qui tire son nom du village qui l'entoure, est située au sud-ouest et formée par une pointe de l'île, deux îlots et un banc de rochers; elle s'avance vers l'ouest et constitue un bon ancrage, quoique exposée au vent d'ouest. Un ruisseau coule près de ce mouillage. La côte est et nord-est est presque entièrement entourée de récifs.

Il a régné autrefois dans ce port une vive animation; des navires venaient y charger du bois de santal et des baleiniers y possédaient un établissement dont on aperçoit encore les restes; des baleines en effet fréquentent ces parages. Mais aujourd'hui l'épidémie a désolé ces contrées et la solitude s'est faite à l'entour de ces plages où jadis tant d'embarcations et navires de toute nature avaient commencé à laisser la trace de leur sillage. De tous ces vestiges d'une animation éteinte, il ne reste aujourd'hui qu'une case en pierres, de rares cahutes sur l'îlot *Inyang*, où viennent encore de temps en temps relâcher des navires baleiniers. En visitant les ruines de l'ancienne mission anglaise nous avons remarqué le respect des Aneitiens pour la propriété : un énorme coquillage dit bénitier y subsiste encore.

Nous reprimes la mer, non sans avoir profité de ce séjour pour faire, comme le règlement le prescrivait, chaque samedi, exécuter un nettoyage à fond dans la cale où grouillaient nos passagers noirs.

Laver les nattes, nettoyer à la chaux le plafond et les couchettes, fut pour ces pauvres diables l'affaire de deux heures, ils poussaient même l'amour du blanc jusqu'à se badigeonner à la chaux la figure et la chevelure.

Descendus ensuite dans la cale, ils offraient un spectacle des plus curieux. Rien de drôle comme de voir roulés dans les couvertures ces masses ressemblant à des paquets jetés çà et là. Ils étaient si bien enveloppés, qu'on ne voyait même pas leur figure ; parfois un de ces paquets inertes prenait vie, et il en émergeait tantôt une tête noire aux longs cheveux crépus, tantôt un bras noir, long et charnu, qui sortait par une fente pour rejeter sur la tête la couverture qui avait glissé.

Le lendemain, à l'aurore, nous levions l'ancre, nous dirigeant sur *Tanna*, dont, malgré une distance de 62 kilomètres, nous entendions déjà rugir le volcan, alors en pleine éruption et dont toute la soirée nous avions pu admirer les feux réflétés dans les nuages, comme les vitraux ensoleillés d'une église sur les dalles de marbre.

La nuit, la mer s'était montrée houleuse et agitée par une brise sud-ouest, présage inquiétant pour qui navigue vers le nord. Deux heures après, au moment où *Aneitum* disparaissait bâbord arrière, Tanna que nous apercevions devant nous s'enfonçait dans une brume épaisse : le ciel se chargeait, le vent soufflait avec vio=

lence. Le capitaine, qui venait de faire prendre des ris dans la grande voile, la faisait serrer entièrement. Le tonnerre grondait terrible, d'effrayants éclairs sillonnaient l'espace, tout présageait une affreuse tempête. Notre position, si critique, se compliquait encore du danger où nous étions de nous briser soit sur Tanna, à bâbord, soit sur Erronan, à tribord, tellement les grains très serrés nous dérobaient l'horizon, et nous n'ignorions pas que le moindre courant nous jetterait infailliblement sur les écueils. Le brick tressautait sous le ciel noir au milieu de la tourmente; les vagues s'élevaient à une prodigieuse hauteur ; la pluie tombait avec une telle pesanteur qu'elle nous forçait à tenir la tête courbée. Les cataractes du ciel semblaient ouvertes et menacer d'un nouveau cataclysme ces régions. Rien dans nos climats tempérés ne pourrait donner une idée de ces épouvantables phénomènes, l'orage en Océanie, sur le Pacifique !

Tout à coup une longue lame déferle à tribord, jetant sur le flanc notre malheureux brick; encore un instant et nous chavirons à jamais couchés dans l'Océan. Tout le monde debout sur le pont, interdit devant le déchaînement de la tempête, attend l'heure fatale. Les indigènes, les jambes pendantes, s'apprêtent à se jeter dans les flots pour éviter le tourbillon qui tournoiera le navire avant de l'engloutir. L'équipage, hache en main, se dispose à abattre le grand mât, quand, par un bonheur inespéré, une nouvelle lame en sens inverse redresse le bâtiment et ramène dans nos cœurs l'espérance.

Cependant, d'autres lames embarquent à chaque instant ; l'une d'elles s'engouffre dans le rouf (1), où je

---

(1) Rouf, abri recouvrant les escaliers d'un navire.

Ancitum. — Femmes indigènes.

m'étais blotti et pendant plusieurs secondes me tient suffoqué, en même temps qu'elle enlève un chien, seul bien d'un Kanack accroupi à nos côtés. Pauvre diable ! il pleurait avec un désespoir si navrant son seul ami, qu'il parvint à me faire oublier un peu l'horreur de notre situation. Blême, le capitaine s'était fait attacher à la barre et gouvernait lui-même, et tous ensemble, étouffant d'angoisse, nous rivions nos regards à son visage, nous efforçant d'y lire l'arrêt de mort ou le tressaillement de l'espérance.

Voyageurs terrestres, quels que soient vos périls, vous ne soupçonnerez rien de plus affreux que cette anxiété terrible éprouvée par le marin, qu'elle étrangle à l'heure de la tempête. Moi, je l'ai ressentie cette mortelle angoisse ! En de pareils moments, le physique est affaissé ; le moral ébranlé et l'imagination attristée par les sombres images environnantes cessent même de nous offrir leurs consolations habituelles. Ces inconvénients si communs à la navigation et si souvent répétés rendront toujours les voyages sur mer bien plus pénibles, bien plus redoutables que les plus longs voyages par terre.

Quelle différence aussi entre la vie du marin et celle du soldat..., entre leur mort ! Combien est préférable la mort du soldat sur le champ de bataille ! Dans sa bouillante valeur, il se précipite au devant de l'ennemi, la musique guerrière, le bruit du canon exaltent encore son courage, et lorsqu'une balle vient le frapper, il tombe ; mais souvent, avant de se fermer pour jamais, ses yeux entrevoient son drapeau triomphant, et à ses oreilles retentissent des cris de victoire. Les honneurs militaires seront rendus à ses dernières dépouilles, des lauriers couvriront son tombeau ; il est mort pour sa patrie !

Mais le marin qui entreprend de longs voyages, qui, parfois, pendant plusieurs années, endure des privations sans nombre, brave tous les périls, essuie tous les dangers, et qui, lorsqu'il compte sur les joies du retour, sur le succès de ses travaux, légitime compensation de tant de fatigues, est atteint d'une horrible maladie, loin de toute terre, ballotté par les vagues !... s'il meurt après de longs jours de souffrance, ou s'il périt dans une horrible tempête, c'est sans la consolation que son nom survivra à ce trépas obscur et ignoré.

Il meurt, et les vagues engloutissent sa dépouille, il n'a pas même un tombeau, aucun vestige de lui ne reste. Rien ! rien ! qu'une petite croix quelquefois tracée par une main amie sur la carte, à l'endroit présumé où les vagues se sont refermées sur lui ; point perdu au milieu de l'Océan ! atome dans l'immensité ! mais vers lequel se dirigent sans cesse les sanglots du cœur déchiré des parents et des amis.

Pendant trois heures ou plutôt trois siècles le *Tanna* vogua au gré des vents et des flots ; mettre en panne, c'eût été hâter la catastrophe. Enfin, la tempête sur le soir tomba, et nous permit de respirer et de nous reconnaître. Nous apercevions droit devant nous le magnifique panorama offert par Erromango dont les terres élevées nous apparaissaient trop éloignées pour que nous puissions espérer les atteindre avant la chute du jour. Abandonnant donc l'idée d'y aller relâcher, bien que la tempête eût cessé, par une mer encore houleuse, nous mîmes à la cape (1) vers les sept heures du soir, en nous maintenant le plus près possible de la côte.

(1) Mettre à la cape, présenter le côté du navire pour ne plus faire route.

Nous aurions, cependant, eu bien besoin de repos après une journée si laborieusement passée, mais c'est le sort du marin : à peine vient-il d'échapper à un péril, que le signal avant-coureur d'un nouveau danger l'oblige à un redoublement de vigilance.

. . . .

Avant de rapporter les événements que le *Tanna* rencontra dans sa route, je crois utile d'étudier avec le lecteur chaque île séparément, en prenant, pour base de l'ordre présidant à cette étude, la position géographique, et le plus ou moins grand éloignement de notre colonie calédonienne à laquelle je rapporte comme centre tous les résultats de ce voyage.

ERRONAN ou FOUTOUNA.

Latitude sud 19° 1'.
Longitude est 167° 27'.
Circuit 8 kilomètres (environ).

Cette île fut découverte par Cook en 1774, revue par d'Entrecasteaux en 1793, par Dumont d'Urville en 1827 ; elle se trouve à 73 kilomètres d'Aneitum, à 63 kilomètres de Tanna. *Erronan* possède deux baies, l'une au nord-ouest, et l'autre au nord, pouvant servir de port ; trois écueils longent la côte nord-est, est et sud. Petite et très haute, Erronan offre l'aspect d'un cône isolé et escarpé dont le sommet forme plateau. Du côté nord-est, un petit pic apparaît, détaché de la terre, et s'élançant de la mer, à une hauteur de 2,000 pieds. Sur ses flancs nus et accidentés vit une population estimée par les missionnaires à 9,000 âmes.

S'approche-t-on de la terre, on trouve de fertiles ravins contenant de petites plaines couvertes d'une riche

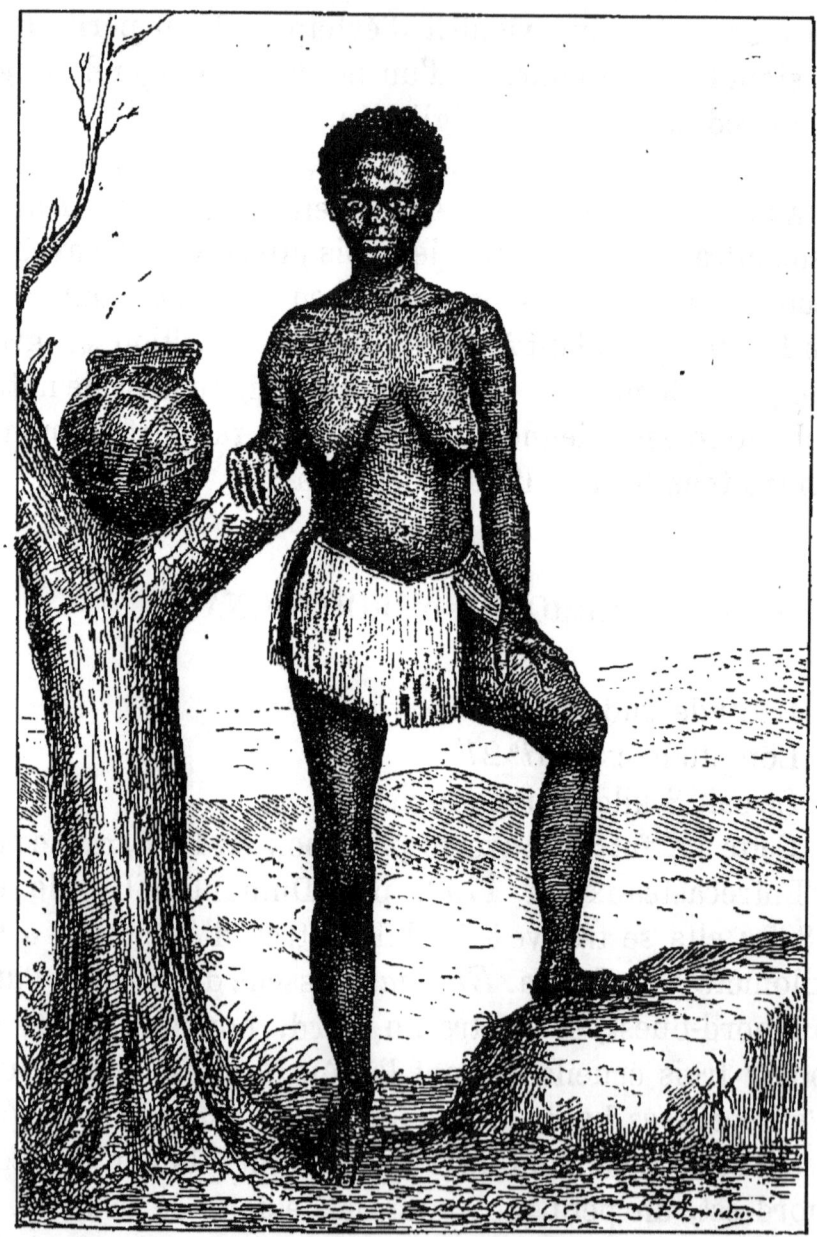

Femme indigène d'Erronan.

végétation, tandis que tout le long du rivage s'élèvent de superbes cocotiers.

L'indigène se livre à la culture, mais aucun Européen n'exploite les richesses de cette île. En 1849, il est vrai, le R. Père Rougeyron, missionnaire de l'ordre des Maristes, y conduisit des Néo-Calédoniens convertis, destinés à le seconder ; mais, comme à Aneitum, les fièvres paludéennes les forcèrent d'abandonner leur entreprise. Aussi bien le caractère féroce des indigènes ne leur présageait guère un succès facile. Les *men Foutouna* ressemblent beaucoup aux Néo-Calédoniens, peut-être même sont-ils d'une laideur plus repoussante avec leur tête peinte, leurs épouvantables grimaces de cannibales. Armés de pied en cap, de casse-têtes, flèches et même de fusils, ils nous inspiraient une réelle horreur. Entouré de nombreux guerriers, un monstre, enveloppé de la tête aux pieds d'une couverture sang de bœuf, se tenait assis sur un rocher escarpé, qui dominait la plage, étalant sa majesté souveraine ; il ne daigna pas répondre à nos gestes amicaux, tenant évidemment à rester avec nous sur le pied de guerre. Comme pour nous confirmer dans cette pensée, aucune pirogue ne vint à bord échanger des fruits ou autres objets. Certes, les hommes étaient laids, mais les femmes nous parurent hideuses. En les voyant, chères lectrices, pardonnez-moi ce détail réaliste, assises sur le rivage, occupées à extraire et à croquer la vermine qui pullulait sur la tête de leurs enfants, l'on se rappelait aussitôt les guenons du Jardin des Plantes.

Devant les dispositions peu favorables des indigènes, nous ne crûmes pas devoir mouiller à *Erronan;* le brick longea la côte et resta en panne (1) pendant qu'avec Mac, je descendis à terre, mais en pure perte. Nulle part

(1) Mettre en panne, orienter les voiles de manière à suspendre la marche d'un navire.

l'indigène ne fraternisait. Nous quittâmes donc cette petite île, emportant une opinion défavorable de ses habitants.

. . . .

Ce ne fut qu'en revenant de notre voyage dans le nord de l'Archipel, qu'il nous fut permis de visiter *Tanna;* on sait quelle épouvantable tempête, ayant failli nous coûter la vie à notre départ d'Aneitum, nous avait forcés d'abandonner l'idée que nous avions eue un instant d'y aller directement relâcher pour y déposer quelques indigènes, nos passagers.

TANNA

Latitude sud 19° 18'.
Longitude est 167° 6'.
Circuit 40 kilomètres environ.

Découverte en 1774 par Cook, revue en 1793 par d'Entrecasteaux, elle est à 63 kilomètres d'Erronan au sud-est, à 62 kilomètres d'Aneitum au sud, à 22 kilomètres d'Immer ou Nina, petite île basse au nord-est et à 42 kilomètres d'Erromango au nord. Cette île possède deux excellents mouillages : un peu à l'est celui de Port-Résolution, et à l'ouest celui de Sangalie. Le premier, beaucoup plus connu et fréquenté, se trouve au pied même d'un volcan, où la Société des missionnaires de Londres vient de créer un établissement. On estime actuellement la population à 4,000 habitants. Le climat y est très sain.

Quittant Sandwich pour revenir à Nouméa, nous aperçûmes, au soir, semblables à ceux d'un phare, les feux du volcan de Tanna; nous longions la côte ouest d'Erromango. Une bonne brise nous promettait d'arriver promptement au mouillage dans *Port-Résolution*. En effet, vers les cinq heures, le lendemain matin nous y jetions l'ancre. De là nous distinguions au loin Erromango, Immer ou Nina et Erronan.

L'île *Tanna* court sud-est et nord-ouest, et s'étend dans cette direction sur toute sa longueur. La baie où se trouve Port-Résolution, le principal ancrage de l'île, tire son nom du premier bâtiment qui la visita. Ce n'est à proprement parler qu'une crique circulaire. Si l'on jette les yeux sur les terres environnantes, rien de plus magnifique que le vaste spectacle offert aux regards enchantés.

Tanna est, en effet, une île assez grande et certainement la plus riche de celles qu'il nous a été permis de visiter. Beaucoup la regardent comme la perle des *Nouvelles-Hébrides*.

Très élevée, présentant dans ses terres hautes l'aspect d'une table, cette île est couverte de forêts. Les montagnes avec leurs couronnes de cocotiers, leurs vallées profondes où la rouge verveine tranche sur le vert tapis de gazon, vous jettent dans d'étranges rêveries qu'augmentent encore les phénomènes grandioses offerts par le volcan en constante activité.

Par la nuit sombre et calme, le cratère nous apparaissait dans toute sa fulgurante beauté ; de cinq en cinq minutes, se produisait une éruption nouvelle. D'abord s'élevait dans l'air un grand nuage de *flocons empourprés*, puis s'enroulaient des tourbillons de flammes teintes de rouge, enfin retentissait avec un fracas semblable à celui de la foudre la détonation du volcan. Mais ce n'est point seulement cette beauté que ces feux souterrains prêtent à l'île *Tanna*, elle semble leur devoir aussi une grande partie de sa fécondité.

Indigène d'Erronan.

Telle est l'exubérance et la splendeur de sa végétation

que le célèbre navigateur Cook et les non moins célèbres naturalistes Forster et Sparmann, qui l'accompagnaient, n'ont pu retenir un cri d'admiration.

Tanna est une île très riche, par les cocotiers d'abord dont elle est couverte, et par son bois de santal. Plusieurs plantes y poussent deux fois à la hauteur qu'elles ont en d'autres contrées ; leurs feuilles sont plus larges et leurs parfums plus forts.

Cook et Sparmann abattirent un pigeon, dans le jabot duquel ils trouvèrent une noix de muscade oblongue ; et quand ils la montrèrent aux indigènes, ceux-ci allèrent leur en chercher plusieurs, encore entourées de leur macis (1).

Parfois le terrain y exhale des vapeurs sulfuriques ; des sources chaudes s'en élancent çà et là.

Tanna présente aussi des couches d'argile, mêlée de terre alumineuse, des blocs de craie et de tripoli. Le soufre y abonde. Malheureusement de fréquents tremblements de terre la ravagent. Aussi Port-Résolution, quatre fois éprouvé en 1878, me semble-t-il un mouillage peu sûr.

Mais, quelle ombre aux attraits d'un si brillant tableau ! Le caractère du *man Tanna* est si terrible qu'il ne nous fut pas possible de pénétrer dans cet Eden. A voir leur férocité on s'explique sans difficulté et surtout sans regret la disproportion de la population avec l'étendue du pays. De tous temps, les *men Tanna* paraissent avoir joui de la plus triste réputation. Cook, dans ses voyages, raconte que ce sont les plus cruels qu'il ait jamais rencontrés, et s'il a visité les abords du volcan, c'est en tenant avec ses fusils l'indigène en respect.

(1) Macis, arille de la muscade formant une espèce de capsule qui entoure complètement l'amande à sa base.

Au point de vue physique on ne saurait non plus comparer les indigènes de Tanna aux autres insulaires des Nouvelles-Hébrides. Ils ont le teint noir, d'une taille plutôt petite que moyenne, mais ils sont vigoureux et musculeux. Leur barbe forte, noire et bouclée, leur chevelure noire, épaisse et arrangée à la *porc-épic*, leurs yeux pleins et perçants, ne manquant pas de vivacité et d'esprit, leur donnent un air mâle et guerrier. Ils sont de beaucoup le peuple le plus belliqueux de l'Archipel. Ceux du rivage sont toujours en guerre avec ceux de l'intérieur.

La singularité de leurs ornements, le mode de tatouage partiel, l'usage du fard grossier, tiré des terres ocreuses et calcaires, indiquent suffisamment la parenté de ces indigènes avec ceux de la Nouvelle-Calédonie, de la Nouvelle-Guinée et de l'archipel Salomon. M. de Quatrefages, sur sa splendide carte des Migrations océaniennes, fait venir tous ces insulaires des îles situées à l'ouest de la Nouvelle-Guinée et au sud de Gilolo.

On peut dire des *men Tanna* que chez eux la guerre est la passion dominante ; aussi est-ce à ce système de destruction qu'il faut attribuer le nombre beaucoup plus considérable des femmes.

Ils n'attaquent ordinairement que lorsqu'ils se croient assurés de leur supériorité. Si un chef est tué, sa tribu se rassemble, et lorsque la victoire la seconde, la mort devient le partage inévitable de la tribu entière des meurtriers. Si, au contraire, la bande ne se sent pas assez forte, la ruse est appelée à son aide ; elle tâche de s'emparer par surprise de quelques-uns de ses ennemis et les dévore.

Ils ont, comme leurs voisins, les flèches, les sagaies, les casse-têtes, etc., mais c'est à Tanna que l'on voit entre les mains des indigènes le plus de fusils, même de fusils perfectionnés, tels que: Lefaucheux, Snider et Martini-Henry, qu'ils apportent à leur retour d'engagement. J'ai rencontré beaucoup de *men Tanna* qui, connaissant la dynamite, m'en demandaient.

Pour ajouter encore à leur air terrible, ils se peignent la figure, se traversent la cloison nasale qu'ils ornent de bambou, de corail ou d'écaille de tortue, se chargent de bracelets, etc.

A première vue, l'on croirait trouver sur leur corps des stigmates de scrofule, mais on ne tarde pas à y reconnaître autant de cicatrices; il est même très rare de voir un *man Tanna* sans blessures. C'est à *Tanna* que j'ai appris d'un indigène que la piqûre des flèches empoisonnées se guérissait au moyen d'une plante appliquée après mastication sur la piqûre; cette plante qu'ils m'ont montrée est une espèce grimpante nommée *Meré*. Ils se font aussi, comme aux îles Marquises, des incisions au haut des bras et sur les côtés, représentant des poissons, des oiseaux, etc...

Chaque homme a, pendue au cou, une petite patte de crâbe taillée en sifflet, et s'en sert comme signe de ralliement pendant le combat.

Cruels, lâches, menteurs, voleurs, anthropophages, ils se montrent en outre fort jaloux de leurs femmes; ces malheureuses femmes se cachaient, pour nous mieux regarder, derrière les broussailles, à l'insu de leurs maîtres et seigneurs, et si parfois elles s'approchaient, c'était toujours avec eux. Elles perdent de bonne heure le peu d'attrait que la nature daigne leur accorder, sauf la douceur de leurs yeux, si doux, si bons, qu'elles semblent appartenir à une autre race; leurs formes sont sveltes, les bras d'une délicatesse particulière, les cheveux crépus; malheureusement leur physionomie se rapproche beaucoup de celle de la *popinée* (1).

Elles ne portent pas de pagne, et n'ont pour tout vêtement qu'une espèce de corde autour des reins et quelques fibres de bananier s'y rattachant; leurs cheveux sont courts et armés de l'inséparable peigne de bambou plus ou moins gravé.

Nous ne pénétrâmes guère qu'à 6 ou 700 mètres à l'intérieur d'une vallée profonde en apparence et la plus rapprochée du mouillage. Nous nous arrêtâmes à une source d'eau chaude qui, jaillissant du flanc d'une colline, y bouillonnait d'abord à travers un sable noirâtre, au pied même d'un rocher à pic attenant à des montagnes, puis courait vers la mer y mêler ses ondes sans toutefois les confondre.

Dans cette courte excursion, nous rencontrâmes, il est vrai, plusieurs indigènes armés, quelques-uns se proposèrent comme guides pour nous conduire au volcan; mais, craignant une perfidie, nous ne crûmes pas, malgré la violence de notre désir, devoir accepter leurs services.

Pour revenir au rivage nous longeâmes une magnifique plantation de cocotiers portant la marque européenne. J'appris qu'elle avait appartenu à un Écossais, le capitaine M. L., qui s'était vu contraint de l'abandonner devant les menaces de mort à lui faites par des indigènes. Un *man Tanna* s'était joint à nous et s'exprimait assez bien en anglais; je lui demandai pourquoi ils avaient chassé le capitaine M. L. d'un terrain loyalement échangé contre des marchandises européennes. Voici sa réponse : « Il emmenait les *taïos*

---

(1) *Popinée*, nom donné aux femmes indigènes de la Nouvelle-Calédonie.

à bord de ses bateaux et ils ne revenaient jamais plus. » Malgré cette assertion, je répugne à croire que le brave capitaine M. L., très connu en Nouvelle-Calédonie, soit un des nombreux auteurs des rapts indigènes opérés aux Nouvelles-Hébrides ; mais, à coup sûr, comme à Madagascar et sur toute la côte occidentale d'Afrique, encore aujourd'hui malgré la surveillance et les peines sévères qui la répriment, la traite des nègres est pratiquée sur une vaste échelle dans ces parages et contribue pour beaucoup à nous aliéner ces pauvres diables.

Les *men Tanna* à qui je montrais notre aversion pour le cas d'anthropophagie n'ont jamais essayé de nier que ce fût une de leurs coutumes et ne s'en excusaient pas ; au contraire, ils exprimaient leur prédilection pour ce genre de régal et enviaient aux chefs le morceau réservé : la tête de l'ennemi vaincu !

Chargé de conduire à terre deux *men Tanna*, Aeo et Massoé, nos passagers, je fis la double épreuve de leur perfidie. A peine venait-on d'accoster, de descendre les coffres, qu'une foule d'indigènes essayèrent de nous entourer, mais nous ne permîmes d'approcher de l'embarcation qu'à quelques *taïos* amenés par Aeo, l'un des rapatriés. Ce dernier, tandis que Mac et moi étions occupés à faire des échanges, disparut emportant, pour nous remercier sans doute de nos bontés, un petit revolver laissé malencontreusement sur le banc du gouvernail : *Ab uno disce omnes*, aurait dit Virgile, c'était là le plus loyal des *men Tanna*, jugez... par celui-là des autres !

Perfides jusque dans leurs relations commerciales, des indigènes nous avaient vendu des cochons empoisonnés. Cependant, pensant sans doute que le poison n'avait pas eu le temps d'agir, un d'eux eut l'audace de revenir dès le lendemain nous proposer de nouveaux échanges. Le capitaine nous défendit de lui adresser aucun reproche, le laissa aborder, puis le fit appréhender par de vigoureux matelots qui le jetèrent à fond de cale. Bien que l'on eût procédé très vivement, le traître avait trouvé moyen de pousser le cri d'alarme : attention ! prononcé en excellent français, ce qui nous révéla que nous avions affaire à un ancien travailleur calédonien. Presque aussitôt notre attention fut attirée par un nombre considérable de pirogues montées par des hommes armés jusqu'aux dents. Sur l'une d'elles nous aperçûmes un indigène revêtu d'un pantalon et d'un paletot et fusil en main ; à l'aide de nos longues-vues nous reconnûmes aussitôt Massoé, digne frère d'Aeo, notre second rapatrié. Notre brick fit face à l'ennemi et le capitaine ordonna le branle-bas du combat.

Intimidés par notre attitude, les indigènes se décidèrent à envoyer deux embarcations pour parlementer. Nous les laissâmes venir ; le capitaine leur fit montrer au-dessus du bastingage un des cochons crevés et entendre qu'il y en avait quatre en cet état. Probablement, ils comprirent ce reproche muet, sachant à quoi s'en tenir sur la moralité de leur compatriote : tout à coup l'une des pirogues regagna le rivage et quelques instants après elle revint avec de superbes cochons gros et gras, qui nous furent remis en échange des cochons crevés et du *man Tanna* prisonnier.

A peine remis de cette alerte, nous dûmes en essuyer une autre.

A la pointe nord-ouest du Port-Résolution, nous aperçûmes, se dirigeant sur nous comme pour nous cerner, des pirogues et derrière ces pirogues des hommes à la nage. Nous songions à repousser leur attaque, mais nous ne nous dissimulions pas que la situation devenait étrangement périlleuse. N'allions-nous pas être pris entre deux tribus qui s'entendaient pour nous fermer l'issue du port d'un côté et pour nous cribler de flèches de l'autre? Empêchés d'appareiller, tôt ou tard malgré une résistance héroïque nous serions alors destinés à succomber. On laisse cependant aborder la première pirogue qui nous accoste, venant franchement sur nous; puis, voyant parmi les nageurs quelques têtes de femmes, nous comprenons combien nous nous exagérions le danger.

Du côté du rivage tout était calme : que pouvait-il donc bien y avoir de l'autre côté? Nous interrogeons les hommes de la pirogue sur leurs intentions et nous remarquons qu'ils n'ont aucune arme.

« Nous appartenons, disent-ils, à une tribu récemment vaincue, et nous vous supplions d'en sauver les restes, préférant servir comme travailleurs à Nouméa qu'être scalpés et dévorés par la tribu victorieuse. »

Nous eûmes pitié d'eux, vingt-deux de ces malheureux, dont cinq femmes, trouvèrent près de nous un refuge. Notre brick, ainsi bondé d'hommes et de bêtes, s'apprêtait à reprendre la mer; nos réfugiés après le repas du soir venaient de descendre dans la cale; l'équipage soupait à son tour et la nuit approchait éclairée par les feux gigantesques du volcan, tous s'acheminaient au repos sur lequel devaient seuls veiller les factionnaires du bord.

Tanna fut la dernière des îles que nous visitâmes avant de rentrer à Nouméa, où notre récit devait trouver tant d'incrédules et même paraître fabuleux quelle qu'en fût d'ailleurs l'exactitude et la véracité.

. . . .

Je ne m'étais écarté du récit de notre voyage que pour offrir au lecteur un aperçu géographique et moral de ces îles. Ce but atteint, que l'on veuille donc bien nous suivre à bord du *Tanna*, et partager avec nous nos plaisirs et nos périls.

D'abord visitons Immer.

IMMER
ou Nina.

Latitude sud 19°,9'.
Longitude est 167°,10'.
Circuit 8 à 10 kilomètres (environ).

Cette île a été découverte par Cook ; elle est petite, basse, distante d'environ 32 kilomètres au nord-est de Tanna et de 52 au nord-ouest d'Erronan.

La partie la plus haute n'est pas élevée de plus de 20 mètres au-dessus du niveau de la mer ; les côtes ne sont pas formées de dunes sablonneuses, ni de rochers pour briser la force des lames, aussi quand le vent souffle avec force, la mer rugit-elle comme si elle allait renverser la terre et éclate-t-elle en blanche écume sur le rivage.

La plate-forme des rochers de corail qui sert de plage sort brusquement de la mer en formant deux étages à quelques pieds au-dessus de la surface. Le cocotier y est splendide. Oh ! que le cocotier mérite bien la reconnaissance des insulaires ! N'est-il pas doué pour eux d'un pouvoir presque créateur, lui qui fournit abondamment à tous leurs besoins? Il croît là où tout autre arbre se refuse à pousser, il élève ses colonnes de bois surmontées d'un bouquet de palmes et de fruits jusqu'à 25 et 30 mètres balançant coquettement sa tête. Du sable, de l'air, de la lumière lui suffisent. Il les convertit, par des procédés mystérieux, en une tige dure, en feuillage gracieux, en fruits délicieux, en huile, en eau sucrée, en enveloppe fibreuse destinée à protéger la noix et servant plus tard à tresser des pagnes et des cordes. Sa manière de se reproduire est étonnante: une noix tombe à terre, elle germe et bientôt agite sa tête empanachée au soleil. Pas de racines s'étendant au loin et épuisant le sol, pas de support comme le pandanus, mais quelques fibres qui l'attachent au sol, lui permettant selon leur grosseur une élévation raisonnable. Qu'il est agréable de le voir balancer son panache sur sa tige souvent penchée avec un angle considérable, et présentant la plus grande variété de courbures non sans quelques angles pointus! Les différents dessins représentant le cocotier m'ont souvent paru inexacts; mais j'avoue qu'il est bien difficile de rendre avec le crayon ces tiges courbées, ces lignes si gracieuses, ces feuilles dentelées qui s'entre-croisent, et j'avoue aussi que tous ces plumeaux, plantés le manche en terre, ont un caractère de variété et de grandeur qui sied à tout paysage dans ces contrées, et en est comme le cachet inséparable.

On comprend l'admiration du sauvage pour un arbre si utile et si beau; mais, nulle part plus qu'à *Immer* il ne mérite sa reconnaissance. *Immer* ne possède pas une seule goutte d'eau douce. Que deviendraient ses indigènes sans la liqueur bienfaisante du coco? De quoi se nourrissent-ils? De quoi engraissentils leurs cochons, leurs volailles? Avec la chair du fruit du cocotier! Sous quelle toiture abritent-ils leurs cases? Sous la feuille du cocotier! Sur quelle couche reposent-ils leurs membres fatigués? Sur les nattes formées des fibres du cocotier! Avec quelles cordes amarrent-ils leurs pirogues? leurs voiles? Avec des cordes faites des fibres du cocotier!... L'arbre à pain seul peut rivaliser d'utilité à Immer avec le cocotier. Ce sont là comme deux divinités bienfaisantes qui parent à tous les besoins de ces pauvres hères et leur mettent dans le regard la franchise et la douceur qui les distinguent des *men Fontouna* qui pourtant parlent le même langage.

La population de cette petite île est estimée à 240 indigènes; ils ont le regard tranquille, amical des indigènes d'Aneitum.

ERROMANGO ou ERROMANGA

OU ENCORE

KORO-MANGO

Latitude sud 18°,29′,30″.
Longitude est 166°,28′,21″.
Circuit 128 kilomètres (environ).

Cette île, découverte par Cook en 1774, n'est pas éloignée de Tanna de plus de 48 kilomètres et de 102 de l'île Sandwich; c'est l'une des plus importantes de l'archipel par son étendue; elle possède une longueur de 48 kilomètres du nord-ouest au sud, sur une largeur presque égale; elle est élevée et rocheuse et renferme quelques bons ancrages: à l'ouest, dans la baie

Dillon ou *Ouroura*, à l'extrémité de laquelle se trouve une rivière, et un peu au-dessus, dans la baie *Elisabeth*, également arrosée ; à l'est, dans la baie de Polénia, et un peu au-dessous du cap des Traîtres, dans la baie de Cook. L'extrémité de la côte sud-ouest est entourée de récifs ; à la pointe nord se trouve une caverne remarquable où les indigènes transportent leurs morts.

Quelques navigateurs ont tenté un essai de statistique de la population, mais la divergence des résultats ne me permet pas de m'y arrêter, et prouve ce que j'ai déjà dit, qu'il n'est pas possible, même approximativement, d'évaluer la population de l'une quelconque des îles de cet archipel.

Les habitants sont perfides, anthropophages, et aussi barbares que les *men Tanna*. Le bois de santal y est très abondant ; les indigènes viennent le charger à la nage sur les bâtiments. Il y a une mission anglaise.

Échappés à la périlleuse navigation de la veille, nous avions passé la nuit à tirer des bordées afin de ne pas trop nous éloigner de l'île ; le lendemain matin au petit jour nous nous en trouvions cependant à une certaine distance ; mais nous respirions plus librement, bien que la mer soulevée encore en houle pesante nous rappelât trop les dangers que nous avions courus. Ce ne fut donc pas sans effort que nous mîmes le cap sur la pointe sud-est de l'île ; il nous fallait la doubler pour entrer et aller mouiller dans la baie de Cook, située à l'est.

Par une brise très faible, le brick, roulé par la houle, avançait à peine ; une brume assez épaisse nous cachait presque entièrement la terre ; enfin sur les neuf heures et demie cette brume disparut, démasquant les hautes terres d'*Erromango*. Nous nous en étions écartés plus que nous ne croyions, par suite de son isolement et de son élévation qui nous l'avaient montrée plus rapprochée qu'elle ne l'était réellement.

Heureusement la brise fraîchit : nous finîmes par doubler la pointe sud-est dont nous étions très près la veille au soir, et, poussés par une brise du sud, nous atteignîmes bientôt la baie de Cook. Nous avions perdu ainsi plus de vingt-quatre heures, mais il faut savoir s'incliner contre les difficultés de la navigation à la voile. Ce ralentissement n'avait pas laissé que de nous permettre d'examiner le sud de l'île dont nous apercevions très bien les côtes à l'œil nu. Au sud, le sol s'incline en pente douce et présente une vaste étendue cultivée où apparaissent des plantations d'ignames, de taros, etc.

A l'est, comme on le sait, Erromango possède deux bons ancrages dans la baie de Cook et dans celle de Polenia ; c'est dans celle de Cook que nous mouillâmes d'abord. Les terres qui l'environnent sont assez élevées et forment, du côté de l'ouest, une baie profonde dont les rives basses attiennent à des terroirs fertiles. Des deux côtés se dressent de vastes forêts offrant un coup d'œil ravissant : Erromango en tirait jadis une de ses principales ressources : le commerce du bois de santal. Mais aujourd'hui les nombreuses rapines des équipages, les infamies de la traite y ont rendu tout commerce sinon impossible, tout au moins très difficile.

Prévenu de la haine des indigènes pour l'Européen, le capitaine ordonna de préparer et de charger les armes. A vrai dire, ces préparatifs refroidirent quelque peu mon enthousiasme pour ces rivages magnifiques mais si peu hospitaliers. Tous les récits des voyageurs, toutes les relations ayant pour objet les attaques de sauvages me revenaient à la mémoire, et ce n'est pas sans appréhension que nous distinguions sur le bord ces Kanacks entièrement nus, agitant leurs arcs et leurs flèches, hurlant à dominer le bruit des vagues, ou lançant leur *pil-ouït* en l'accompagnant de gestes insensés, de danses grotesques ou terribles et se frappant les cuisses en signe de joie. Mais mon désir de courir les aventures l'emporta sur tous ces pressentiments.

Armé comme les matelots, pour descendre à terre, de deux revolvers, d'une carabine et d'une hache courte, je ne fus pas le dernier à sauter dans la baleinière qui venait d'être mise à la mer. Ainsi chargés d'armes et de menus objets de toutes sortes, fusils de traite, poudre de chasse, tabac, allumettes, haches, couteaux, étoffes rouges, perles en verre, etc., nous poussâmes vers le rivage sous la conduite de quatre vigoureux rameurs et de Mac. Nous avions avec nous un indigène de cette baie que nous allions déposer à terre.

A une certaine manœuvre je crus que Mac redoutait tout à coup une attaque sérieuse et virait de bord, il ne gagnait en effet le rivage qu'à reculons, l'avant de l'embarcation regardant le navire, l'arrière faisant face à la terre ; mais c'était là une mesure de prudence préventive en cas d'attaque de la part des indigènes.

A mesure que nous approchions les naturels se dirigeaient vers nous ayant l'eau jusqu'à la ceinture et cherchant à nous accoster. Notre premier soin fut de nous débarrasser du coffre du passager et de ne laisser arriver le long de l'embarcation que sept ou huit sauvages à la fois. Quelques-uns essayèrent d'enjamber la baleinière, mais nous nous y opposâmes, les empêchant surtout de saisir les rames restées en place.

J'assistais muet aux discours que leur tenait Mac, qui se fit reconnaître par quelques-uns d'entre eux. Je profitai de cette reconnaissance pour échanger ma pacotille contre des arcs, des flèches ; puis Mac ordonna le retour après avoir promis aux sauvages de revenir dans leur île opérer des engagements pour la Nouvelle-Calédonie.

Le lendemain à l'aube nous changions de mouillage et quittions la baie de Cook, nous dirigeant sur la baie de Polénia.

Après avoir opéré ce changement assez rapidement, nous doublâmes le cap nommé par Cook le cap des Traîtres en mémoire de la perfidie des indigènes. Nous vîmes à tribord une petite île fort élevée et qui ne se trouve qu'à 9 kilomètres du cap des Traîtres et bientôt nous entrions dans la baie de Polenia, d'où nous repartîmes dans l'après-midi.

L'un des indigènes de cette île, passager à notre bord, m'apprit, entre autres choses, pourquoi ses compatriotes haïssaient tant l'Européen. C'est l'éternelle et infamante histoire de navires anglais venus pour le commerce du santal ; les capitaines, après avoir enivré et fait jeter à fond de cale les malheureux noirs chargés d'opérer la livraison, avaient levé l'ancre avec leur double cargaison.

Quelle indignation ne doit pas soulever une telle manière d'implanter la civilisation ! Pour ma part, je n'hésite pas un instant à appeler l'attention des gouvernements sur des crimes si honteux pour l'humanité et si dangereux pour les navigateurs exposés aux justes représailles de ces malheureux noirs. C'est ainsi que, peu de temps avant notre séjour à *Erromango*, les naturels, ayant surpris et incendié un navire en quête d'un mouillage, en avaient dévoré l'équipage.

Il faut probablement aussi attribuer à ce sentiment de défiance la jalousie avec laquelle plusieurs naturels d'*Erromango* défendaient à leurs femmes de nous approcher. Pas plus dans l'une que dans l'autre baie il ne nous fut donné d'en apercevoir.

Nous quittâmes la baie *Polenia* pour faire route dans le Nord, le cap sur Vila Harbour (*Sandwich*) et nous ne visitâmes les côtes nord-ouest, ouest et sud-ouest d'*Erromango* qu'à notre retour.

Une faible brise sud-ouest nous poussa d'abord à plusieurs lieues d'*Erromango*, puis nous abandonna complètement vers midi ; la mer était tout à fait calme, les voiles ne battaient même plus, et l'île Sandwich sur laquelle nous gouvernions restait toujours au loin. Une splendide nuit, il est vrai, se préparait.

Heureusement un courant nous portait directement sur le nord et nous n'avions aucun récif à redouter. Nous passâmes ainsi la nuit et la journée du lendemain à faire 3 à 4 lieues, le surlendemain matin seulement le capitaine ordonna de mettre à l'eau deux embarcations avec des amarres pour traîner jusqu'au mouillage le brick qui devait nous conduire à Port-Vila.

Jusqu'à l'aurore j'étais resté en contemplation devant un tableau que le pinceau serait impuissant à reproduire. A l'est et à l'ouest de la baie, les deux côtes rayonnaient, argentées par la lune d'un vif et pur éclat au milieu des massifs de cocotiers et de grands arbres qui les encadraient dans leur verdure sombre et puissante, au-dessus de nos têtes un beau ciel bleu, et autour de nous une mer étincelant de mille couleurs et une atmosphère pure et embaumée.

Erromango. — Grotte servant de cimetière

La nuit silencieuse, troublée de temps à autre par le battement des voiles que la faiblesse de la brise empêchait de gonfler, par les cris des sauvages qui, ayant reconnu le navire, l'appelaient par son nom; les feux allumés sur la rive rehaussaient encore la magnificence du tableau. A pleins poumons nous aspirions les parfums exhalés autour de nous par tous ces arbres aux essences capiteuses. Oh! de semblables nuits feraient à jamais oublier le sommeil et donnent lieu plus tard aux souvenirs les plus charmants, aux songes les plus délicieux. Mais, hélas! tout prend fin et nous jetions l'ancre à Port-Vila vers 7 heures et demie du matin.

SANDWICH.

(Vaté).

Latitude sud 17° 13′ 20″.
Longitude est 166° 36′ 21″.
Circuit 48 kilomètres (environ).
Cette île, découverte en 1774 par Cook, est située à 22 lieues nord-est d'Erromango. Sans contredit elle l'emporte sur les autres îles du groupe et par la splendeur de son aspect et par l'exubérance de sa végétation. M. Forster a chanté Sandwich, l'élevant, comme Tanna, bien au-dessus de Tahiti. Voici les appréciations de Cook lui-même : « Sandwich est certainement « une île magnifique, et sa beauté diffère de celle des « autres îles que nous avons visitées auparavant; des « terrains remplis de douces ondulations sont couverts « de l'abondante et riche végétation des tropiques. »
Et M. Forster : « Plus que partout à *Sandwich* tout « était frais et vert autour de nous. Nous y respirions

« l'air embaumé, errant avec volupté sous les palmiers
« et les orangers; nous étions si heureux que nous pen-
« sions être dans un nouveau paradis terrestre. » En
effet de fraîches teintes de verdure parent les bosquets
parsemés de cocotiers; les montagnes s'élèvent fort
avant dans l'intérieur des terres, ayant leur base ceinte
de forêts que séparent des champs cultivés.

On comprend que tant de merveilles ont attiré de
bonne heure l'Européen. Une grande maison de Sydney,
à l'époque de notre passage, possédait déjà un comptoir
à Port-Havanah ; trois colons, dont un Français,
s'étaient établis à Port-Vila (aujourd'hui Franceville).

Sandwich possède deux ports magnifiques, centres de
colonisation : Port-Havanah, peut-être un peu trop
profond, mais très bien abrité ; Franceville plus petit,
mais situé dans le sud-ouest de l'île et souvent visité
par les vents sud-est qui le rendent très salubre. Ce
dernier me semble appelé à un développement considérable le jour où quelque puissance européenne s'empa-
rera des Nouvelles-Hébrides. Port-Havanah ressemble
à un long canal d'environ 2 lieues, bordé d'un côté par
les îles Déception et Protection, de l'autre par la terre
de l'île Sandwich et présentant l'aspect d'une longue
nappe d'eau entièrement entourée de terres, à l'extrémité de laquelle se trouve un ruisseau. Les îles Protection et Déception forment donc trois détroits : l'un entre
Protection et Déception, assez grand pour recevoir des
vaisseaux de tous tonnages ; les deux autres plus petits et qui n'admettraient que des navires de faible
dimension. Mais j'ai déjà révélé le principal inconvénient de Port-Havanah : sa profondeur. Pas d'ancrage
possible sinon très près du rivage, et encore la place
n'est-elle favorable que tout à fait au fond de la baie.

Il tient son nom du capitaine anglais Eskine, qui le visita en 1843.

A peine avions-nous procédé aux opérations du mouillage, le déjeuner terminé, nous descendîmes à terre et allâmes visiter un colon irlandais. Ce brave colon nous accueillit très chaleureusement. Il prit à peine le temps de lire sa correspondance, et quoiqu'il faille un cœur de bronze pour s'isoler ainsi au milieu des sauvages, les larmes coulaient de ses yeux. Très émus nous-mêmes, nous ne nous séparâmes pas sans lui promettre de revenir. Notre hôte, connaissant notre nationalité, nous indiqua la demeure d'un colon français habitant dans une anse à gauche. La distance étant très courte, nous y arrivâmes en quelques coups de rames. Même accueil, plus cordial encore s'il est possible, qu'à la case du colon irlandais. Avec notre compatriote en effet, nous parlâmes longtemps de la mère-patrie. Il y avait si longtemps, cinq ans déjà, qu'il vivait loin d'elle; ah! comme nous comprenions et partagions son émotion! On ne connaît bien son amour pour notre chère France, que lorsqu'on en est exilé; mais cependant, qu'on le sache bien, la France n'est pas seulement dans la France, elle est partout où il y a des Français. Avec quel plaisir nous emmenâmes notre brave compatriote dîner à bord et, ma foi, on mit, suivant l'écho populaire, les petits plats dans les grands.

Après le repas, notre hôte me pressa tellement de venir passer la nuit dans sa case que je me laissai gagner et partis avec lui. Il ne fallait pas m'attendre à trouver un appartement luxueusement meublé, mais je dormis néanmoins d'un profond sommeil dans cette gentille petite case aux murs de bambou sur une natte tendue et soutenue par quatre piquets, la tête reposant mollement sur un bon oreiller de ouate du pays, le tout recouvert d'une moustiquaire de la plus parfaite blancheur.

Grand fut mon étonnement de me réveiller au tic-tac d'un moulin à décortiquer le maïs, au chant du coq, agréable contraste dans un pays sauvage. La femme indigène que M. M... avait à son service et qui était de l'île Aoba me dit moitié en anglais, moitié en français, que son maître avait voulu me laisser dormir et qu'il se trouvait dans une plantation voisine dont elle m'indiqua le chemin ; pour le remercier de sa franche hospitalité, je me portai à sa rencontre. Après avoir donné des ordres à ses travailleurs, il eut la bonté de charrier jusqu'au rivage où était amarrée son embarcation, une véritable cargaison de tous les fruits du pays auxquels nous fîmes honneur au déjeuner. Le repas achevé, on repartit visiter les plantations de maïs, coton, café, et nous restâmes stupéfaits en apprenant de la bouche même de M. M...... qu'il obtenait par an jusqu'à quatre récoltes de maïs.

Après mille et mille causeries, nous convînmes d'une partie de chasse pour le lendemain.

A trois heures du matin nous étions réveillés et prêts à descendre dans l'embarcation de notre hôte qui nous attendait le long du bord. Un bol de café arrosé de tafia et nous voilà partis. J'emmenai avec moi mon protégé *Amenoto* d'Ambrym ; à la case nous prîmes aussi l'un des travailleurs. Nous entrâmes à la file indienne dans un sentier qui longeait un champ de maïs et ne tardâmes pas à nous enfoncer sous bois.

Il pouvait être 3 heures et demie ou 4 heures du matin, et l'on se serait cru en France à midi. Comme nous étions en extase devant la luxuriante végétation qui nous entourait, M. M..... nous dit que tous les genres de plantations que lui et ses voisins avaient essayés avaient réussi bien au delà de toute espérance : maïs, café, coton, canne à sucre, ricin, etc. ; les légumes de France poussaient et croissaient à merveille.

Nous suivions un sentier canaque, plongés dans une demi-obscurité. Bien que très clairé à certains endroits, en d'autres la forêt était embarrassée de lianes et d'arbrisseaux jusqu'au sommet des arbres les plus élevés. Nous remarquâmes beaucoup d'arbres à pain d'une grosseur telle qu'un seul tronc eût suffi à la construction d'une pirogue de guerre portant 50 à 60 guerriers. Mais ce qui attira le plus mon attention fut une espèce de cèdre dominant les autres arbres et capable de fournir les plus beaux et les meilleurs mâts. J'y trouvai aussi le gaïac, le bancoulier, le dammara, l'araucaria, ces deux derniers arbres qui font des colonnes si belles, le houp, l'arbre à goudron (*rhuis atra*), cet arbre si précieux pour les indigènes et qui leur fournit son suc pour calfater leurs pirogues, mais pour lequel il faut les plus grandes précautions quand on le débite encore vert à cause des plaies douloureuses qu'il engendre. Sans parler des bois de charpente et de ceux propres à la menuiserie et à l'ébénisterie, le bois de rose, le tamanou, l'ébène blanc, le chêne tigré ; mais peu d'ébéniers et de santaliers, absence fort explicable dans les forêts qui longent le rivage et ont été si souvent fouillées et pillées par les Européens. Ces forêts que j'ai eu le plaisir de revoir plusieurs fois et à différentes époques de l'année m'ont toujours apparu aussi vertes qu'en France, au milieu de l'été. En un mot partout un sol fertile, une campagne parsemée d'orangers et de pommiers de Cythère, bananiers, etc., des forêts inépuisables de richesses : voilà *Sandwich !*

Il y avait 25 minutes environ que nous marchions sous cette voûte embaumée et fraîche quand notre compatriote nous plaça, moi d'abord avec *Amenoto*, sous une espèce de gommier à cerises bleues et plus loin à ma droite le capitaine avec son *man Api*, tandis qu'il s'enfonçait lui-même plus avant dans la forêt. Il fut convenu que nous ne tuerions que les oiseaux *good kaï-kaï* (1), selon l'expression des anthropophages. Dix minutes après *Amenoto* me saisissant le bras, l'index sur les lèvres, m'invitait au silence : quatre gros pigeons s'abattaient sur notre arbre, suivis bientôt d'une bande innombrable. J'en abattis trois. A nos deux coups de fusil répondaient ceux de M. M.... et du capitaine. Je renouvelai le massacre plusieurs fois, puis en attendant mes compagnons je m'amusai à cueillir un bouquet de petites fleurs rouges très jolies à un arbre qui, suivant *Amenoto*, fournit aux indigènes de son pays leurs casse-têtes les plus renommés pour la solidité. Il me montra également un petit arbrisseau dont l'écorce leur sert à teindre les pagnes et les nattes.

Nos deux compagnons de voyage venaient de me rejoindre ; nous fîmes le recensement de notre butin. M. M..... n'avait choisi que de gros pigeons (appelés notou), gros comme une poule, au plumage bleu de roi et *good kaï-kaï* par excellence ; le capitaine rapportait deux tourterelles, de petites perruches ; moi j'y ajoutai trois pigeons et une espèce de bécasse.

Le nombre des oiseaux était infini, ils égayaient la forêt de leur ramage continuel et leur plumage si varié

---

(1) Expression canaque : bon à manger.

contribuait par l'éclat des couleurs à la splendeur de la nature. J'avais souvent lu ou entendu dire que les oiseaux des îles de l'Océanie n'avaient pas un chant mélodieux, mais sans parler des oiseaux de *Paro* à la voix si harmonieuse, je puis certifier le contraire par expérience. Le concert de cette multitude d'oiseaux semble encore plus ravissant sous les forêts océaniennes que dans nos bois d'Europe; ils y pullulent d'autant plus que jamais l'indigène ne s'avise de les priver de leur chère liberté.

Les naturalistes trouveraient des quantités d'oiseaux inconnus.

Pour le retour nous prîmes un autre petit sentier non moins agréable que le premier, situé au pied d'une légère colline dont descendait une cascade formant ensuite un gentil ruisseau, courant vers la mer. Ce ruisseau nous ménagea de bien douces surprises. Tout en prenant un excellent bain, nous recueillîmes plusieurs bonnes grosses bottes de cresson et une centaines d'écrevisses ou plutôt de grosses crevettes que nos indigènes capturaient avec beaucoup d'habileté. Le murmure de la cascade et le gazouillement des oiseaux troublés dans leur retraite se mariaient fort agréablement et nous rendaient plus chères encore les délices du bain. Nos provisions faites, blancs et noirs nous regagnâmes ainsi la case, chargés qui de gibier, qui de cresson; nous y arrivâmes juste pour assister à la distribution des vivres aux travailleurs, besogne dont l'intendante de M. M..... s'acquittait avec la plus grande justice.

L'ordre le plus parfait régnait dans cette petite colonie, composée de dix-neuf indigènes, dont cinq femmes, tous étrangers à l'île Sandwich : les uns devaient s'oc-

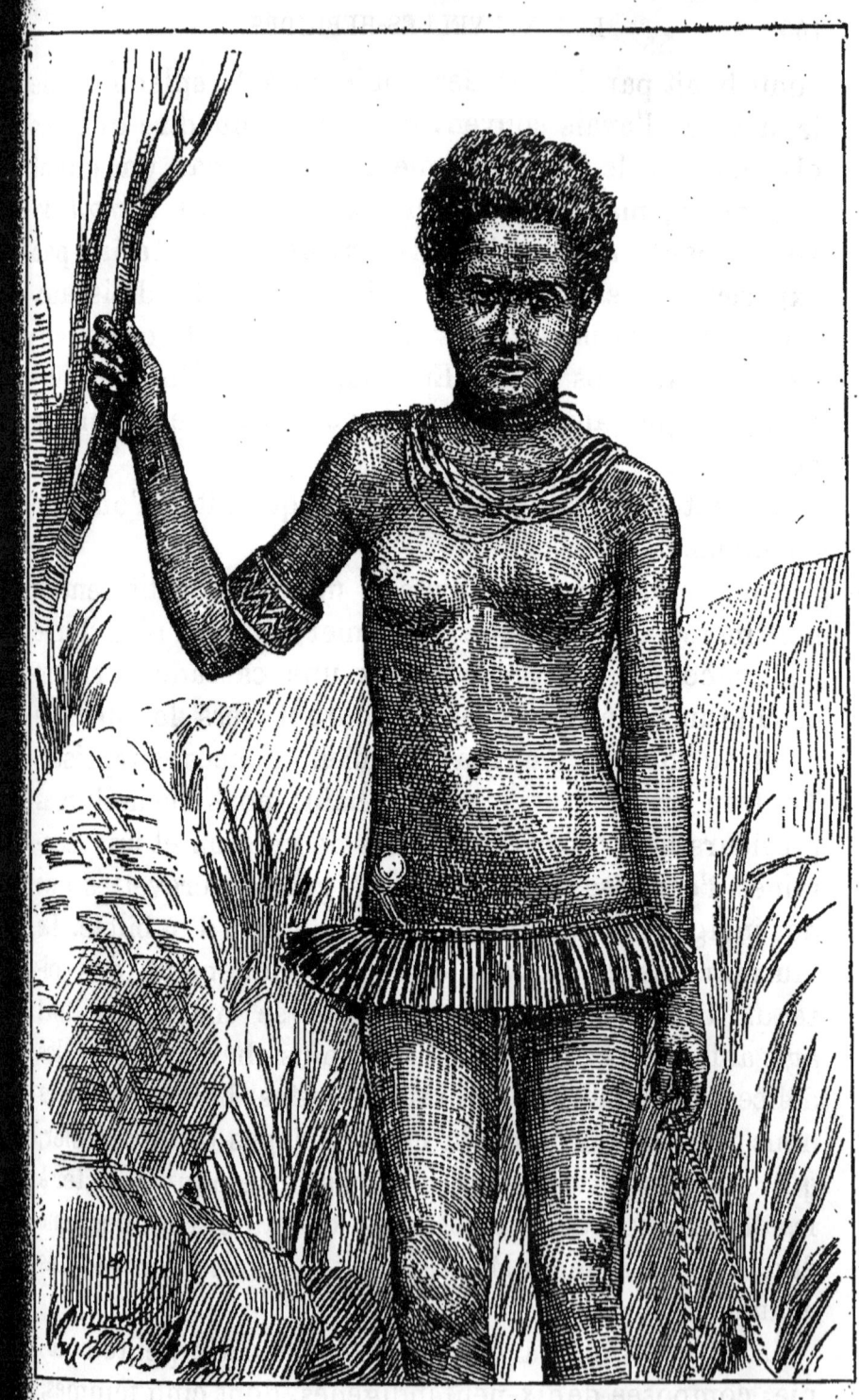

Sandwich. — Jeune fille indigène.

cuper à donner des cocos, des bananes cuites aux cochons, les autres à râper des cocos pour les volailles, d'autres se reposaient en fumant la pipe.

Les cinq femmes, contrairement aux coutumes de leurs îles, regardaient les hommes préparer les aliments, et vivaient dans les mêmes cases que leurs compatriotes qu'elles avaient choisis pour époux. Négligeant les chemises et pantalons dont regorgeait le magasin, ils allaient nus ; les femmes portaient cependant un pagne en étoffe descendant jusqu'aux genoux. La case dans laquelle j'entrai était propre pour une case de sauvage, elle ne renfermait que très peu de casse-têtes, encore étaient-ils de fantaisie. Je voulus, en les quittant, leur distribuer quelques figues de tabac, mais ils n'acceptèrent pas. M. M....., le capitaine et moi nous partîmes déjeuner à bord, où nous attendaient des poissons en abondance, fruit de la pêche des matelots et des indigènes passagers. Pendant le repas nous décidâmes qu'après avoir retrempé nos forces dans une sieste bienfaisante, nous irions porter sa correspondance à M. Y..., colon écossais dont la plantation se trouvait à quelques kilomètres de notre mouillage.

Les indigènes des Nouvelles-Hébrides sont essentiellement agriculteurs, mais ce sont en majeure partie les femmes qui travaillent la terre, et dès que l'enfant mâle ou femelle peut travailler, il doit se suffire lui-même en ignames, taros et bananes. J'ai très souvent vu des enfants de six à huit ans arriver de la montagne chargés d'ignames. Leur en demandant l'origine, ils m'assuraient les avoir plantées et cultivées eux-mêmes; après quoi ils étaient heureux de nous les échanger contre nos verroteries.

Pour l'igname ils choisissent les terres profondes et

riches, donnant 25,000 kilogrammes à l'hectare. Les terres sont cultivées par les hommes de la montagne et produisent de très grosses racines ; les jeunes feuilles de cette plante se mangent aussi.

Indépendamment de ces cultures, il se trouve dans la brousse plusieurs variétés d'ignames sauvages utilisées en cas de disette, des fruits de l'arbre à pain qui atteignent souvent 30 centimètres de diamètre ; des mapés, espèce de fruit qui se mange comme la châtaigne, des pommes canaques, etc.

Dans tous les jardins canaques l'on trouve aussi de très belles cannes à sucre, l'oranger, le bananier qui compte au moins douze variétés, le figuier, l'amandier, le pommier de Cythère, l'ananas et beaucoup d'autres arbres fruitiers qui fournissent leurs fruits sans que la main de l'indigène y ait le moindrement contribué.

Ils déboisent par le feu les terrains à défricher : les arbres achèvent vite de se pourrir et servent d'engrais. Ils font aussi des espèces d'irrigations très bien comprises.

M. Y... habitait une maison en bois qu'il avait fait venir d'Australie et qu'il n'avait eu qu'à monter ; elle était élevée sur pilotis et très grande. Coquettement peinte en vert, entourée d'une large véranda, elle avait quatre fenêtres donnant sur la mer ; un perron de sept marches en avant d'un très large vestibule la séparait en deux et chaque côté renfermait trois pièces luxueusement meublées. Une haie d'aloès aux piques puissantes faisait face au bâtiment que dominait un mât de pavillon. Entre la haie d'aloès et la maison, un petit jardin anglais très correctement entretenu et où s'épanouissaient beaucoup de fleurs d'Europe ; les allées bien sablées conduisaient par derrière à un bosquet rempli de sentiers que le bon goût de M. Y... avait su faire épargner à la hache aveugle de ses travailleurs indigènes. Nous remarquâmes à droite du bosquet les cases des travailleurs, puis le poulailler et la porcherie bondés l'un et l'autre d'animaux. Les cochons étaient de même race que chez M. M..., courts de jambes, le ventre pendant à terre, oreilles droites, peu fournis de soie, appartenant en un mot à la race que l'on appelle chinoise : on rencontre ces quadrupèdes en très grande quantité dans tout l'archipel, mais plus particulièrement encore à *Sandwich*. L'espèce des poules est la même que celle de France, mais elles sont plus fortes ; elles y abondent et vivent comme les cochons tout à fait à l'état domestique. On en trouve également en grande quantité dans les montagnes, mais à l'état sauvage.

Qu'il me soit permis maintenant de présenter M. Y.... Correctement vêtu, figure et gestes très distingués, d'apparence souffreteuse, mélancolique, cet homme de trente-cinq ans me sembla avoir choisi par dégoût de la vie européenne, au lieu de la Trappe, cet ermitage pour y enfermer un secret qu'il ne m'eût pas été délicat de vouloir pénétrer. Homme du monde, il s'empressa de venir à notre rencontre et parut enchanté de nous voir ; il nous fit de suite les honneurs de la maison et voulut préparer un excellent lunch qu'il partagea avec nous. Il parlait très élégamment le français pour l'avoir étudié plusieurs années à Paris, dont il aimait à se souvenir, et soit par une sorte de *respectability*, soit par mémoire d'un amour éteint ou trompé, il ne s'était pas associé, contrairement à l'exemple de presque tous les colons, une femme indigène. Nous visitâmes avec lui son jardin, ses plantations ; il occupait vingt-cinq travailleurs moins par esprit de lucre que pour se distraire, laissant en *brousse* une grande partie des terres qu'il avait échangées avec un chef indigène. Ses Kanacks qu'il tirait des navires d'immigration paraissaient l'adorer, nous en acquîmes la preuve en les allant visiter à l'heure des travaux. Au fond d'un champ de maïs en revenant vers la mer M. Y... nous conduisit à un grand hangar où séchaient des quantités énormes de biches de mer qui, retenues ouvertes à l'aide d'un bâtonnet, étaient soumises à l'action du soleil en attendant l'exportation. Nous apprîmes de notre hôte que cette pêche était d'un excellent rapport.

La biche de mer ou mieux l'*Holothuria* est une espèce de poisson noir (genre de sangsues), mais beaucoup plus gros et plus long, très répugnant d'aspect, surtout quand on la retire des flots, car elle vomit alors un liquide blanchâtre et épais. On la fait sécher et bouillir, puis, ainsi solidifiée, on la vend comme article alimentaire aux Chinois qui en font leur soupe de prédilection. M. Y... expédiait ses productions de biches de mer en Australie moyennant un prix variant selon la qualité. Le lendemain matin, nous venions de nous asseoir dans le bosquet à l'ombre d'un gigantesque bagnan au pied duquel étaient installés des bancs de gazon d'où nous apercevions au travers d'une éclaircie pratiquée à dessein une superbe cascade, quand M. Y... nous invita à le suivre dans un sentier conduisant dans un frais vallon, où tout respirait le parfum enivrant des fruits du tropique ; de place en place, bordant l'allée, de jeunes caféiers plantés à l'alignement à l'ombre de verts bananiers nous offraient leurs fruits rouges rappelant nos cerises de France. Outre les pieds de caféier, des plants d'ananas étalaient leurs fruits savoureux et dorés. Comme avenue une triple rangée de bananiers qui, tout en nous protégeant contre les rayons du soleil, laissaient pendre au-dessus de nos têtes des régimes abondamment fournis. Le bananier est un arbre élégant qui donne à la fois d'excellents fruits, de vastes assiettes, de forts parapluies ou de légères et gracieuses ombrelles. Ici c'étaient de charmants papayers, aux fleurs parfumées, aux fruits d'or d'un goût exquis et propres à fabriquer ces confitures très renommées dans l'Inde; là de superbes lataniers auxquels les femmes gracieuses, nom sous lequel on désigne les favorites, empruntent l'éventail destiné à écarter du front du maître endormi les insectes importuns ; le vaquois aux rejetons bizarres qui d'un seul tronc fait jaillir cent tiges puissantes ; le frêle hibiscus, dont l'écorce glutineuse s'étend en immenses étoffes ; des fougères élégantes, arborescentes, portant leurs feuilles dentelées à une prodigieuse hauteur. Ce sentier enchanteur aboutissait à une large vallée dominant une cascade à l'onde claire et limpide. Cette vallée dont nous ne pouvions apercevoir le fond semblait fermée par de gigantesques arbres à pain étalant leurs larges feuilles ornementales, par des rangées de hauts cocotiers et beaucoup d'autres arbres.

Il y a une grande différence entre les forêts des pays chauds et celles des climats froids. On constate que l'on peut tirer nourriture de presque la moitié des arbres : l'arbre à pain, les noyers, les amandiers, les cocotiers, les bananiers, les évis (ou pommes de Cythère), etc., etc. Peut-être cette faveur de la nature a-t-elle contribué pour beaucoup à la paresse des indigènes.

Au fond du sentier on se mirait dans un grand et splendide bassin entouré avec un goût exquis de gros galets et d'immenses bouquets de corail blanc, et au centre des rochers entiers provenant d'éboulements. « Voici ma baignoire, nous dit M. Y... et je ne l'échangerais pas, je vous assure, contre celle de votre palais Bourbon. De chaque côté de la cascade j'ai rassemblé les plus riches plantes aquatiques, voyez-les grimper le long des rochers ; ces magnifiques pandanus ne vous enivrent-ils pas de leurs parfums, ou ne vous éblouissent-ils point par l'éclat écarlate et presque orgueilleux de leurs fruits ? Leurs feuilles, beaucoup plus fines et par conséquent plus faciles à travailler que celles du cocotier, m'ont fourni la fraîche et élégante toiture de ma maison. Puis ces splendides fougères arborescentes aux feuilles dentelées, ces aralias, ces cycadées, ces dracœnas, ces yuccas, n'en font-ils pas le plus bel ornement naturel, tandis que ces hautes futaies font l'utilité de ces forêts ? En Angleterre, en Belgique et même maintenant un peu en France les plantes exotiques à feuillage ornemental donnent lieu à un commerce important. Ce goût pourrait se trouver satisfait par l'envoi, qui en serait simple, « moi-même ayant reçu d'Angleterre des fleurs et des plantes en très bon état après cinq mois de mer », des plus belles plantes qui se trouvent uniquement dans ces régions. »

Et, tandis que cet homme encore jeune, au parler si doux, si distingué, vantait les richesses de son île *Sandwich*, captivé par tant de charmes je sentais peu à peu s'évanouir le fantôme bien-aimé de la Patrie et me serais cru prêt à renoncer comme lui à Satan, à ses pompes et à ses œuvres et à ensevelir comme un avare mon bonheur dans cette île enchantée et mystérieuse.

Tel avait été le charme qui s'était emparé de mes sens que je me retrouvai à la case sans m'en apercevoir. Comme pour nous faire éprouver plus intimement la douceur de nos émotions, à notre retour nous attendaient des sensations d'un autre genre, aussi pittoresques, mais plus terribles. Après m'être rafraîchi de coco et de quelques gouttes de gin mélangées, voyant passer un grand nombre de pirogues doubles, j'en demandai la cause à M. Y..., qui apprit de son indigène que le soir même, non loin de sa case, dans une espèce de clairière, devait s'exécuter une danse guerrière entre deux tribus. L'on peut juger avec quel plaisir je laissai le capitaine regagner seul le bord et acceptai de mon hôte l'offre de l'accompagner à ce spectacle dont il ne paraissait pas moins curieux que moi.

Jusqu'à la nuit, c'est-à-dire avant d'engager la danse, plusieurs *men Sandwich* vinrent visiter M. Y... et lui serrer la main; ils s'étonnaient de me voir et interrogèrent à mon sujet le jeune *boy* domestique favori. Tout en ayant pleine confiance en leurs bonnes dispositions, M. Y... trouva bon de me dissuader de me baigner seul dans le voisinage. Ces visites me permirent d'examiner au repos les *men Sandwich* et les femmes qui les accompagnaient, ce que je n'avais pu faire jusque-là, n'étant presque jamais à bord quand ils y venaient échanger leurs produits. Ils sont d'une médiocre stature, mais bien pris, leur aspect n'est pas trop désagréable malgré leur teint bronzé, avec leurs cheveux bouclés un peu laineux, fichés de peignes en bambou et surmontés de plumets. La plupart étaient entièrement nus, ils avaient bien autour des reins une corde garnie de coquillages, mais non par pudeur. Les femmes n'avaient autour des reins qu'un pagne très court et insignifiant,

Indigène jouant de la flûte avec le nez.

quelques jeunes filles une ceinture d'herbes et de fleurs. Ces nudités, qui seraient révoltantes chez nous, ne font là-bas aucune impression : il est vrai de dire que les femmes, parées selon certaines modes françaises, sont des objets plus artificieusement séducteurs que ces pauvres Vénus des Nouvelles-Hébrides, sans vêtement mais aussi sans malice. Malgré leur état de nudité, les sauvages de Sandwich sont en public d'une décence rigoureuse ; ils paraissent ne pas se douter qu'on puisse être choqué en les voyant. Ils agissent, hommes comme femmes, sans affectation et sans embarras.

Je ne prétends pas assurer que la nudité de ces peuples s'allie à une grande pureté de mœurs ; je parlerais contre ma pensée : je veux dire seulement qu'ils n'affichent pas la débauche. Les hommes sont très jaloux de leurs femmes qui, du reste, se gardent bien de leur en donner le sujet. Quelques femmes portaient derrière le dos, dans une natte solidement attachée, leur nourrisson, je me plus à constater la patience qu'elles mettaient à distraire les petits pleureurs et à leur rendre moins douloureuse l'éclosion d'une dent, en leur frottant les gencives avec l'huile de coco.

M. Y... me les donna pour des êtres intelligents et capables de recevoir et de sentir les avantages de la civilisation. Jamais, disait-il, me répétant ce que je tenais déjà du colon français, je n'ai eu à me plaindre de leurs vols ou d'aucune indélicatesse ; mais, avait-il soin d'ajouter, il faut savoir les prendre. Pour moi, j'ai toujours scrupuleusement gardé mes frontières sans empiéter. M. Y... me parlant ainsi me dévoilait délicatement le système d'usurpation frauduleux auquel se livrent sans honte bon nombre de colons.

A Sandwich la population dépérit ; cela tient à plusieurs causes, entre autres aux boissons fortes dont les naturels font un grand usage et au tabac qui est devenu un besoin général, c'est un fait qu'il est du reste facile de constater.

Après avoir dîné à la hâte, M. Y... et moi, son *boy* et mon *Amenoto*, nous nous rendîmes non loin du champ de bataille ou plutôt du terrain de manœuvre des *men Sandwich*.

Un instant après nous nous tenions à gauche derrière l'emplacement où devait s'exécuter la danse et qu'entouraient déjà les femmes allumant des feux de branches sèches ; les flammes jetaient sur la scène une sombre clarté ; nous allions donc tout voir sans être vus, mais sans chercher cependant à dissimuler notre présence.

Au signal donné par un chef, nous voyons défiler les *men Sandwich* un à un, chacun muni de ses armes, le corps peint en rouge avec une composition d'huile de coco et de terre ocreuse, les cheveux huilés réunis en touffes de plumes. Ils sont précédés d'une trompette de guerre, trompe marine, dont le son, semblable à celui des cornes de nos bergers, produit, en se mêlant la nuit au bruit du tamtam, un effet lugubre. Les procédés qu'ils emploient pour battre de cet instrument ne sauraient être employés avec aucune de nos caisses ou tambours. Ce *boum-boum-boum, boum! boum, boum-boum, boum,* prolongé qui, d'abord très fort jusqu'au troisième temps, s'affaiblit soudain sur ce dernier ; quand il s'élève dans la profondeur des bois, de nombreux échos le répercutant, inspire une secrète horreur. Beaucoup d'hommes portent des bracelets en perles blanches, des coquilles de nacre parfaitement polies, des dents de cochons sauvages autour du cou, le tout tranchant étrangement sur la sombre couleur de leurs corps ; à la main droite le casse-tête de cérémonie, à la ceinture et à chaque pied des coques de nari sèches rendant un bruit de castagnettes. Déjà le défilé est terminé ; aussitôt on se sépare en deux camps et les tamtams recommencent leur roulement lugubre, d'abord modérément, puis avec une précipitation effrayante. A ce nouveau signal s'ébranlent les guerriers peu à peu, le corps penché en arrière, les bras levés, ils agitent leurs casse-têtes avec une précision terrible, le bruit, le mouvement semblent convulsifs, mécaniques, effroyables ; les yeux hagards roulent d'une manière affreuse et semblent saillir des orbites, la langue sort de la bouche démesurément, des cris éclatent, des sifflements déchirent l'air ; sans changer de place, les guerriers frappent du pied la terre si lourdement qu'elle résonne au loin sous leurs pas. On ne saurait trop admirer l'ensemble, l'harmonie parfaite avec laquelle tous ces mouvements, ces gestes s'exécutent. Quelque soit le nombre des exécutants, on dirait qu'ils ne forment qu'un seul être. Nous reculons d'effroi en voyant leur furie dans la charge simulée contre l'ennemi. Ils ne s'arrêtent qu'avec l'extinction de toute force humaine.

Malgré l'intérêt extraordinaire qui me rivait à un tel spectacle, je craignais d'abuser de la complaisance de M. Y..., mais à ma remarque il répondit : « Restons, ce combat m'attire non moins que vous ; c'est, du reste, la première fois que j'ai moi-même l'occasion d'y assister. »

Quelles sensations émouvantes n'eussions-nous pas perdues si nous nous étions retirés après cette première passe d'armes. Un court instant de relâche, et voilà que recommence l'épouvantable charge, puis de nouveau les danses, les cris, les sifflements. Je me demandais comment le corps humain peut être capable d'un si violent exercice, à quelle source les *men Sandwich* puisaient tant de vigueur, quand j'en aperçus quelques-uns se dirigeant du côté des femmes qui, accroupies autour des feux, préparaient une espèce de boisson enivrante, aux effets pernicieux, qui redoublait l'ardeur belliqueuse des guerriers et leur procurait une excitation factice qui soutenait leurs forces durant ces longs exercices.

Bien que demeurés jusqu'à la fin de cette petite guerre nous nous trouvâmes privés d'une partie du spectacle, à notre grand plaisir, il est vrai. J'appris que la danse exécutée devant nous terminait les expéditions autrefois et s'achevait elle-même par l'égorgement des prisonniers qu'on dévorait ensuite. Aujourd'hui, grâce au voisinage de quelques colons seulement, cet usage a disparu, les combats entre tribus ont cessé dans cette partie de l'île et on substitue aux vaincus de pauvres cochons gras. Pendant la cuisson les combattants vont à la mer tout couverts de sueur et reviennent aussi dispos qu'auparavant.

Le lendemain, j'emmenai M. Y... à bord du *Tanna*. La dunette était garnie d'une table surchargée. M. Y... l'augmenta encore de fruits qu'il avait eu soin d'apporter avec lui. Le capitaine et notre compatriote venaient de partir chercher le colon irlandais que nous avions visité le premier. Nous allions donc nous trouver en famille et offrir à ces trois exilés l'illusion, hélas! momentanée, d'une société européenne. Je laisse à penser si le repas fut gai, abondant.

J'eus de nouveau à entendre de la bouche de M. Y... les éloges du cocotier, quand mangeant du chou palmier nous nous exclamâmes sur son exquise bonté. « Ce chou si délicat, nous dit-il, est le sommet du cocotier ; nous, nous pouvons nous payer ce régal, car cet arbre abonde chez nous, mais dans les pays, comme en Nouvelle-Calédonie, où il est encore assez rare, on ne le pourrait pas, parce que le cocotier dont on a ainsi coupé le chou meurt bientôt après. » Puis nous offrant d'un liquide contenu dans deux bouteilles qu'il avait apportées avec lui : « Ce vin que vous trouvez bon est de mes vendanges et est aussi fourni par le cocotier ; voilà comment je procède : je pratique des incisions aux jeunes tiges (spathes) des fleurs, il en découle une liqueur blanche ; je la recueille dans des vases, c'est elle qui dans les Indes est connue sous le nom de vin de palmier. Exposée au soleil, elle s'aigrit et donne d'excellent vinaigre. Bien plus, par la distillation, on en obtient cette excellente eau-de-vie que vous avez déjà goûtée à ma case. Puis tout à l'heure au dessert vous savourerez ces confitures que j'ai faites avec l'amande, le sucre m'en a été fourni par le même suc que ces liquides. Quand pour la première fois je me livrai à ces expériences je le faisais de mémoire, me rappelant les avoir lues dans un récit de voyage aux Indes Orientales et ne croyais pas réussir ; mais à ma grande surprise toutes me donnèrent des résultats admirables.

« Vous avez examiné mes divers ustensiles de table qui ont été faits avec la coque des noix de coco ; ces feuilles arrangées en parasol, qui nous ont garantis du soleil dans nos promenades ; ces tamis que l'on trouve tout faits, dans la partie du cocotier d'où sort le feuillage ; avec cette même enveloppe les indigènes font aussi des voiles pour leurs pirogues ; l'espèce de bourre qui enveloppe la noix est bien préférable à l'étoupe pour calfater les vaisseaux; elle pourrit moins vite et se renfle en s'imbibant d'eau. On en fait aussi de la ficelle, des câbles et toutes sortes de cordages. Enfin, je dois vous dire que l'huile délicate qui assaisonne plusieurs de nos mets et qui brûle dans nos lampes s'obtient par expression de l'amande fraîche. »

Nous écoutions avec étonnement et admiration, et comme nous nous extasiions sur les innombrables usages de cet arbre bienfaisant entre tous, M. Y... nous dit : « Et ce qui va encore vous étonner, c'est que cette pétition que nous vous remettrons pour demander la protection du pavillon français sera écrite avec de l'encre fournie aussi par le cocotier. Avec la sciure des branches je fais de l'encre excellente. Boniface Guizot (*Botanique de la jeunesse*, p. 236) dit que l'on obtient aussi avec les feuilles un excellent parchemin dont autrefois on faisait toujours usage pour les actes publics et les faits mémorables ; mais j'ignore le procédé, sans cela j'aurais essayé. »

Pendant le repas, nous parlâmes beaucoup des richesses du pays. « Vous avez vu par mon potager, nous disait M. Y..., combien réussissent tous les légumes d'Europe, avez-vous jamais mangé de meilleurs melons, de plus rafraîchissantes pastèques ? Nos produits agricoles ne sont pas détruits, comme en Calédonie par exemple, ni par des inondations, ni par les sauterelles voyageant en nuées, dévorant tout, ruinant tout ; il ne nous faut pas passer notre temps à leur donner de charivari, en frappant sur des chaudrons pour ne les faire s'enfuir que repues et ayant tout dévoré. Vous avez visité nos plantations, vous avez à plusieurs reprises visité nos champs de maïs, de coton, de café, nos plantations de cocotiers. Je vous ai déjà dit que nous faisions quatre récoltes de maïs par an et qu'il donnait de 2,500 kil. à 3,000 kil. à l'hectare. Malgré ce résultat j'ai souvent conseillé, ajoutait-il, à mes voisins d'abandonner un peu cette culture et de nous livrer avec plus d'ardeur à celles du café et du coton qui seraient d'un bien meilleur rapport à tous les points de vue. Le café est cultivé à l'abri des bouraos, des arbres à pain, etc.; après débroussaillement, la semence et l'entretien en sont faciles. Le coton, qui est très beau, n'a peut-être pas atteint le but que tout d'abord nous nous étions proposé, quoique le produit en soit honnête ; mais les frais de transport et de commission absorbent tous les bénéfices que nous avons pu faire. Si des navires venaient nous visiter, enlever nos produits, nous cultiverions sur un grand pied cette plante qui enrichit nos voisins des Fidji. »

Ces Messieurs sont aujourd'hui servis à souhait : les Messageries nationales de Marseille ont commencé leur service, le 1er novembre 1882, entre la Nouvelle-Calédonie et la France ; ils pourront donc se livrer entièrement à la culture du coton et n'auront que deux frets à payer : celui de Sandwich à Nouméa et celui de Nouméa en France.

« Vous avez vu nos cannes à sucre, elles poussent en tous lieux, plaine ou montagne, et défient celles de Maurice, de Bourbon.

« Vous avez vu, en allant dans nos champs, nos plantations de manioc, nos allées de ricin et de roucou dont l'ombre bienfaisante protège nos caféiers.

« Vous avez vu les quelques pieds de cacao que j'ai plantés et avez pu juger de mes ananas, mes orangers, mes figuiers, mes amandiers, etc., etc. Que pensez-vous de mes plants de tabac ? Celui qui voudrait cultiver cette plante plus particulièrement ferait fortune, car il est plus beau et reconnu meilleur que celui que produit la Virginie ; de plus il est devenu aujourd'hui une nécessité pour les indigènes. Quand nos magasins en manquent, c'est la première chose qu'ils vont demander aux navires de passage.

« Partout vous apercevez des cocotiers, et vous savez de quel rapport est cet arbre. Nous nous procurons la récolte des indigènes facilement et pouvons en obtenir vingt coques environ pour une pipe de tabac, l'on pourrait en exporter par conséquent une grande quantité, surtout si l'on arrivait à créer des besoins à l'indigène et à lui faire faire lui-même le coprah (1). La fibre du coco en doublerait encore la valeur commerciale. On fait 70 tonnes de coprah contre 40 tonnes de maïs, la tonne se paie aujourd'hui 150 francs. Puis ces gras et abondants pâturages que vous apercevez dans toutes ces vallées ne permettraient-ils pas l'élevage de nombreux troupeaux ?

— Comme mines, croyez-vous que Sandwich ou d'autres îles en possèdent ?

— Sandwich, je ne le crois pas ; mais Tanna, et Saint-Esprit, oui ; et il ne faudrait, pour y établir des relations commerciales et hâter leur développement, que la protection de la France, puisque Nouméa est le centre le plus voisin. Au point de vue agricole comme au point de vue industriel, les Nouvelles-Hébrides récompenseraient amplement la nation qui oserait faire les sacrifices nécessaires à son annexion. »

Le repas achevé, nous retournâmes sur la plantation de notre compatriote. Chemin faisant, je conversai avec M. M..... Il me faisait le tableau de tous ses ennuis en sa

(1) Amande sèche du coco.

qualité de Français. « Je suis très rarement visité par nos navires, et les bâtiments anglais d'Australie n'enlèvent mes produits qu'après insuffisance dûment constatée du chargement opéré chez les colons anglais et je perds ainsi une bonne part de mes récoltes. Je pourrais vendre ma plantation, j'en trouverais certainement un prix rémunérateur en la cédant à quelque Anglais, mais je tiens à voir mon œuvre consacrée par le Pavillon Français. Ce jour-là je me reposerai : car voyez-vous, je me suis usé dans cette lutte. Débarqué seul, d'un navire de commerce du Havre, où j'étais second, je me suis construit une hutte, j'ai acheté pour quelques bibelots d'Europe un terrain assez vaste, il m'a fallu le défricher seul, petit à petit, vivant comme un Kanack; plus tard je m'adjoignis quelques travailleurs, au fur et à mesure que mes relations avec les chefs s'amélioraient et que j'échangeais mes produits. Maintenant j'en suis arrivé à un résultat très satisfaisant, et si je ne craignais de vous paraître un fervent de ces bons missionnaires, je vous dirais : vienne le jour où les *Nouvelles-Hébrides* seront terres françaises, ce jour-là je chanterai avec Siméon : Maintenant je puis mourir, j'ai vu le salut ! »

M. M..... et moi nous ralentîmes le pas, nous laissant rejoindre par M. Y..., M. W.... et le capitaine resté un peu en arrière. M. Y..., homme d'une très rare intelligence, avait étudié et apprécié à fond le caractère du *man Sandwich*, c'est précisément ce qu'il expliquait alors et je saisis la fin de sa conversation. « Ces peuples, disait-il, sont des enfants, il faut les traiter comme des enfants; non l'injure à la bouche et le bâton à la main, mais avec l'idée de les protéger, de les instruire, de les élever, de les améliorer, autant que leur race est susceptible d'amélioration, avec l'espoir de les rendre un peu plus hommes, sans se faire illusion sur le succès qu'on peut obtenir dans une telle œuvre. Ce n'est malheureusement pas dans de telles dispositions que les Européens entrent en relations avec les indigènes, aussi résulte-t-il de leur façon de faire un dédain réciproque, des inimitiés sourdes, un malentendu perpétuel. Il faut s'attendre pour se concilier l'esprit des naturels à rencontrer de sérieuses difficultés et par suite on doit user avec eux de grands ménagements. Qu'on ne s'étonne pas de les voir s'effrayer à l'aspect de notre civilisation ; l'impossibilité de se comprendre autrement que par gestes augmente encore l'embarras et la défiance. Allez doucement, ne vous impatientez pas, gagnez le terrain pied à pied, par de légers présents ; surtout gardez-vous de jamais rien leur ravir de force, ni leurs personnes, ni leurs animaux, ni même leurs fruits et soyez sûrs qu'à la longue ils viendront à vous d'eux-mêmes et s'ils remportent de cette première entrevue une bonne impression ils reviendront volontiers. En un mot, tout dépend du début. Sans prendre en eux une confiance imprudente, on peut par une sage conduite leur enlever les sujets de défiance. A votre arrivée, ils abandonneront leurs habitations, se retirant en des lieux inaccessibles, mais pour les réintégrer bientôt s'ils reconnaissent qu'on n'a détruit ni leurs cases, ni leurs plantations. Je vous dis ceci, Messieurs, ajouta-t-il, afin que si la France veut annexer les Nouvelles-Hébrides, ses colons connaissent bien le caractère des Néo-Hébridais et qu'elle arrive à un résultat que j'appelle de tous mes vœux, sans qu'il en coûte de part ni d'autre une goutte de sang.

« Voyez, s'écriait M. Y...; nous sommes des rois sur notre domaine et combien sommes-nous? Trois Européens...

« Il serait bon aussi que les gouvernements missent plus de discrétion dans le choix des colons.

« Souvent arrivent aux colonies des émigrants dénués de tout, plus propres à devenir colons marécageux (1) que colons sérieux.

« Heureusement il n'en est pas toujours ainsi ; qui ne se souvient avec respect et reconnaissance des Houdaille, des Boizot et autres martyrs de la Patrie, tombés à leur poste lors de la dernière insurrection Calédonienne (juin 1878).

« Avec eux on n'avait point à craindre ce qui devient fatal avec les émigrés de la misère, je veux dire les innombrables réclamations aux services coloniaux. Faute de savoir se plier au régime que demande le pays, celui-ci a payé de sa santé l'abus de la jouissance, et demande son rapatriement, celui-là sollicite sans cesse des instruments nouveaux.

« Bref, leur apparition aux colonies se solde en déficit au ministère de la Marine, privant d'autant la colonisation sérieuse et digne d'encouragement. »

En quittant l'habitation de M. W..., nous nous dirigeâmes vers celle de M. M... Mais pour ce voyage j'accaparai à mon tour M. Y... qui me fournit encore une foule de renseignements et me fit l'éloge de M. M... dont il plaignait beaucoup la fausse position à l'égard des armateurs anglais d'Australie, position qui le forçait à jeter à la mer des tonnes de maïs et de cocos gâtés faute de débouché.

Aujourd'hui que la science a découvert un moyen économique d'utiliser les cosses de maïs, la perte du maïs fermenté sera compensée quand ce moyen

---

(1) Colon marécageux, nom ironique sous lequel on désigne aux colonies les émigrants sans ressource ni esprit colonisateur.

sera parvenu à la connaissance des colons océaniens. Voilà en quoi consiste cette récente découverte : les cosses de maïs après l'enlèvement des graines sont généralement perdues ; elles renferment cependant de l'amidon, de l'albumine, etc., et peuvent fournir un alcool comparable à l'alcool de pommes de terre et une pulpe qui convient très bien à la nourriture des animaux. Un chimiste distingué, dont le nom m'échappe, a proposé, au mois de septembre 1883, à l'Académie des sciences, de les utiliser. Il expose les cosses pendant une ou deux heures et demie à l'action de la vapeur, à une pression de 2 1/2 ou 3 atmosphères, de manière à les réduire en poudre et à ouvrir les cellules de l'amidon. Après quoi, on applique les procédés ordinaires de la distillerie.

Le même soir, on se dit adieu non sans promesse de retour, et nous appareillâmes ; je ne pus me défendre, je l'avoue, d'un affreux serrememt de cœur à la pensée que nous laissions sur cette île sauvage quelques-uns de nos semblables sans protection, parmi des peuplades féroces, avides de nouveauté, et qui hier encore dévoraient les vaincus.

Le brick sortit assez facilement de Vila Harbour et nous nous nous préparions à côtoyer la côte ouest pour gagner Havanah Harbour situé à 6 kilomètres au nord, quand la brise, sur les dix heures, nous abandonna complètement ; comme il n'y avait rien à faire qu'à charmer les ennuis de l'attente par les plaisirs de la contemplation, je me recueillis dans les jouissances intimes d'une nuit en mer sous les tropiques.

Plus nous approchions du rivage, plus notre étonnement grandissait à la vue de maisons en bois semblables à celles de Nouméa. Nous avions, en effet, devant nous, un magnifique établissement d'une prospérité inouïe. A l'aspect d'un gigantesque mât surmonté d'un pavillon anglais nous aurions pu nous croire devant un consulat, mais ce n'était là que la magnifique installation d'un négociant, d'un colon d'Australie. A peine au mouillage, nous allâmes remettre au directeur de cette maison les lettres et journaux que nous avions pour lui. Nous nous trouvâmes en présence d'un homme jeune et de manières parfaites qui nous fit un accueil charmant. Après avoir dépouillé sa correspondance, il nous invita à visiter son établissement. Partout régnait l'ordre le plus minutieux, son personnel européen se composait d'une douzaine de personnes, très affables pour nous : pas un seul ne parlait français, mais nous connaissions assez l'anglais pour nous entendre.

Nous commençâmes notre visite par les magasins situés en face de l'habitation du directeur, et qui étaient bondés de marchandises de toutes sortes, tabacs, pipes, allumettes, perles de toutes couleurs, étoffes légères, minium, couteaux, haches de toutes grandeurs, fusils, poudre, plomb et capsules, etc., articles à échanger avec l'indigène contre les productions du pays. A côté du magasin où se trouvaient les bureaux, la pharmacie, etc..., on voyait de vastes hangars remplis des productions de l'île à destination de l'Australie et consistant en maïs, cocos, coton, café, biches de mer, et pour défendre le tout, des canons. De temps en temps des groupes de 6 à 8 indigènes venaient chargés de cocos, entraient dans le magasin sans prononcer un mot, indiquant du doigt ce qu'ils désiraient en retour de ce qu'ils apportaient.

Nous allâmes ensuite visiter une partie de la plantation ; je dis une partie, car la plantation était si vaste qu'il nous eût été impossible de la parcourir avant la nuit. Nous commençâmes par des champs de maïs à perte de vue, puis nous gagnâmes une splendide vallée où paissaient vaches, veaux et moutons ; plus loin, dans un canton non encore défriché, nous trouvâmes une caféerie, puis des cotonniers en fleurs, et enfin une plantation de plusieurs milliers de cocotiers. Ces plantations se reliaient l'une à l'autre par des chemins carrossables permettant aux charrettes d'aller chercher les récoltes. Partout des travailleurs indigènes, mais venus d'îles environnantes, pas un seul n'était de *Sandwich*. Il pouvait y en avoir environ 150. J'admirais la richesse du sol quand vint nous surprendre *Lady H...*, la femme du directeur, montée sur un poney. Une amazone à l'île *Sandwich des Nouvelles-Hébrides !...* c'était bien là un spectacle inattendu. *Lady* montait, avec une fière coquetterie, et me rappelait nos gracieuses amazones du bois de Boulogne. Rarement, comme on a déjà pu le voir par ces détails qui, au premier abord, ne laissent pas que de mieux faire connaître les charmes de cette vie coloniale, rarement, dis-je, il nous fut permis de visiter une colonie aussi bien comprise. Selon le précepte d'Horace :

Omne tulit punctum qui miscuit utile dulci,

ces colons anglais avaient su « réunir le confortable à l'agrément » ; 5 chevaux, dont un de luxe, étaient attachés au service de la plantation. A ce propos permettez-moi, cher lecteur, une légère digression.

En Europe, un cheval n'est pour nous qu'un cheval, coursier ou bête de somme, et dans les pays sauvages le cheval prend une tout autre valeur. Isolé dans votre concession, en butte aux attaques des indigènes qui n'hésiteraient pas à se régaler de votre chair, vous trouvez dans la possession d'un cheval une ressource inestimable. Que de colons, à ma connaissance, ont dû par exemple la vie aux jarrets d'acier de leur cheval pendant la dernière insurrection de Calédonie. Combien d'autres ont, en vain, crié comme Richard III : *My crown for a horse* (1), et se sont vus massacrés comme cet usurpateur faute d'un cheval.

Il ne faut pas non plus oublier le chien qui est l'ami, le camarade du colon. Il est de la famille, il a sa place marquée au foyer, il dort aux pieds de son maître, il veille quand il repose et sait l'avertir quand le danger approche. Si tous les colons ne peuvent de suite avoir leur cheval, pas un n'est sans avoir son chien. En un mot le cheval et le chien sont les premiers, les plus précieux auxiliaires de l'homme et cette utilité s'accuse surtout aux colonies.

Mais arrêtons notre enthousiasme pour ces deux animaux et revenons à la plantation de M. H... J'ai toujours remarqué avec un sentiment mêlé d'envie et de jalousie la supériorité du colon anglais sur nous. C'est que partout où il s'établit, il s'établit à demeure (ils n'ont pas de colons marécageux); le Français, au contraire, n'accepte l'exil qu'à titre temporaire, l'esprit colonial lui manque ou plutôt il l'a perdu. Où sont donc les Cavelier de Lasalle (2) les Ango (3), ces grands découvreurs de terres inconnues, qui tenaient à honneur de planter notre pavillon aux quatre coins

---

(1) Ma couronne pour un cheval.

(2) Lasale ou Lasalle (Robert Cavelier, sieur de), né à Rouen (1640-1687), patriote français qui prit possession des pays découverts au Canada au nom de la France.

(3) Ango ou Angot (Jean), mort en 1551. Navigateur célèbre et armateur de Dieppe.

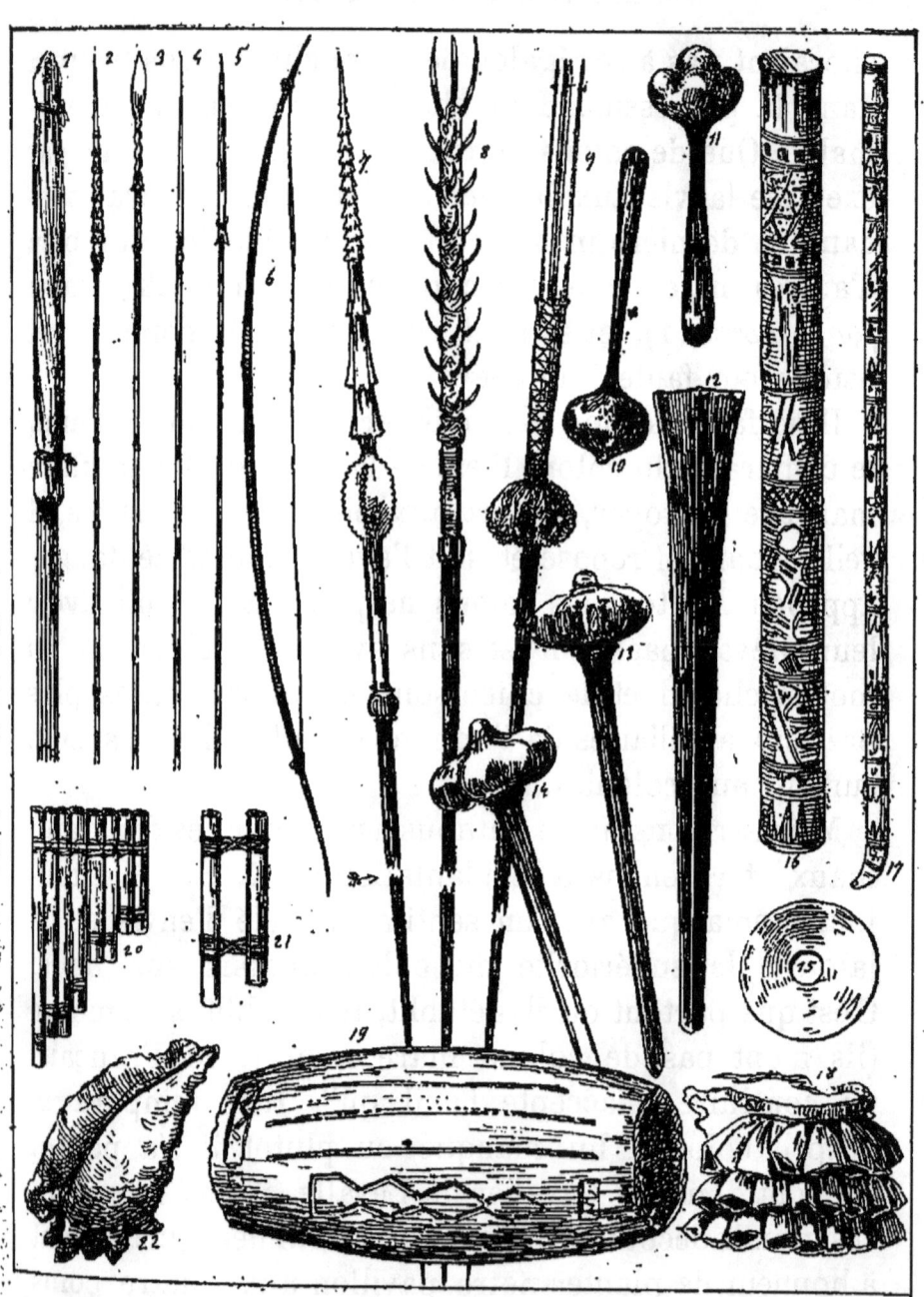

1, flèches empoisonnées enveloppées d'écorce; 2, flèche barbelée; 3, flèche garnie d'un morceau de corail; 4, 5, flèches garnies d'os; 6, arc; 7, sagaïe (Sandwich); 8, sagaïe (Saint-Esprit); 9, sagaïe (Erromango); 10, 11, 12, 13, 14, 15, casse-têtes; 16, bambou gravé; 17, flûte en bambou gravée; 18, ceinture garnie de noix de nari; 19, tamtam (Ambrym); 20, flûte de Pan (Ambrym); 21, flûte Api; 22, trompe de guerre.

du globe? Mais n'exagérons pas nos regrets du passé et ne nous montrons pas injuste envers le présent. Brazza ne vient-il pas de nous donner le centre de l'Afrique? Puisse cette conquête être le signal d'un réveil national et marquer une nouvelle étape dans la course de notre race gauloise si hardie, si aventureuse, à travers les âges et les mondes! N'oublions pas non plus Soleillet qui, lui aussi, travaille avec tant d'ardeur à augmenter notre possession dans ces mêmes contrées. Pardonnez-moi, cher lecteur, cette nouvelle digression. Je n'ai pu retenir le regret qui m'étouffe, et le patriotisme m'oblige de crier à nos gouvernants : Ne vous parquez pas entre le Rhin, les Alpes, l'Océan. En avant à la conquête de la terre !

La colonisation, tel doit être notre cri de ralliement, et pour ma part je n'hésite pas à le pousser, fermement persuadé qu'il contient la formule de salut pour nos vieilles races européennes, surtout pour notre chère et malheureuse patrie.

Les colonies sont nécessaires à la grandeur et à la prospérité des nations !

Vous tous qui cherchez le bien-être, vous ne le trouverez pas dans l'agitation politique; ayez le courage de le saisir, il est là, à *Sandwich*, aux *Nouvelles-Hébrides*, à quelques milliers de lieues de l'Europe.

Voyez cette immense avenue bordée de bananiers, ces coquettes petites paillottes bien alignées, bien ombragées, où vous groupez une commune future, et pour nourrir toute la colonie, ces vaches laitières, ces innombrables volatiles, ces troupeaux de cochons.

L'Europe vous offrira-t-elle mieux, permettez-moi d'en douter. Ne vous sentirez-vous pas heureux de voir ces indigènes, vieux enfants, danser et rire après un repas abondant quoique peu coûteux. Demain matin, à 4 heures, ils pourront reprendre leur tâche, surveillés par les employés européens.

Quel était le salaire des travailleurs de M. H... ? Je ne saurais, bien à mon regret, vous le dire, j'aurais craint d'offenser la susceptibilité de mes hôtes, en le leur demandant. M. H... avait échangé avec les navires australiens, faisant l'émigration, tous ces travailleurs, les prenant non pas comme esclaves, mais comme ouvriers pour une campagne de 3 ignames (3 ans), au bout de laquelle le capitaine s'était engagé à les ramener dans leur pays. On ne rémunère jamais leur travail en argent monnayé, mais en fusils, poudre, coffres (le coffre et le fusil sont de rigueur), étoffe, calicot, haches de fer, etc. A Sandwich, les indigènes usent beaucoup d'étoffe (indienne de couleur), et il n'est pas rare de voir des hommes en avoir de 10 et 12 mètres autour du corps.

En Nouvelle-Calédonie, ces payements ont lieu sous le contrôle du commissaire de l'immigration ; je pense qu'on agit de même en Australie. Les colons qui ont besoin de travailleurs adressent leurs demandes au commissaire de l'immigration, en indiquant le nombre des sujets voulus, et lorsqu'un navire, autorisé à faire ce genre d'opérations, est de retour, le colon choisit lui-même qui bon lui semble et débat le prix avec l'armateur. Le prix fixé pour chaque indigène varie selon la difficulté éprouvée par le navire pour rassembler son contingent, selon les frais occasionnés par le voyage. C'est une traite déguisée, si vous le voulez, mais soumise à un contrôle, qui en prévient les tristes conséquences. En effet, tout navire, faisant l'émigration, ne doit prendre à son bord que des émigrants volontaires : l'emploi de la force tombe sous le coup de la loi. Les abus révoltants du passé ont amené les gouvernements français, anglais et des États-Unis d'Amérique, à décider que chacun de ces navires aurait à bord un commissaire du gouvernement chargé spécialement de surveiller cette clause de l'autorisation qui leur est accordée.

Tous les capitaines des navires d'immigration ne sont pas, comme on a coutume de le répéter, des marchands d'hommes. Ne voyons-nous pas en France, pour les vendanges, la moisson, des engagements semblables; et fera-t-on un crime à l'Européen de solder sa dette en articles d'échange, si les travailleurs les préfèrent à l'argent ? Il faut à toute colonie nouvelle des bras, et il serait dangereux d'employer le naturel de l'île même, ainsi que l'a surabondamment prouvé l'insurrection des Néo-Calédoniens. On objecte encore qu'il vaudrait mieux laisser aux gouvernements le soin de fournir les colons de travailleurs ? Mais si les gouvernements enlevaient cette prérogative aux particuliers, ne se feraient-ils pas traiter à plus juste titre de négriers ?

Cinq mille naturels environ émigrent annuellement des diverses îles de l'archipel et sont répandus dans les provinces d'Australie surtout, en Nouvelle-Calédonie, aux îles Fidji, et même aux îles Samoa et aux îles Sandwich. Les deux tiers seulement, d'après les renseignements que j'ai pu recueillir, de ce nombre d'émigrants reviennent chez eux.

Encore une digression, pardonnez-moi, lecteur, je mourrai dans l'impénitence finale, je ne puis pas rencontrer sous ma plume une question intéressante sans brûler du désir de vous en faire part, n'ignorant pas d'ailleurs que vous êtes apte à en connaître le fort et le faible, et à en discuter avec moi les avantages et les inconvénients. Mais revenons encore une fois à M. H... Aussi bien aurait-il quelque raison de se plaindre que nous l'ayions trop longtemps oublié.

En voyant la prospérité de sa colonie, je lui demandai s'il lui avait fallu longtemps, s'il avait éprouvé de sérieuses difficultés pour rassembler les éléments de son établissement. « Très peu, me répondit-il, pas plus assurément que nous n'en aurions eu en Europe, peut-être beaucoup moins. Il s'agit de se concilier l'indigène : tout est là. »

M. H... et sa femme insistèrent tellement pour nous retenir à dîner, que nous dûmes accepter. On nous ménageait de vraies surprises gastronomiques. Le capitaine repartant donner quelques ordres à bord, M. H... étant occupé à régler le journal de la journée avec ses employés, lady H... surveillant les fourneaux, je restai seul. Quand je dis seul, je me trompe, car au-dessus de ma tête voltigeait, presque à la toucher, la roussette (1) ou renard volant, vampire, espèce de chauve-souris ayant parfois un mètre d'envergure, le seul, avec le rat, des mammifères indigènes. Ces hideux animaux voltigent peu et restent le plus souvent suspendus par leurs griffes aux branches des arbres. Les femelles tiennent leurs petits serrés contre elles sous la membrane de leurs ailes. Souvent elles se jettent à l'eau afin de laver l'ordure qui colle leurs poils, et aussi pour se débarrasser de la vermine qui s'attache à leur peau; elles exhalent une odeur forte et très désagréable. Quand on les irrite, elles mordent avec fureur. Comme il n'y a monstre dont l'homme ne sache

---

(1) Roussette, immense chauve-souris (*Immensa vespertilio*).

tirer utilité, les indigènes se servent de leur poil pour tresser des cordons qu'on dirait faits avec de la laine. Malgré leur forte odeur, la chair n'est pas désagréable, j'en ai mangé pour du lapin et me suis parfaitement laissé tromper.

Enfin le capitaine rentra et nous passâmes à la salle à manger. Au milieu de la table un immense bouquet, entouré de bouteilles d'excellent vin, réjouissait la vue. Nous ne tardâmes pas à faire honneur au dîner, très varié d'ailleurs : la conversation fut au commencement sérieuse, on parla beaucoup du pays, de sa fertilité, de ses richesses à l'intérieur de l'île, de ses bois, etc.

Mais tout prend fin, même et surtout les conversations sérieuses; la nôtre ne tarda pas à dériver, et, le champagne aidant, tourna bientôt en rires et chants. M. H... entonna les louanges de l'Angleterre, les terminant par le *God save the queen* sacramentel; en revanche, lady H... exigea de moi la *Marseillaise*. Bien ou mal, je m'en acquittai; plutôt mal que bien, je dois l'avouer, malgré les applaudissements frénétiques de la société, dont la bienveillance était singulièrement augmentée par de nombreuses rasades. Aux chants, succéda la danse : les Anglais exécutèrent la gigue ; le capitaine et moi nous polkâmes à plaisir aux sons d'un accordéon tenu par le caissier de la maison.

Il paraît que chaque fois qu'un navire fait relâche à *Havanah-Harbour*, on se livre à pareille fête. Peu de temps avant que nous n'y passions, à l'anniversaire de la reine d'Angleterre, il s'y trouvait une petite corvette de guerre de H. M. B. (1) ; tout l'équipage cette fois fut convié, et les indigènes parleront longtemps des fusées

---

(1) H. M. B. *Her Majesty British*, Sa Majesté Britannique.

que le commandant fit lancer en l'honneur de Sa Majesté Victoria.

Combien de tonnes en payèrent les frais ! A en juger par le nombre des bouteilles que nous vidâmes à ce repas, on ne saurait que le conjecturer. Mort Dieu, que ces Anglais boivent bien ! Ils nous auraient enterrés vingt fois ; nous nous sentions déjà très émus, qu'ils continuaient à caresser les *bottles bier*, *bottles wine*, mélange épouvantable, à tuer le marin le plus robuste.

Nous voulûmes nous retirer, mais il fallut encore épuiser une nouvelle bouteille de ce vin pétillant, qui porte son nom et sa réputation dans tous les coins du monde, *Hurrah for ever the Champagne wine!* Enfin on se mit en route, précédés de notre fanfare improvisée, dont les accords étaient rhythmés par des titubations fréquentes. Il pouvait être onze heures et demie du soir, quand nous hélâmes de l'embarcadère : « Ohé du *Tanna*, » et à peine nous avait-on répondu que nous entendîmes un bruit de rames se rapprochant de plus en plus de nous. Une dernière poignée de main, une accolade qu'un Anglais devenu gallophile, grâce à la dive bouteille, me fit essuyer, et nous descendîmes dans notre baleinière pour regagner notre bord. La nuit était si belle et nous, je l'avoue, si émus, que, redoutant la chaleur du carré, nous nous couchâmes sur la dunette, sous une voile, le long de deux matelas que nous y fîmes déposer. Au réveil, nous allâmes remercier une dernière fois nos hôtes, et dire bonjour à un noir des Antilles qui était voisin de M. H... et que nous avions rencontré la veille. Il nous fallait quitter leur rade où nous avions recueilli tant d'agréables souvenirs. Avec la brise nous levions l'ancre pour monter dans le nord de l'archipel et mettre le cap sur l'île Api.

A peine notre brigantine venait-elle d'être hissée et le dernier maillon arrivé à bord, qu'au premier pas du brick, nous vîmes arborer le pavillon anglais de la maison H...; trois fois il s'éleva et s'abaissa; c'était le salut d'adieu, auquel nous nous empressâmes de répondre en agitant nos salakos, et tout rentra dans l'ordre naturel; les Anglais retournant à leur travail, nous, voguant au gré des vents et des flots. Quelques minutes après nous perdions de vue l'établissement, et nous nous engagions dans le canal situé entre les îles Protection et Déception. Nous longeâmes la côte ouest de Sandwich entre cette dernière terre et l'île Déception, qui, avec la petite île Protection, forment les trois détroits que le lecteur connaît déjà.

. . . .

. . . .

Peu de temps s'est écoulé depuis mon dernier voyage dans ces îles, et cependant que de changements ne trouverais-je pas à Sandwich!

La Société française calédonienne des Nouvelles-Hébrides, tel est son titre, je crois, a acheté à ces colons leurs concessions et s'en trouve maîtresse absolue. Au pavillon anglais, qui flottait si orgueilleusement sur ces plantations, a succédé le pavillon français, et il n'attend plus pour être respecté, que la sanction officielle.

Outre les agents de cette Société on trouve à Sandwich une mission catholique française, deux missions de la Société des missionnaires de Londres, dix-neuf colons européens. La population indigène, m'écrivait il y a quelques jours un de mes amis, actuellement à Sandwich, y est très bien disposée pour eux.

Au nord-est de Sandwich se trouve la petite île Fly (Mouche).

HICHINBROOK
(*Vele*)

Latitude sud, 17°15'.
Longitude est, 166°4'.
Découverte en 1774 par Cook.

MONTAGU
(*Muna*)

Latitude sud, 17° 14'.
Longitude est, 166°.

Découverte également en 1774 par Cook, cette île est distante de Sandwich de 4 kilomètres environ, et forme avec les petites îles Pele-Hichinbrook et Fly un canal sis entre elles et le nord de Sandwich. Il offre un bon passage, mais les brisants restreignent considérablement sa largeur apparente.

L'île Montagu, longue de 4 kilomètres sur 1 kilomètre et demi de large, est fort montagneuse. Sa principale montagne semble être un volcan éteint; ses vallées sont passablement boisées sur le flanc des collines, mais leur sommet est presque nu. Sa population, la seule dont on puisse donner presque approximativement le chiffre, s'élève à environ 800 âmes ; les indigènes ressemblent beaucoup à ceux de Sandwich, dont ils se rapprochent du reste encore plus par le langage.

Nous fîmes voile, après avoir doublé la pointe nord-ouest de Montagu, pour l'île des Deux-Collines, située à 4 kilomètres au nord.

DEUX-COLLINES

(*Mataso*)

Latitude sud, 17° 9′.
Longitude est, 166° 2′.

Comme son nom l'indique, cette île est composée de deux collines taillées à pic, réunies par une étroite langue de terre, sur laquelle la mer déborde souvent. La principale colline s'élève en forme de pyramide, à environ 503 mètres; elle monte très brusquement de la mer, et offre une très belle apparence. Du bord, nous distinguions des traces de culture.

Les indigènes ressemblent beaucoup, par les coutumes et le langage, à ceux de Sandwich et de Montagu.

A quelques kilomètres de cette île à l'est, on voit un rocher curieux, s'élevant perpendiculairement de la mer, à 150 mètres au moins; à cause de sa forme pyramidale, Cook lui donna le nom de l'île Monument.

Poussés par une bonne brise, nous naviguâmes en sûreté toute la nuit et passâmes entre l'île Makura et l'île des Trois-Collines.

Le passage situé entre l'île des Trois-Collines et Makura jouit sur les cartes d'une excellente réputation.

TROIS-COLLINES.

Latitude sud, 17°4′.
Longitude est, 166°1′.

Ainsi nommée en raison de ses trois collines; bien boisée, bien habitée par des indigènes ayant beaucoup de ressemblance avec ceux de Mallicolo. Un îlot bas l'accompagne au sud-est et à 4 kilomètres. Au nord gît un récif sur lequel la mer vient se briser, à l'ouest se trouve l'écueil de Cook, importante et dangereuse agglomération de corail.

Au matin nous nous trouvâmes entourés d'îles de grandeur et de formes diverses : à tribord nous avions le groupe des

SHEPHERD

découvert par Cook en 1774, occupant au sud-est de la cavité d'Api une étendue de 8 kilomètres du sud au nord-est; Cook lui donna le nom de son ami le docteur Shepherd, alors professeur d'astronomie à Cambridge.

On rencontre ensuite Tonsa.

Latitude sud, 16° 28'.

Longitude est, 160° 5'.

(549 mètres).

Nous fûmes soudainement arrachés à la contemplation du délicieux panorama qui se déroulait devant nos yeux, à la vue de toutes ces petites îles, par les cris que poussèrent nos indigènes passagers. Ils venaient de s'apercevoir que l'un d'eux, un *man Api*, venait de mourir subitement.

Après les constatations d'usage, nous lui donnâmes le dernier vêtement : une voile, deux galets et un sac de sable, après quoi on l'immergea. Pauvre diable de *man Api*, mort en vue de ta patrie, où nous te raménions, tu as eu au moins l'honneur d'être enseveli des mains du lieutenant Mac..... Pas un seul indigène ne voulut prêter la main à cette lugubre opération, et pas un seul n'assista à l'immersion.

Enfin nous approchâmes d'Api, et nous nous dirigeâmes dans une baie située au sud-ouest. Déjà les indigènes nous rejoignaient et nous accostaient ; mais, craignant que leur présence sur le pont ne gênât les opérations du mouillage, le capitaine les invita à attendre. Ils n'eurent pas du reste longtemps à patienter, car presque aussitôt nous laissions tomber l'ancre.

API.
(*Tasiko*)

Latitude sud, 16° 26'.
Longitude est, 166° 3'.
Circuit, 80 kilomètres environ.

Son plus grand côté est d'environ 32 kilomètres du nord-ouest au sud-est ; cette île haute, montueuse, entrecoupée de plaines et de bois, possède une population considérable.

Un récif très étendu sort de la pointe méridionale.

Aussitôt le mouillage opéré, nous débarquâmes. La descente sur l'île Api me souriait plus que sur aucune autre île ; jusqu'alors, celles que nous avions visitées l'avaient été aussi par les missionnaires catholiques et protestants dont l'influence avait enlevé aux indigènes le meilleur de leur originalité. A Api, j'allais donc enfin voir de vrais sauvages, francs de toute civilisation. Quel bonheur de les étudier ! Rien ne modérait mon enthousiame, ni les armements faits en vue d'une descente, ni les recommandations de Mac...

Notre embarcation fut vite entourée d'hommes et

d'enfants de tout âge, les uns et les autres entièrement nus. Leur stature médiocre, mais bien proportionnée, offre beaucoup de ressemblance avec celle des indigènes de Tanna ; la physionomie, assez douce, n'a pas la même férocité que chez ces derniers. Mais le caractère, en dépit des apparences, est aussi cruel. Ils étaient tous armés de flèches et d'arcs, etc., s'étaient barbouillé de rouge le visage, avaient les oreilles et le nez percés et portaient une longue chevelure fournie de plumes. Nous ne vîmes que peu de femmes, au visage aussi laid que le corps était splendide.

Ce fut à Api que, à proprement parler, je commençai ma collection d'armes et de curiosités canaques. Leur voyant aux mains des arcs superbes, je leur offris d'en échanger. Cinquante répondirent à ma demande ; deux seulement me cédèrent un spécimen de flèches empoisonnées. Bientôt ils se doutèrent de l'importance que j'attachais à leur possession et je me voyais déjà ruiné par leurs exigences. J'avais emporté avec moi des haches en fer, des étoffes, des armes, de la poudre, etc., etc., espérant en trouver une défaite avantageuse ; mais, à ma grande surprise, à ces articles d'échange les *men Api* préféraient les perles et l'ocre. Cette dernière substance, ainsi que le minium, possède à leurs yeux une valeur inestimable, et malheureusement n'en possédant que 5 kilogrammes, je me désespérais de n'avoir pas été plus prévoyant, quand vint à mon secours le coq du navire, un Malabar, c'est tout dire ! Il était vicieux comme tous ses frères et non moins intelligent que corrompu.

— Mais, *tommissai*, me dit-il, *pas vous donne oc' pu aux taïos*.

— Et que faut-il leur donner, Sami ? lui demandai-je.

— *De la faîne. Attendez un peu, tommissai, Sami bon malabar, Sami donné de la faîne à vous, bon tommissai.*

A quelles bassesses l'amour du bibelot n'entraîne-t-il pas le malheureux collectionneur! Non, vraiment ce n'était pas honnête, mais que voulez-vous? je n'avais plus d'ocre et les sauvages possédaient des armes si belles, si curieuses, que, pour peu que vous partagiez ma passion, j'incline à croire que vous en eussiez fait autant que moi. Pauvres *men Api*, leur en aurai-je donné de l'ocre du moulin!... Ils ont dû croire à un charme en constatant le peu de résultat à l'usage, et l'esprit malin me doit encore de fameuses prières dont je le tiens quitte, du reste, m'estimant suffisamment récompensé par la possession de ma belle collection.

Ils ne se sont doutés de rien, et cependant, Dieu sait s'ils sont méfiants! Un exemple en fera juger : pour la cession d'un casse-tête en santal, un *man Api* exigeait une boîte de poudre; je lui en donnai une, mais il la refusa parce que la bande était déchirée et que les gredins d'Anglais y avaient mis du charbon en poudre.
— Mais nous sommes Français, nous!— *Oh yes! French good very good; English no good.* Toujours est-il qu'il ne voulut pas accepter la boîte qui, je le certifie, avait été déchirée par pur hasard. Des voyageurs anglais avaient donc, eux aussi, leur tare sur la conscience, et les bons *men Api* avaient dû trouver leur cas plus noir que le mien.

Le lendemain matin, je dormais encore quand le mousse vint me signaler la présence d'un requin le long du bord. Sur la dunette, tout le monde regardait l'horrible bête, terreur des marins; il était accompagné de son pilote, ainsi que je le constatai de mes propres yeux, moi qui avais toujours traité de fable ce qu'on m'avait raconté à ce sujet.

Le requin ne voyage jamais sans pilote, petit poisson de l'espèce des maquereaux; soit que ce dernier recherche protection près de l'énorme squale, soit que le squale le contraigne à le suivre. Quand on jette l'emerillon, rien de curieux comme de voir le pilote reconnaître l'appât et revenir informer le requin ; et, si le suzerain est harponné, rien de touchant comme la fidélité de son vassal se collant à son corps pour partager son infortune.

Nous fîmes trois mouillages à *Api;* dans chaque baie, les indigènes accoururent en foule, ce qui donne à supposer une population nombreuse ; du reste, aucune île ne fournit autant de travailleurs à la Nouvelle-Calédonie et à l'Australie. L'un d'eux me surprit étrangement; portant redingote et pantalon noirs, coiffé d'un salako, un énorme livre sous le bras, il dédaigna de nous parler. Savez-vous pourquoi? Parce que notre navire était un bâtiment français. Mac apprit que ce fashionnable sauvage, retour de Sydney, était un catéchumène envoyé d'Australie en qualité de missionnaire et que, fidèle aux ordres reçus de ses supérieurs, il se faisait un point d'honneur de dénigrer la France et d'empêcher ses compatriotes de s'engager pour la Nouvelle-Calédonie, ou même d'échanger leurs produits avec nous. La consigne de ce gallophobe fut exécutée à la lettre. Le lendemain dès l'aube, nous quittâmes Api sans avoir obtenu le moindre résultat. Nous nous dirigions sur Mallicolo ; tout à coup la vigie signale l'approche d'un navire. Bientôt nous apercevons le « *Southern Cross* » (Croix du Sud), vaisseau de la mission protestante anglaise. On se salua, et, comme les

Anglais venaient de mettre une embarcation à l'eau, nous mîmes en panne pour les recevoir. Deux missionnaires nous accostèrent; ils eurent l'air d'inspecter dédaigneusement notre bord, acceptèrent un verre de gin et regagnèrent leur navire, satisfaits, sans doute, de leur petite inquisition. L'un d'eux, un grand gaillard à la barbe rousse, aux lunettes d'or, remplissait sur leur navire les fonctions de capitaine, l'autre avait pour mission d'opérer les chargements; tout l'équipage, noirs ou blancs, appartenait à la mission.

Le *Southern Cross*, vapeur de 8 à 900 tonneaux, rentrait d'une campagne dans l'Archipel et en drainait à Sydney les richesses. De notre pont nous distinguions les têtes des Kanacks qu'ils emmenaient en Australie cultiver leurs possessions (sans doute en échange de leur conversion?) Certes, si, ce que j'incline à croire, tous les missionnaires protestants anglais ressemblent à ces échantillons, qu'on a donc tort de s'apitoyer en Europe sur leur sort! Je n'en ai jamais rencontré qui ne me fissent l'effet plutôt de marchands que de prêtres. Vous vous les figurez allant au bout du monde instruire l'ignorant, guérir le malade, vêtir le pauvre et prêcher la concorde aux anthropophages avec une constance héroïque; sublimes apôtres, affrontant les uns les glaces du pôle, les autres les feux dévorants du tropique. Légende, pure légende !... Les *missionnaires protestants anglais*, répartis sur la surface du globe, sont avant tout des commerçants, payant en prières et faisant servir la religion à la prospérité de leur négoce. Incapables de persuader par une conduite irréprochable, ou par des instructions extraites des saintes Écritures, ils ont souvent recours à des moyens plus simples, sinon plus justes : ceux de la force !

Indigènes d'Api.

Voici, en général, leur manière de persuader : Tout d'abord ils se créent par des présents quelques adeptes, parmi les enfants des chefs autant que possible, et en font des espèces de command courant les villages et prêchant pour l'intérêt de la mission. Dès qu'ils ont décidé un naturel à se convertir, vite on s'en empare, on le baptise, et le malheureux tombe sous leur esclavage. Chaque acte religieux transgressé devient pour lui le motif d'une amende ou d'un châtiment. Oubliant que la taxe des péchés a jadis soulevé l'Allemagne et révolté l'Europe, ils trafiquent impudemment de la religion. Inutile d'insister, n'est-ce pas, sur la civilisation qu'ils inculquent aux pauvres Kanacks ! L'ignorance de l'opprimé est une loi pour l'oppresseur.

Je tiens à faire remarquer ici que je parle sans aucun esprit de parti, la vérité seule me contraint à flétrir les agissements de ces marchands fanatiques. Mais je dois reconnaître que la mission catholique française, plus fidèle aux lois de l'Évangile, se montre consciencieuse dans l'exercice de ses devoirs.

A mon retour en Nouvelle-Calédonie, je crus devoir me plaindre surtout d'un acte de duplicité que jamais capitaine, ou commissaire du gouvernement anglais, n'a eu, j'espère, à reprocher aux missionnaires catholiques, à l'égard de l'Angleterre. C'est ce dénigrement systématique du pavillon rival. Souvent j'entendis les indigènes comparer les deux puissances. Toujours la France était *piquinini* (1), l'Angleterre *big falla* (2), et si je m'efforçais de dissuader l'indigène : Tu mens, me répondait-il, le R. P. John W..... me l'a dit.

(1) *Piquinini*, petit, s'emploie le plus souvent pour désigner un bébé.
(2) *Big falla*, énorme, d'une grande étendue.

Les *missionnaires anglais* vont partout répétant que la France est une île ; que la France, impuissante à nourrir ses habitants, est toujours, selon l'expression de l'Écriture, un monstre *quærens quem devoret* (1) ; ils ajoutent qu'elle convoite leur pays, qu'elle en détruira les habitants, leur ravira leurs femmes, et mille autres infamies du même genre. J'en appelle à toute âme honnête, j'en appelle aux Anglais qui peuvent être nos amis, est-il permis, sous le couvert de la religion, de publier de telles impostures, et la nation ne se déshonore-t-elle pas qui tolère de semblables représentants, fût-ce au fond de l'Océanie ?

Mais, tôt ou tard, la vérité se fera. Revenons à notre sujet et poursuivons notre voyage.

Très contrariés par le vent et la brise nord-ouest, nous fûmes poussés sur les îles Paoum, situées au nord-est d'Api, au sud d'Ambrym.

. . . .

De même qu'à Sandwich, la Société franco-calédonienne a fait des acquisitions de terre à Api, port de Linibat. Ce point est situé sur la côte est ; ses alentours sont suffisamment arrosés, et il possédait déjà une station de coprah appartenant au capitaine Mac Leod avant que la Société ne la lui achetât.

Dernièrement, recevant des nouvelles de cette île, j'apprenais en même temps la mort du chef de la station, *Black Johni*, empoisonné par les travailleurs, indigènes de Saint-Esprit. D'après ces renseignements, ce crime aurait eu la vengeance pour mobile. Ce fait confirme ce que j'ai eu souvent l'occasion de faire remarquer sur le caractère des Néo-Hébridais. En effet, les travailleurs prétendaient que, trois mois auparavant, *Black*

---

(1) Cherchant une proie à dévorer.

Johni aurait fait mourir un des leurs sous le bâton.

Mon correspondant ajoutait : « Nous avons eu à constater que, depuis quelque temps, des Européens mouraient empoisonnés aux Nouvelles-Hébrides. On peut à la rigueur se garer d'une flèche ou d'un casse-tête; mais quelle précaution prendre contre celui qui se glisse lâchement chez vous, pour vous procurer, au moment le plus imprévu, une mort affreuse, sous les apparences les plus simples : dans un plat préparé sous vos yeux, dans un fruit, dans l'eau que vous buvez? Cette perspective est d'autant plus redoutable qu'il existe aux Nouvelles-Hébrides des poisons végétaux d'une extrême violence, comme le tanguin, dont les terribles effets sont connus.

« A notre avis, le seul moyen d'éviter cette extrémité est donc de tenir envers les indigènes la conduite la plus réservée et la plus équitable. Il est à remarquer, en effet, que ces atrocités sont toujours provoquées par des injustices et de mauvais traitements. A l'abus de la force ils répondent par le poison, l'arme des faibles et des lâches. »

ILES PAOUM

Latitude sud, 16° 1'
Longitude est, 166°.

On a donné le nom d'île Paoum aux deux îles *Paoma* et *Lopevi*.

La première s'élève à une hauteur considérable sous la forme d'une meule de foin ; elle est assez peuplée. Elle semble former deux îles et il paraît probable qu'un canal très étroit la partage dans toute sa longueur, qui n'est pas de plus de 8 kilomètres.

La seconde est une île volcanique et stérile, elle est très peu habitée.

Nous nous contentâmes de les saluer et continuâmes à cingler vers Mallicolo. Nous avancions lentement ayant presque vent debout, quand on signala un nouveau requin à l'arrière du brick. On résolut de le capturer pour charmer les lenteurs de la traversée. Je fus l'un des premiers à vouloir jouir de ce spectacle. Je laissai là les marsouins qui, non sans grâce, bondissaient sur les vagues, ou sautaient tout autour du navire, déployant à l'air libre leurs nageoires, comme des ailes de papillon, et qui me faisaient vaguement songer à la roue des dindons de nos basses-cours, pour porter toute mon attention sur l'épouvantable squale. Mac... se chargea de procéder au harponnage de sire requin. Je cherchais du regard l'hameçon gigantesque dont on devait se servir en cette occasion; mais Mac possédait une manière à lui de prendre ces monstres. Il jeta d'abord un énorme nœud coulant, puis un peu plus près du gouvernail un morceau de lard. Probablement le maître avait faim; nous n'avions à lui jeter aucun des passagers indigènes dont l'odeur, au dire de Mac, nous valait cette gracieuse compagnie. A peine avait-on lancé l'appât que le pilote partait en reconnaissance et revenait avertir le monstre d'une admirable aubaine. Pauvre pilote! fais-toi persuasif et conduis bien ton maître vers le nœud coulant. Attention! Sa Majesté abandonne sa lourde marche, et la voilà qui suit avide son habile pourvoyeur; elle se retourne sur le dos afin de happer l'appât, car sa mâchoire, placée tout à fait au-dessous de la tête, l'oblige à cette manœuvre. Pas une parole à bord, pas le plus petit mouvement. Bravo! Sa tête est passée dans le nœud coulant, et la poulie attachée à la vergue hisse monseigneur sur le pont, aux acclamations des Kanacks. Vainement le monstre se débat au point de nous faire craindre un moment que ses formidables coups de queue n'enfoncent le bastingage. Hardi, les haches et les couteaux ! faites votre œuvre justicière !

Au capitaine ces formidables mâchoires, gouffre armé de cinq rangées de dents, grâce auxquelles on conjecture l'âge de la bête, aiguës comme des dents de scie fraîchement aiguisées !

A l'équipage et aux passagers, la chair de l'ennemi !

Mais moi, sachant que trop souvent de malheureux naufragés ont servi de pâture au monstre, j'éprouvais une telle répugnance pour sa chair que je ne voulus même pas y goûter. Je me réservai seulement l'épine dorsale, avec laquelle je me fis faire une canne magnifique.

A peine avions-nous terminé notre importante capture que le matelot de quart à l'avant nous signala au loin un point noir semblable à une mouche sur l'océan et dont nous semblions approcher ; braquant aussitôt nos jumelles, nous distinguâmes une pirogue simple, montée par un seul indigène, faisant force de pagaie vers nous.

Nous en étions d'autant plus surpris qu'une assez grande distance nous séparait encore de Mallicolo. Que pouvait donc nous vouloir cette pirogue ?... Mais la voici qui nous accoste, et l'indigène nous demande en fort bon anglais à monter à bord, nous tend la main, et, plus poli que les *clergymen*, s'informe de notre santé : *How do you do, captain ?*

Il venait s'offrir à nous servir d'interprète, et, comme ses conditions étaient raisonnables : un fusil et quelques menus objets, nous les acceptâmes avec empressement.

Sans plus se soucier de son embarcation, il fit un signe voulant dire : qu'elle vogue au gré des flots, libre à eux de la rendre au rivage.

Les habitants de ces trois îles se visitent et commercent entre eux, au moyen de pirogues pouvant porter douze à quinze personnes.

Dans les marchés, ils se servent, comme monnaie, de petits cônes de nacre provenant d'un coquillage fort rare et qui jouent le même rôle que les pièces d'or et d'argent chez nous. C'est à grand'peine que j'ai pu m'en procurer quelques échantillons.

Pendant cette explication, la nuit vint et déroula à nos yeux un magnifique spectacle : le volcan d'Ambrym très élevé, en pleine éruption, nous éclairant comme un phare, nous permettant de voir en relief sur l'onde plusieurs îles où sautillaient, surtout à Mallicolo, comme des vers luisants dans l'herbe, les feux allumés par les indigènes. Le lendemain, vers six heures, la brise fraîchit un peu et, après trois ou quatre bordées, côtoyant les petites îles Maskelyne (*Coliveoo-Sakau*), nous jetions l'ancre dans Port-Sandwich.

MALLICOLO ou MALLICOLA

(*Orumbau*)

Latitude sud 16° 15'.
Longitude est 165° 11'.
Circuit 160 kilomètres (environ).
Découverte par Quiros en 1606, revue par Bougainville en 1768, reconnue par Cook en 1774.

Si l'on se reporte à Quiros, l'on verra que les indigènes lui désignèrent leur île comme une très grande terre, quoiqu'elle n'ait que 75 kilomètres de long. Quiros crut entendre prononcer le nom *Manicola*. Bien arrosée et bien boisée, cette île possède un sol riche et fertile; elle s'étend du nord-ouest au sud-est. L'extrémité nord-ouest n'a guère que les deux tiers de la largeur de l'île de l'ouest à l'est, largeur qui diminue encore vers le nord-ouest. Ce rétrécissement est occasionné par la vaste et profonde baie *Vunmara*. Les montagnes de l'intérieur sont très élevées et couvertes de forêts; elles s'inclinent en pente douce vers le rivage, aboutissent à une petite chaîne centrale, et contiennent de belles sources si l'on s'en rapporte aux nombreuses cascades qui viennent tomber dans la mer. A la côte sud-est se trouve un havre auquel Cook donna le nom de *Port-Sandwich*, qui offre l'un des meilleurs ports de l'Archipel; il a environ 4 kilomètres de profondeur au sud-ouest et sa largeur est bien d'un kilomètre et demi. Il se trouve aussi un excellent port dans la baie au sud-ouest.

Fort nombreuse, la population de cette île, estimée à 6,000 habitants, offre l'aspect le plus hideux. Cook les compare à des orangs-outangs. Ils ressemblent beaucoup aux aborigènes que Flinders (1) observa dans la Nouvelle-Galles du Sud, aux environs de la baie des Verreries. Ils sont d'une couleur plus bronzée que leurs voisins, leurs membres manquent de proportion, ils ont les bras et les jambes longs et grêles, la tête longue, le visage aplati et la mine du singe, le nez large et plat toujours traversé par des rouleaux d'écaille de tortue ou des rameaux de

(1) Flinders, célèbre navigateur anglais qui reconnut les côtes d'Australie et dont une partie de la côte méridionale porte le nom.

Lopevi. — Volcan.

corail; les os des joues proéminents, l'os frontal très étroit et comprimé en arrière. Leurs cheveux ornés de plumets sont très crépus et aussi laineux que ceux des nègres africains dont leur dialecte offre les clappements, les sifflements et battements, combinaisons embrouillées de consonnes défiant les organes européens. Ils prononcent plus facilement les mots anglais et allemands que les mots français. Les ceintures d'écorce avec lesquelles ils se compriment le ventre leur donnent l'air de grosses fourmis.

Si les femmes, non moins hideuses que les hommes, n'avaient eu, semblables à bien des parisiennes, que la tête peinte en rouge, cela eût été excusable, car chez ces peuples, c'est par pure propreté qu'ils se passent les cheveux à la chaux de corail, pour en transformer l'ébène en rayons de soleil; mais, ayant encore le visage et une partie du corps barbouillés de rouge et de noir, elles semblent lutter de laideur : très courageuses, par exemple, elles portaient des charges considérables sous lesquelles on les voyait ployer.

Nous séjournâmes peu à Port-Sandwich et remontâmes plus au nord pour jeter l'ancre dans la baie *Orumbau*, où tombe une délicieuse cascade à laquelle nous devions, le lendemain matin, aller remplir nos barriques à eau.

Sur ces entrefaites, Mac... nous apprit que dans une baie voisine se rencontraient de nombreux ébéniers : le capitaine nous permit d'aller avec plusieurs hommes de l'équipage en couper quelques échantillons.

Jusqu'au rivage cet arbre précieux formait des touffes épaisses; vite nous choisissons les plus beaux et les plus droits, nous en faisons sauter les branches, nous en abattons plusieurs. Déjà on en a assemblé vingt billes de 1ᵐ,50 à 2 mètres environ de longueur et de 25 à 30 centimètres de diamètre, pour le transport desquelles on court chercher du renfort au *Tanna*. Là, nous amarrons un deuxième canot à notre embarcation et regagnons rapidement la baie où nous avons laissé notre butin. Mais, tout à coup, un sifflement se fait entendre dans la mer et, presque à nos pieds, tombe une grêle de flèches empoisonnées. Alerte! vite, nos armes; mais hélas! l'ennemi reste invisible et les flèches pleuvent toujours. Nous faudra-t-il donc abandonner notre coupe si précieuse? Nous estimerons-nous heureux si nous parvenons même à sauver nos propres personnes et à regagner le bord? Hélas! oui, et la retraite n'est pas facile. Sans perdre son sang-froid, Mac... nous espace de 4 en 4 mètres par groupes de deux hommes prêts à faire feu, et, avec trois matelots, il pousse nos embarcations à la mer. Les sauvages, fidèles à la ruse qui les caractérise, nous avaient laissés d'abord abattre les ébéniers, attendant que nous fussions embarrassés par l'opération du chargement pour nous égorger désarmés. Notre interprète, qui était avec nous, s'offrit bien à nous montrer d'où venaient les flèches, réclamant des armes pour marcher contre les assaillants; mais, craignant une trahison, nous préférâmes sauter rapidement dans nos embarcations et nous éloigner. Tandis que nous regagnions le bord, *Koula* (1) nous affirma que nous devions cette attaque à une lutte dernièrement survenue entre les indigènes de l'équipage du *Dreamer*, navire anglais d'Australie qui, venu comme nous couper l'ébène, était tombé à coups de fusil sur les naturels.

(1) *Koula*, nom de notre interprète.

Depuis, nous visitâmes entièrement les côtes de Mallicolo sans trop nous hasarder dans l'intérieur. En quittant la côte est, pour entrer dans le détroit de Bougainville, nous aperçûmes un majestueux trois-mâts toutes voiles dehors.

Le détroit de Bougainville est situé au nord de Mallicolo, au sud de Saint-Barthélemy, et est un excellent passage, très sûr pour les marins, et le trois-mâts que nous avions devant nous tirait des bordées précisément pour aller mouiller dans la baie où nous avions l'intention d'aller jeter l'ancre. Bientôt le navire arbora ses couleurs : pavillon anglais, et, à l'aide de nos longues-vues, nous distinguâmes parfaitement son pont, ses bastingages chargés d'indigènes. Peu de temps suffit à nous rapprocher et échanger les saluts d'usage ; nous pûmes lire alors son nom écrit à l'arrière en lettres dorées : *Bob tail nac* d'Adélaïde. Soit par politesse ou pour que nous lui servissions de guide, son capitaine commanda une manœuvre qui nous permit de le dépasser et de jeter l'ancre avant lui. Supposant un acte de politesse, nous crûmes devoir le lui rendre en lui annonçant du bord à quel nombre de brasses (1) nous avions mouillé, et presque aussitôt nous détachâmes une embarcation vers son bord. Par droit d'antériorité nous nous considérions comme étant chez nous dans cette baie : ne nous appartenait-il pas d'en faire les honneurs ? J'accompagnai le capitaine du Tanna dans sa visite au *Bob tail nac*, où l'on nous fit un chaleureux accueil. A bord se trouvaient quatre *gentlemen*, passagers désireux de visiter ces pays. Deux de ces messieurs se plurent à causer avec nous en

---

(1) *Brasse,* mesure de marine d'environ 1^m,624.

français, ce dont ils s'acquittaient du reste fort élégamment. Presque aussitôt l'un d'eux nous apprit que, quelques jours auparavant, à l'île Tanna, leur bord avait essuyé une tentative de meurtre dont avait failli être victime la femme du capitaine. Cette jeune lady, que nous vîmes, en effet, la figure enveloppée, venait de se marier, quand son mari, capitaine et armateur du *Bob tail nac*, se décida à tenter l'immigration aux Nouvelles-Hébrides. La jeune femme, de son côté, n'avait pas voulu se séparer de lui, et peu s'en fallut qu'elle ne payât cher cet excès d'amour. Un peu plus, cette aimable et sympathique Australienne succombait sous les coups des sauvages de Tanna, et cela, au moment où, pour gagner la confiance des indigènes, elle leur prodiguait des objets d'échange. Comme elle se baissait pour fouiller dans un coffre, elle fut frappée avec un couteau qui venait d'être précisément échangé par son mari, et qui lui fendit la joue gauche, de l'œil à l'oreille. Sa blessure encore toute fraîche était, lors de notre visite, recouverte de diachylon. Le malheureux qui l'avait frappée fut abattu de suite à coups de revolver. Comme je questionnai d'un air d'étonnement le *gentleman* qui me racontait le fait, il avança de quelques pas, pour pouvoir me parler plus librement, et me raconta qu'à sa connaissance et à celle de ses compagnons de voyage, le *man Tanna* avait agi par esprit de vengeance : le matin du jour où eut lieu cette agression, la femme de leur capitaine était déjà venue au rivage et, profitant d'un moment où elle était entourée de femmes et d'enfants, elle avait su réussir à en enrôler plusieurs : parmi ces femmes, s'en trouvait une appartenant au meurtrier. Furieux de son départ, le pauvre Kanack n'avait écouté que sa colère. Nous dûmes le plaindre d'avoir payé de sa vie son amour conjugal.

Cette soif de vengeance est commune à tous les sauvages : il faut, pour l'assouvir, le sang de qui les offense. Malheur au blanc qui les outrage ; pour lui, ni repos ni pardon ! Souvent même, dans ce cas, la haine portera sur la race entière, et de là ces représailles terribles exercées sur le premier venu. N'espérez plus leur inspirer confiance, si vous les avez une fois trompés ; ne les frappez jamais, car la haine sera tenace, la vengeance lente et sûre, et vous serez d'autant moins épargnés que vos dépouilles fourniront un excellent festin. Dans vos relations avec eux, restez calmes ; pas d'épouvante, ni de menaces, affectez la sérénité et la confiance.

Dans leurs tribus, ces peuples ne se portent jamais aux voies de fait sans y être provoqués par des motifs très sérieux, leur disposition naturelle étant une humeur égale, je dirai même pacifique. Le courage, cet attribut caractéristique de toutes les races sauvages, est possédé par les *Néo-Hébridais* à un degré éminent et il n'est jamais adouci ni tempéré par la pitié.

Je visitai avec intérêt ce beau trois-mâts, la cale où grouillaient 450 Kanacks, tremblants de crainte et semblables à de pauvres captifs, bien qu'ils fussent volontairement venus à bord. En voyant la promptitude avec laquelle ce navire avait recruté son contingent, nous étions forcés de nous avouer que l'immigration devenait bien autrement difficile aux Français qu'aux Australiens. Ceux-ci ont des trois-mâts superbes, et non de pauvres petits bricks ou goélettes. Déployant toutes leurs voiles, sur leurs mâts majestueux, sous pavillon anglais, ils entreprennent ce genre d'opérations et frappent par leur appareil l'esprit des sauvages.

Le *man Mallicolo*, notre interprète, me dit aussi à ce sujet que ses compatriotes ajoutaient beaucoup de foi aux calomnies des missionnaires protestants contre la France et à leurs éloges emphatiques de l'Angleterre.

Mais ce n'est pas au moment où je suis sur le *Bob tail nac* qu'il convient d'exhaler mes justes griefs.

Nous invitâmes nos hôtes à visiter à leur tour le Tanna. Les quatre passagers acceptèrent, ainsi que le commissaire; le capitaine s'excusa. Ils croyaient trouver un misérable brick, et je les entendis murmurer tout bas: *A'oh! splendid, very beautiful!* Ils durent qualifier aussi de splendide le petit lunch qui leur fut offert sous la tente de la dunette et où le champagne remplaça le thé.

Au soir, le capitaine du *Bob tail nac* leva l'ancre, il passa à quelques mètres seulement de notre avant; et de son bord comme du nôtre nous nous souhaitâmes tout ce que des marins peuvent se souhaiter à la mer.

Au moment de notre départ, nous engageâmes plusieurs boys venus sous la conduite d'un indigène, qui nous demanda pour sa récompense un *tomahawk* (1), et le lendemain nous quittâmes à notre tour la baie à l'aube naissante. Le temps était couvert, le vent soufflait avec force; néanmoins nous parvînmes sans encombre au port, qui porte aujourd'hui le nom de *Stanley*, situé sur la côte nord-est de l'île. Un triste spectacle y frappa nos yeux, celui d'un navire échoué, désemparé; son tonnage nous parut être assez fort, autant que nous permit de le distinguer la pluie torrentielle, et nous nous hâtâmes d'aller mouiller au fond de la baie, n'espérant plus gagner sans péril Ambrym sur laquelle nous nous dirigions.

(1) Tomahawk, petite hache à main.

La pluie tombait si épaisse qu'à peine apercevions-nous à 50 mètres devant nous et que, sans être trop grosse, la mer ne laissait pas d'entraver par sa houle les progrès du brick. Ce temps détestable dura quatre longues journées, tristes et maussades au delà de toute expression. Le second jour, le capitaine, concevant des inquiétudes, car le brick commençait à fuir, fit mouiller sa deuxième ancre.

Un spectacle assez comique vint rompre cependant cette monotonie accablante et me rappela la vieille histoire de Gribouille : les Kanacks de corvée sur le pont se jetaient à plaisir dans la mer avant de redescendre à la cale, mais j'en eus bientôt l'explication : c'était un moyen de se réchauffer, car l'eau de la mer était beaucoup plus chaude que la pluie.

Enfin, le cinquième jour, le soleil se leva radieux et nous donna à présager la fin de nos ennuis ; mais, hélas ! il ne ramenait pas avec lui la brise : le calme le plus plat nous entourait, il eût donc été fou d'appareiller.

Une promenade le long du rivage, une chasse productive, le beau temps succédant à plusieurs jours d'affreuse pluie nous rendirent notre gaieté. Les Kanacks l'augmentèrent encore par leurs jeux. Du haut des vergues, ils se jetaient dans la mer, se poursuivant dans les flots comme si c'eût été là leur élément, et, quand l'un d'eux se sentait sur le point d'être pris, il plongeait, passant par-dessous la quille du *Tanna* et reparaissait, riant aux éclats, à la surface du côté opposé. Nous nous faisions un plaisir de les voir chercher les objets qu'on leur jetait du bord ; la limpidité de la mer, éclairée à une grande profondeur par les rayons d'un soleil ardent, nous permettait de suivre leurs efforts et leurs ébats. Dès que l'objet tombait, ils

Indigène de Mallicolo.

s'élançaient tête en avant, nageaient quelque temps

vers le fond en imitant les mouvements de la grenouille, dépassaient l'objet qu'ils voulaient saisir, puis, se redressant, attendaient qu'il parvînt jusqu'à eux pour le happer au passage. Sachant que l'eau amortit le choc, ils se plaisaient à s'allonger force coups de pied ou de poing entre eux. Une seule crainte eût pu nous empêcher de goûter ce spectacle comique, l'apparition du requin ; mais nous n'en vîmes pas un seul dans cette baie.

Tout à coup la brise se mit à fraîchir, le capitaine donna ordre d'appareiller mettant le cap sur Ambrym. Si nous étions contents de lever l'ancre, mon fidèle Amenoto, lui, sautait de joie et se mettait de tout cœur à la manœuvre ; jusque-là il n'avait manifesté aucune impatience, comprenant sans doute l'impossibilité de gagner plus vite son île natale ; il était enfin venu le jour où il allait pouvoir rentrer dans sa tribu. Voulant sortir de la baie, le capitaine fut encore obligé de faire mettre deux embarcations à la mer afin de nous remorquer jusqu'à la pointe de l'île. La nuit tombait et nous ne marchions plus qu'à la lueur des étoiles et à l'éclat rutilant du volcan d'Ambrym. La fumée blanchâtre qu'il émettait nous le faisait apparaître comme au milieu des nuages par un ciel serein.

Nous gagnâmes au milieu de la côte ouest une baie non dénommée sur la carte ; c'était précisément la plus voisine de la tribu d'Amenoto.

. . . .
. . . .

Comme à Sandwich et à Api, la Société a fait des acquisitions de terre aux indigènes, et cela dans d'excellentes conditions. Il a suffi de leur dire qu'on venait acheter des terrains avec l'intention de s'établir dans leur pays et de travailler paisiblement, pour qu'aussitôt les armes fussent déposées et que l'on entrât en négociations.

Une chose qui ne dut pas surprendre les agents de la Société chargés de traiter à Mallicolo fut d'apprendre, de la bouche des indigènes, qu'ils avaient déjà reçu la visite de dignes *gentlemen* australiens. Bien entendu, en concurrents déloyaux, ils avaient cherché à les animer contre nous. A Port-Sandwich, les indigènes ont raconté qu'un capitaine anglais, et ils ont nommé son navire, leur avait recommandé de ne pas vendre de terre aux Français, parce que ceux-ci emmenaient des soldats qui les égorgeraient pour s'emparer de leur pays ; que c'était ainsi qu'ils agissaient en Nouvelle-Calédonie. Quoi que nous puissions penser de semblables intrigues, nous n'avons ni à nous en étonner ni à nous en indigner. C'est à qui de droit à être assez habile pour les déjouer.

AMBRYM.

Latitude sud 16° 12'.
Longitude est 165° 27'.
Circuit 48 kilomètres (environ).

Découverte en 1768 par Bougainville, reconnue en 1774 par Cook, cette île est remarquable par son volcan dont la hauteur est de 1,067 mètres. Cook dit quelque part, dans un de ses voyages en Océanie : « *Tanna* est le jardin de ces îles, *Sandwich* la perle, et *Ambrym* le bijou. » On y ressent fréquemment des tremblements de terre que sa nature volcanique explique suffisamment. Cette île est basse sur les bords, s'élevant graduellement vers le centre pour former le pic le plus élevé, siège du cratère. Ambrym possède très peu de baies profondes ; une seule, celle où nous étions mouillés, sur la côte ouest, présente quelque profondeur ; à sa pointe ouest, cependant, un écueil dangereux oblige à la plus grande vigilance. On y trouve aussi deux autres ancrages, mais dans deux baies peu profondes, une à la pointe Dip, à l'ouest, l'autre dans celle de la baie de la Croix, au nord-ouest. L'extrémité nord est entourée de récifs ; la côte est paraît peu connue encore, tout au moins les cartes n'indiquent aucun ancrage, bien qu'elle possède deux baies assez belles, l'une surtout à la pointe sud-est.

Toute la nuit, *Ambrym* nous avait apparu comme une montagne de feu, un phare splendide. Nous étions arrivés au mouillage avant l'aurore ; bientôt le soleil se montra, la brume se dissipa, et nous vîmes se dérouler devant nous le panorama ravissant de cette île : baignée pour ainsi dire dans une lumière d'un rose tendre, elle avait encore la tête voilée de blanches vapeurs qui descendaient jusqu'à mi-corps, puis remontaient et s'évanouissaient ; l'ombre et le soleil se jouaient capricieusement et l'obscurcissaient ou l'éclairaient tour à tour ou à la fois, en entier ou par partie. C'était un spectacle magnifique.

Bientôt un immense cri de joie s'éleva sur le rivage ; une foule de pirogues furent mises à flot, luttant de vitesse pour nous accoster ; nombre d'indigènes s'étaient résolument jetés à la mer, sans souci du danger ou de la distance. Ce fut bien autre chose encore lorsque Amenoto, profondément ému, leur eut parlé de nous : nous nous vîmes littéralement envahis, au grand regret de l'équipage occupé au nettoyage du bord.

Amenoto! Amenoto! le fils bien-aimé de leur chef, était de retour, beau, bien portant, grandi. Adieu toutes les craintes qui avaient essayé de retarder son départ.

Parti contre la volonté paternelle, malgré les supplications de sa tribu, n'obéissant qu'à son désir de courir le monde, il n'était pas mort loin des siens, maudissant les blancs et leur civilisation perfide. C'était bien lui! Aussi, comme ils se suspendaient à ses bras, à son cou et criaient, en se faisant de leurs mains un porte-voix, la bonne nouvelle à ceux qui accouraient au rivage! Il n'y avait pas jusqu'à Jérôme, son chien fidèle (ainsi nommé malicieusement du nom de l'ancien maître d'Amenoto), qui ne partageât l'ivresse générale. Il sautait, frétillait sous les caresses de ses nouveaux amis, et, Dieu me pardonne, j'ai cru distinguer dans ses yeux des larmes de joie.

La première expansion passée, les *men Ambrym* reprirent leur caractère grave et se mirent à converser, les uns debout, les autres accroupis sur leurs talons, formant cercle autour d'Amenoto qu'ils assiégaient de questions.

Amenoto, seul de tous les indigènes, nous avait paru sensible à la civilisation; chez lui pas d'hypocrisie, pas d'arrière-pensée, pas surtout d'esprit de vengeance. Aussi ne pourrai-je qu'engager le gouvernement français à s'appuyer sur un tel chef, si nous nous décidons enfin à annexer les Nouvelles-Hébrides. Heureux de lui témoigner notre satisfaction pendant toute la traversée, nous l'avions traité avec plus d'égards que les Kanacks ses frères, trouvant en lui une intelligence bien au-dessus de la moyenne; nous le prenions ordinairement pour guide ou compagnon dans nos descentes à terre. Brave Amenoto! il rencontrait pourtant parmi nous des détracteurs : le capitaine et Mac... me mettaient souvent en défiance contre lui, prétendant qu'arrivé à sa tribu, il nous traiterait comme Aeo et Massoe.

Mais, devant ces marques non équivoques, le capitaine dut revenir de ses préjugés, car il offrit à mon protégé d'assez brillants présents et régala de grog ses taïos. Avant que l'embarcation ne l'emportât loin du bord, Amenoto y fit descendre trois coffres que sa bonne conduite et son travail avaient su remplir pendant son engagement en Calédonie, son chien et deux couples de canards de Barbarie.

Nous eûmes toutes les peines du monde pour empêcher les indigènes de monter auprès du fils de leur chef. Avant d'atteindre au rivage, notre embarcation dut s'arrêter afin de ne pas blesser, en ramant, les sujets de notre ami. Ils n'avaient pas hésité, désirant le saluer plus tôt, à entrer dans l'eau jusqu'aux aisselles, et ce fut à bras, non à rames, que nous parvînmes sur la plage. Ah! si nous n'avions eu avec nous l'arme la plus puissante, la reconnaissance, qu'il eût été facile alors à ces sauvages de nous massacrer !

Les hommes dansaient, levaient, sans changer de place, les pieds, les bras en l'air, criant, hurlant de joie; les femmes, nombreuses aussi, tour à tour riaient ou pleuraient; était-ce la joie du retour d'Amenoto? était-ce le regret des leurs, encore à l'étranger?... Même chez ces sauvages, l'amour maternel a une grande puissance. Comme nos femmes européennes, elles sentent, quand leurs fils tombent sous les flèches ennemies, que c'est quelque chose d'elles qui s'en va !

Nous, nous restions là, ne pouvant prendre officiellement part à ce bonheur qu'intérieurement nous partagions, tant nous craignions de le gâter en nous y mêlant, et nous ne tardâmes pas à regagner le bord. Tandis que nous déjeunions, le groupe se fondit peu à peu, s'égrenant dans la brousse, ou revenant au *Tanna*, échanger ses produits. Après déjeuner, le capitaine et moi nous descendîmes de nouveau à terre, pour rendre visite à notre passager de la veille. Il vint au-devant de nous, le sourire aux lèvres, vêtu comme pour un jour de fête et nous dit que, si nous avions tardé davantage, il serait parti nous chercher, car son père nous attendait, et, lui-même, il désirait nous présenter à sa tribu ; il ajouta en riant : *Men Ambrym no kaï kaï vous.*

L'endroit où nous débarquions était un peu rocailleux et semé çà et là de petits coraux et de galets pointus ; les indigènes, nous voyant chercher sans cesse un point d'appui, s'en étonnaient, car, de leurs pieds larges et endurcis, ils foulaient sans se blesser les épines de corail. Malgré nos précautions, nous arrivait-il de glisser et de nous appuyer sur les mains au fond de l'eau, aussitôt, nos Kanacks de rire et de nous tendre la main, nous invitant à quitter nos espadrilles, bonnes tout au plus, selon eux, à entraver notre marche.

La tribu d'Amenoto était, stratégiquement parlant, bien située. D'ailleurs à Ambrym, ainsi que dans toutes les Nouvelles-Hébrides, les naturels ont pour habitude d'établir leurs cases au penchant d'une colline faisant face à la mer au point où le rivage permet le débarquement, mais ils respectent soigneusement la broussaille, soit en vue de se garantir contre le vent, soit pour se dissimuler aux longues-vues des navires. Nous nous trouvâmes, après dix minutes de marche, au milieu des sujets du père d'Amenoto, lesquels offraient le véritable type de la tribu sauvage, mais pacifique et animée envers nous d'excellentes intentions. Cette tribu comprenait une vingtaine de cases, abritées par de hauts cocotiers.

Voici, s'écria tout à coup notre hôte, la case du *papa à moi*, et il nous invita à en franchir le seuil. Rien extérieurement ne la distinguait des cases environnantes. Nous entrâmes et aperçûmes, étendu sur une natte, un vieillard vénérable, à cheveux blancs, à barbe longue, au corps droit, à la chair ferme, au visage sans ride. A peine nous regarda-t-il d'abord : son regard ne trahit ni frayeur ni même curiosité, il semblait plutôt rêveur et soucieux ; puis, tout à coup, secouant sa torpeur, il se leva et, s'appuyant sur une canne en bois de rose à poignée sculptée, il vint à nous et nous tendit la main ; il nous parla par gestes où les yeux jouaient le rôle principal. Aussitôt nous lui offrons quelques présents qu'il examina avec attention. Pendant l'hésitation qui suivit notre arrivée et durant cette appréciation de nos présents, j'eus le temps d'examiner en détail l'intérieur de sa case, véritable musée en son genre. Ici, d'immenses sculptures représentant des têtes humaines servant sans doute de fétiches ; là d'autres plus petites, mais en pied, sculptées anatomiquement, dans un bois noir très dur, avec saillies des os à la Michel-Ange, toutes proportions gardées, bien entendu. L'on y voyait encore des espèces d'amulettes, des cordons, des morceaux d'étoffe, des nœuds sortilégiques suspendus aux parois.

Aux murs de bambous pendaient des arcs, des flèches, des casse-têtes, des armes de toutes sortes ; dans une autre partie on voyait des chapelets de coquillages, de hauts et gros bambous curieusement gravés ; des nattes fines couraient tout autour de la case, le sol était jonché d'herbes sèches et cependant odoriférantes. Au milieu

Ambrym (Village).

se trouvait le foyer ; dans un recoin s'étendait la natte servant de lit, avec un léger oreiller peu moelleux composé de quatre petits bambous, reposant sur quatre pieds bas formant tréteau. Est-ce à une couche si dure qu'ils doivent la vigueur de leurs muscles, la souplesse de leurs membres, et nos couches si délicates ne contribuent-elles pas à nous efféminer ? Je serais assez tenté de le croire.

Nous parcourûmes ensuite la tribu ; en passant devant les cuisines nous aperçûmes les femmes, qui, par pudeur probablement, s'empressèrent de croiser les bras pour cacher leurs seins. Ces cuisines se composent de petites cases formées de quatre pieux enfoncés en terre et surmontés d'un chapeau de feuilles de cocotier ; on y remarque des fours creusés dans le sol : ce sont des trous circulaires de deux pieds de diamètre sur un ou deux de profondeur. Veulent-elles s'en servir, elles y placent un lit de bois, puis un de pierre, galets recueillis sur le rivage et d'autant plus propres à cet usage qu'ils éclatent moins facilement. Les pierres chauffées à blanc, elles retirent le tout et le remplacent par les aliments ordinairement composés d'ignames, taros, bananes, fruits de l'arbre à pain, poissons, etc. Enfin elles remettent les galets, entourent le four, ou plutôt ce puits, de broussailles trempées dans l'eau, le recouvrent d'un lit de feuilles vertes et ramènent la terre presque à niveau du sol.

Amenoto nous conduisit à un four où plusieurs femmes paraissaient très affairées. C'est là qu'il me fut permis d'observer que, si l'amour maternel a quelque puissance chez ces sauvages, il n'en est pas de même de la piété filiale. Mon ami ne sut même reconnaître, parmi les épouses de son père, celle à qui il devait le jour; et, comme je lui demandais de me la désigner : *Voilà les mamans à moi*, me répondit-il. Pour lui, rien ne les distinguait entre elles. Mais, en revanche, ce qu'il appréciait le plus dans les avantages du retour, c'était la faculté de posséder lui aussi des popinées. Et où iras-tu les chercher? lui demandai-je. Là, là, et puis là; et il me désignait divers fours du voisinage, où travaillaient d'assez gracieuses fillettes. Arrivés à peu près au milieu de la tribu, il prit un air mystérieux et nous montra du doigt une enceinte formée de murailles en pierres entourant une longue case de 12 mètres de long sur 7 à 8 de large, et ouverte à une extrémité. Nous y pénétrâmes et aperçûmes deux immenses tam-tams, probablement destinés à servir de cloches d'appel pour l'office religieux. A l'intérieur, le sol était recouvert d'herbes sèches odoriférantes. Dans le fond résidait un immense bloc, dominant de moindres statues de bois ; il représentait une colossale idole sauvage, ornée de plumets, bariolée de rouge, de noir, recouverte de cheveux, le corps chargé d'arcs et de flèches. Il paraît que les hommes seuls sont admis dans ce lieu, la religion est interdite à la femme. Les guerriers y viennent la veille d'un combat implorer l'aide des dieux, mais je n'ai pu me renseigner sur le cérémonial observé en ces circonstances.

Leur religion est mêlée de beaucoup de superstitions, causées par l'ignorance. Au sortir de cette case, l'apparition d'un lézard m'en fournit la preuve. Les indigènes qui nous entouraient, le prenant pour un esprit, selon l'explication d'Amenoto, se mirent à se voiler la face et à pousser des cris de frayeur. Bien plus, Amenoto, le demi-civilisé, se laissa gagner à l'appréhension générale.

Aiguillonnés par la faim, nous en restâmes là de notre excursion à travers la tribu, bien que nous eussions encore à visiter le quartier des *popinées*. Mais ventre affamé n'a pas d'yeux, et nous revînmes à la case du chef où nous devions déjeuner. Le vieillard s'était porté à notre rencontre revêtu de sa parure de fête, la tête ornée d'un coquillage énorme, signe distinctif des chefs, le cou ceint de colliers de perles et de dents de sanglier, ayant aux bras des bracelets de verroterie rapportés par son fils. Il se montra aussi affable qu'il avait été froid lors de notre présentation à sa seigneurie; il faisait marcher ses yeux et ses lèvres par manière d'interrogation sans doute, mais nous ne comprenions guère cette mimique. Cependant Amenoto faisait étendre une large natte sur le sol et sur cette natte, en guise d'assiettes, disposer des feuilles de bananier; en guise de verres, des noix de coco fraîches, ouvertes et fixées à un petit bambou fiché en terre; en guise de salière, une moitié de coco sec remplie d'eau de mer. Bientôt commença le repas.

D'abord Amenoto nous fit servir des coquillages crus (bénitiers), qu'on trempait encore dans l'eau de mer, malgré leur goût naturellement salé; puis de gros homards grillés, puis sur des feuilles un petit cochon de lait et des poules, des ignames, des taros, des patates douces, enfin des oranges, bananes, amandes, pommes de Cythère, etc. C'étaient de jeunes *boys* qui s'acquittaient du service, et pendant tout le repas aucune femme ne parut.

En dépit de mon appétit, j'hésitais à goûter cette cuisine canaque; mais ayant fini par toucher aux homards et les ayant trouvés exquis, je n'obéis plus qu'aux injonctions de mon estomac. Au moment de partager le petit cochon de lait, le capitaine commit une insigne maladresse en offrant, pour le découper, son propre couteau; sans cela, j'aurais pu vous dire, chers lecteurs, la manière usitée par les Vatel des Nouvelles-Hébrides. Est-ce au mode de cuisson ci-dessus décrite ? est-ce à l'espèce porcine que cette excellence est due ?... mais j'avoue que jamais je n'ai mangé de plus délicieux porc frais qu'à ce festin. Le cochon était si bon que les poules eurent tort ; d'ailleurs je les savais non vidées et cuites avec leurs plumes, ce qui ne laissait pas de me causer certaine répugnance que ne partagèrent pas le reste des convives. Je me régalai aussi d'une sorte de pudding, fait de pâte de bananes et de taros mélangée d'amandes et de feuilles vertes d'une espèce de figuier et d'*hibiscus esculentus*. Voilà un entremets sauvage qui ne le cède en rien au meilleur des entremets européens.

Le repas terminé, les restes et le couvert disparurent en un clin d'œil ; les os s'engloutissaient dans la gueule des chiens et des porcs qui nous honoraient de leur présence. Puis, chacun alla de son côté s'abandonner aux délices de la sieste. Le capitaine et moi regagnâmes

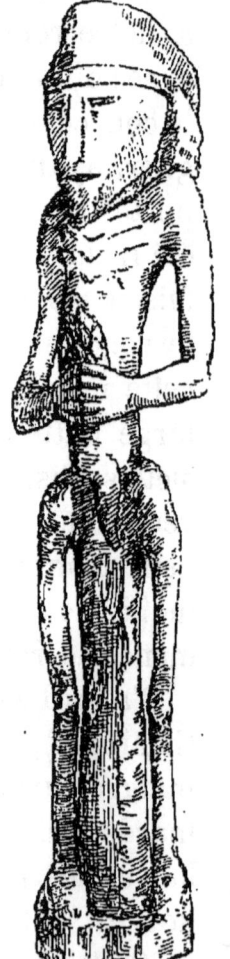

Ambrym (Divinité canaque).

notre embarcation où nous trouvâmes endormis les deux matelots chargés de la garder. Amenoto, nous dirent-ils, ne les avait pas oubliés et leur avait envoyé plus de vivres qu'ils ne purent en absorber. Nous dressâmes sur notre embarcation une tente, avant de pousser au large, précaution indispensable à cette heure et dans ces parages si l'on veut se garantir des insolations ; une fois parvenus à bord, nous nous livrâmes au sommeil. A deux heures et demie, nous en fûmes tirés par les cris des indigènes venus en pirogue. Notre pont était recouvert de provisions de toute sorte, nombre d'indigènes refusaient de rien accepter en échange.

Mac proposant alors de redescendre vers la tribu, je me rendis à son désir.

Dès que nous arrivâmes au rivage, les indigènes se rappelèrent nos chutes du matin ; pour nous les faire éviter, ils eurent l'amabilité de nous présenter leurs larges épaules.

Nous nous dirigeâmes vers un lieu très ombragé où ils mettaient leurs pirogues quand ils les retiraient de l'eau. Il y en avait de toutes les grandeurs et en assez grand nombre ; il s'y en trouvait même qui n'étaient pas achevées et auxquelles on travaillait encore. Je fus heureux de pouvoir les voir à l'œuvre, et j'en profitai pour étudier leur façon de procéder et me procurer quelques-uns de leurs instruments.

Les pirogues, que l'on voit dans toutes les tribus sur le sable du rivage en quantité considérable, sont travaillées avec soin et même élégance. Ces bateaux, qui ne sont à proprement parler qu'un tronc d'arbre creusé, sont d'une coupe favorable à la marche. Ils en ont de trois espèces : la première, appelée à Ambrym l'*étéa*, est d'une seule pièce ; c'est un tronc d'arbre creusé, d'un bois blanc, léger et qui ne se fendille pas au soleil ; sa longueur est de 4 à 5 mètres sur 50 centimètres seulement de large, et autant de profondeur ; au milieu est fixé le banc du rameur.

Il serait impossible de se soutenir sur une barque si longue et si mince sans y adapter un balancier; voici l'ingénieux mécanisme de nos sauvages : du siège et de la pointe de la pirogue partent deux bâtons parallèles, se dirigeant à gauche; deux demi-cercles sont fixés à leur extrémité, la courbure tournée vers la mer; sur ces bâtons ils placent un galet ou une pièce de bois servant de contrepoids.

L'*étéa* est l'embarcation familière des *men Ambrym*. Quand ils habitent sur une baie tranquille, c'est avec cet esquif qu'ils vont à leurs plantations en côtoyant le rivage; qu'ils rapportent à la case les légumes, les fruits et le bois nécessaires; ils s'en servent pour aller à la pêche le long des côtes. Si la pirogue vient à chavirer dans les mouvements du rameur, le naufragé, sans se troubler pour si peu, se met à nager, la retourne, la soulève au-dessus des flots pour la vider, et, dès qu'elle peut se soutenir, il en tire l'eau avec une noix de coco sèche dont elle est toujours pourvue; puis il va à la recherche de la pagaie, revient à sa pirogue, s'élance dedans et se remet à ramer ou à pêcher.

La seconde, l'*hora*, est une autre espèce de pirogue, beaucoup plus élégante et plus solide. Elle est faite de longs troncs d'arbres goudronnés et calfatés. La longueur moyenne de l'*hora* est de 8 à 9 mètres sur 70 centimètres de large et 50 de profondeur. Comme le premier, ce canot n'a pas de quille, il est d'une légèreté extrême, obéit au moindre flot qui le soulève et le plus petit coup de pagaie le lance très loin. Trois rameurs dans une de ces barques font aisément plusieurs lieues à l'heure : qu'on se figure la rapidité de leur course, quand huit ou dix hommes frappent l'eau avec ensemble et de toutes leurs forces! Les ornements de l'*hora* sont, bien qu'originaux, très gracieux : la proue porte à sa pointe une tête d'oiseau qui dévore un poisson; des oiseaux qui déploient leurs ailes et qui semblent les secouer sur les vagues, comme des cygnes ou des albatros; des festons, des coquilles, embellissent ses flancs, où se trouvent incrustés des débris de coquillages; il y en a aussi dont les sculptures représentent à la poupe des chiens, des arbres, etc.

La *solima* est la troisième espèce et ne diffère de la pirogue précédente que par ses dimensions : elle a une vingtaine de mètres de longueur sur quelquefois 2 de largeur, et peut contenir de quarante à cinquante personnes. C'est un travail gigantesque pour des ouvriers qui n'ont pas d'autres instruments souvent qu'une coquille, des os et des pierres. Ils n'emploient cette embarcation que dans les combats en mer ou dans les longs voyages. Il y en a dans le nord surtout qui vont ainsi à 10 ou 15 lieues faire des échanges. Elle n'a pas de balancier, mais est fixée à une seconde de même dimension, qui la rend double. Les deux premières m'ont paru appartenir à des particuliers, tandis que la dernière est la propriété de la tribu entière. Quand elles ne sont pas à la mer, elles sont mises à l'ombre, recouvertes avec soin de feuillages.

Les indigènes se servent de pagaies, au lieu de rames, pour conduire les pirogues. Ces pagaies, parfaitement bien travaillées et contournées, ont un avantage énorme sur nos rames.

Ce sont, le plus souvent, les femmes qui font marcher la pagaie et avec une promptitude excessive. Quand elles sont fatiguées d'un bras, elles changent avec une telle dextérité et une telle vitesse que c'est à peine si l'on s'en aperçoit.

Lancement d'une pirogue double.

Les petites pirogues n'ont pas de gouvernail; seules les grandes pirogues en ont un et qui n'est autre qu'une pagaie, mais beaucoup plus large que celles dont ils se servent pour ramer et solidement amarrée à l'arrière. Ces pagaies sont également sculptées du côté opposé à celui qui touche l'eau.

Les unes et les autres vont à la voile. Alors, un assemblage de bambous s'étend en dehors, de l'autre côté du balancier. Son usage sert à amarrer un cordage qui soutient le mât et où l'on place un homme ou un galet. Les voiles ne sont autre chose que des nattes doubles étendues sur un carré de bambous dont l'angle est un peu arrondi. Le mât qui les supporte est fait de forts bambous.

L'*étéa*, comme l'*hora* et la *solima*, se creusent dans des arbres abattus à cet effet, la première dans un seul, les deux autres dans deux, ou quelquefois trois; courbées et fort relevées, ces deux ou trois pièces s'assemblent bout à bout en se reliant, faute de clous et de boulons, par de fortes ligatures de cordes en fibres de coco. Puis, pour les rendre doubles, ils en lient deux l'une à l'autre au moyen de traverses, fortement amarrées sur les deux bords. A l'arrière de ces traverses ainsi jointes, on pose une espèce de charpente assez légère, couverte par un toit de roseaux. Cela les met à l'abri de la pluie et du soleil, cache et conserve les provisions, et sert aussi à conserver fraîche l'eau douce contenue dans de grandes calebasses. L'avant est recouvert par un large banc et est presque toujours orné d'un immense oiseau le bec ouvert et les ailes déployées. J'en ai vu qui avaient de ces sculptures vraiment surprenantes et que l'on aurait cru obtenues plutôt du ciseau de nos sculpteurs que des instruments si primitifs de ces pauvres sauvages.

Nous accédâmes au désir d'Amenoto de regagner la tribu où nous trouvâmes son père allongé sur des nattes, entouré de trois notables qui avaient déjeuné avec nous. Mac se familiarisa de suite avec eux. C'était plaisir de le voir caresser la barbe du vieux chef, lui frapper sur les épaules, et, pour le mieux gagner, lui offrir de goûter au rhum qu'il avait apporté dans une gourde qu'il tenait pendue autour du cou; mais à peine le vieillard eut-il goûté de cette liqueur qu'il ne voulut plus nous rendre la gourde : elle passa de ses lèvres à celles de son entourage et nous dûmes en faire notre deuil. Amenoto nous emmena ensuite achever l'inspection commencée le matin, non sans une escorte toujours croissante d'indigènes. Lisant dans nos yeux que le nombre de nos admirateurs semblait nous causer quelque crainte d'une perfidie, notre guide nous rassura : « *Man Ambrym no kaï kaï blanc, Man Ambrym good.* » Nous prîmes un étroit sentier canaque où il fallait marcher à la file indienne. Amenoto s'attachait à moi, me tenant par la main, et, malgré ma confiance en lui, il me passait par moment dans l'esprit de vagues terreurs. Pourquoi me tenir ainsi? Ne nous conduisait-on pas à la boucherie?... Grattez le Kanack ancien travailleur et vous retrouvez le cannibale. Toutes ces réflexions se dissipèrent comme par enchantement devant la magnificence du site. Mac chantait à tue-tête des chansons de son pays, peut-être pour s'étourdir lui-même. Les Kanacks riaient et poussaient des cris de joie, couraient en avant et revenaient en sautant et gambadant.

Là, régnait une fraîcheur délicieuse, presque piquante. Arrivés à certain endroit où un ruisseau traversait le sentier, l'humidité nous pénétra. Elle provenait d'une grotte dans laquelle venait se jeter une cascatelle formant à l'entrée une nappe où croissaient des plantes aquatiques et de superbes fougères arborescentes. Le but de notre promenade était atteint. Amenoto nous annonça que sur le plateau s'élevant en face de nous se trouvaient les plantations de la tribu. Nous ne nous en serions jamais doutés, et il faut toute la malice et l'agilité des sauvages pour savoir placer ainsi leur culture. Afin de chasser la fraîcheur, Amenoto fit dresser des bûchers ; on y mit le feu à la manière canaque. Tout le long d'un morceau de bois d'*hibiscus populneus*, bois extrêmement léger, ils creusent une entaille, puis, y introduisant un second morceau d'*hibiscus* pointu, ils le font glisser longitudinalement en ayant soin de le tenir perpendiculaire dans cette entaille, en le serrant des deux mains, pendant qu'ils le font rouler d'un bout à l'autre avec toute la force et la vitesse possible ; bientôt l'étincelle jaillit et enflamme une fibre de *baringtonia speciosa*, dont les indigènes sont toujours munis, comme un bon fumeur d'amadou.

Ces feux dans un demi-jour, au pied d'une cascade moutonneuse et sonore, donnaient à ce tableau quelque chose de magique ; les sauvages dansant, chantant, hurlant, lui imprimaient un caractère diabolique. Je serais bien volontiers resté à le contempler. Mais Amenoto voulait nous faire admirer les plantations et, malgré la fatigue, il nous fallut opérer une véritable ascension pour les atteindre.

Nous glissions le matin sur les galets du rivage, nous aurions bien roulé le soir en gravissant les flancs de la colline, au grand étonnement des sauvages habitués à ces exercices. Leur agilité est incroyable et tient du singe ; il leur suffit d'un tronc d'arbre jeté en travers pour franchir les plus dangereux précipices, de la plus

petite pierre ou de la moindre racine pour escalader
les montagnes à pic de leur île. Moi, au contraire, je
n'avançais que très difficilement, et si je n'avais pas eu
l'aide des indigènes, lesquels me tiraient par devant au
moyen de lianes qu'ils me tendaient, et si je n'avais été
poussé par ceux qui me suivaient, jamais je ne serais
parvenu au plateau.

Jugez si mon attitude comique de gros poussah leur
procura un moment de franche gaieté ! Plus d'une fois,
pendant l'ascension, je regrettai de m'y être hasardé
et de ne pas avoir imité ce paresseux de Mac qui était
resté à fumer tranquillement sa pipe en nous attendant
au pied de la cascatelle. Mais, une fois dans la place,
j'oubliai ma fatigue pour admirer les superbes plantations de ces sauvages. Des sillons parfaitement tracés
s'offraient à mes regards ; dans ces sillons, arrosés par
de petits cours d'eau, poussaient des ignames aux larges feuilles, des taros, des cannes à sucre d'une hauteur
prodigieuse et des patates douces. A gauche de l'endroit
où nous nous trouvions, une clairière défrichée, mais
non encore ensemencée, nous donnait une juste idée de
la richesse du sol, car elle était déjà couverte d'excellents pâturages. Cette vigueur de végétation est due non
seulement à la fertilité de la terre, mais encore à la
chaleur du soleil et à l'abondance de la pluie. Très souvent, en effet, une pluie bienfaisante arrose ces montagnes.
Pour étrange que cela paraisse, le fait n'est pas moins
exact ; rien de plus simple que son explication. Le soleil ardent des tropiques soulève à la surface de la mer
de nombreuses vapeurs : tant que l'atmosphère est assez
chaude pour les maintenir à l'état de gaz, le ciel reste
pur ; mais, dès que la chaleur atmosphérique diminue,
aussitôt la vapeur se condense, les nuages se forment

et bientôt, attirés par la fraîcheur des montagnes, ils retombent en pluie sur la terre qu'ils fertilisent. Aussitôt après la pluie et les éclairs, le ciel reprend sa sérénité.

Nous trouvâmes là quelques femmes cueillant des ignames, les taros les plus mûrs et des cannes à sucre dont, à l'aide de nattes fraîchement tressées, elles formaient un faisceau pour les transporter à la tribu. Je demandai si ces malheureuses prenaient le même chemin que nous pour gagner leurs travaux. — Oui, me fut-il répondu, c'est le seul et unique chemin. — Et j'appris aussi qu'elles s'allégeaient à la descente en faisant rouler leur charge de haut en bas du plateau, quitte à la reprendre ensuite et à ployer de nouveau sous le faix. D'autres étaient occupées à défricher le sol. Voici comment elles procédaient : après avoir coupé avec de petites hachettes les branches menues des arbres, elles creusaient la terre jusque sous les racines, à l'aide de pieux en bois de fer ou en goyavier, y mettaient le feu et réduisaient le tout en cendres, ce qui fait que souvent l'on aperçoit la nuit, dans la montagne, d'immenses flammes faisant croire à des incendies.

Quand l'igname cultivée vient à manquer, ils procèdent aussi par le feu pour trouver l'igname sauvage ; incendiant une partie de la broussaille, ils recueillent dans ces brasiers éteints ce légume à moitié cuit.

Au bout de cette clairière s'élevait une muraille en pierres sèches haute d'environ 2 mètres ; c'était là du côté de la montagne que s'arrêtait la possession de la tribu, car il est bon de dire que chaque tribu a ses limites qu'elle défend avec acharnement. A l'intérieur, elles sont marquées par des murailles ; sur le rivage, par de longs bambous enfoncés dans le sable et reliés ensemble par de fortes lianes. L'autre extrémité côtoyait le sentier qui nous y avait amenés et aboutissait à une falaise surplombant la mer à une faible hauteur.

J'admirai surtout la sagesse stratégique qui avait présidé au choix de l'emplacement de cette plantation. Située entre la mer d'un côté, la tribu de l'autre, elle n'était attaquable par une tribu ennemie qu'après l'anéantissement complet de la peuplade propriétaire.

Quand nous eûmes rassasié nos regards de ce spectacle, nous reprimes le même chemin qu'à la montée. Dieu! quelles difficultés à la descente! J'y serais resté si l'on ne m'eût attaché avec des lianes pour me retenir. Grâce à l'ingéniosité et à la bienveillance des naturels, nous rentrâmes sans accident à la tribu, et de là regagnâmes le rivage où nous attendait notre embarcation, non sans avoir pris en passant Mac qui nous reprochait de nous être tant attardés.

Peu de temps après notre retour à bord, nous nous préparions à gagner nos hamacs quand tout à coup des feux de joie s'allumèrent partout sur le rivage, et les indigènes se mirent à nous appeler à grands cris par nos noms, nous invitant à une fête nocturne.

Malgré l'extrême fatigue que je ressentais, je crus devoir répondre à l'appel d'Amenoto, et obtins du capitaine l'autorisation de redescendre à terre toujours avec Mac; nous avions eu soin d'emporter quelques bouteilles de rhum afin de reconnaître l'honneur que nous faisaient les *men Ambrym* en instituant une fête de nuit en dépit des labeurs de la journée.

Une véritable scène féerique se déroulait devant nous : au fond, un immense lac de verdure où les arbres se reliaient les uns aux autres par des lianes et plantes de toutes espèces; à gauche et à droite, une pointe de rochers plongeant dans la mer et derrière l'Océan ! Quel admirable décor ! et pour acteurs, ces sauvages traduisant leur joie enivrante par les cris, les chants et la danse. Le tout éclairé par des torches formées de branches sèches de cocotier qui projetaient au loin une lumière rouge vacillante du plus curieux effet. Le capitaine resté à bord, en apercevant cette orgie de lumière et ce déchaînement d'allégresse, m'avoua n'avoir, sur nos scènes, jamais rien vu d'aussi fantastique. Nous allions nous mêler nous-mêmes à cette ivresse.

A peine au rivage, je fus transporté à dos d'homme au milieu de la tribu, tandis que Mac, sautant dans l'eau, prenait le coffre où se trouvaient les bouteilles de rhum, et les mettait sur l'épaule d'un indigène pour les aller offrir au vieux chef. Sa présence nous étonna et nous émut : avoir ainsi abandonné sa case pour prendre part à cette fête témoignait d'une grande estime à notre égard. Transporté près de lui, auprès des feux où il se tenait accroupi, le coffre fut immédiatement ouvert ; il ne contenait que des bouteilles de rhum, des biscuits, des figues, du tabac et quelques pipes. Le père d'Amenoto et un autre vieillard lui ressemblant beaucoup, et que nous n'avions pas encore vu, nous invitèrent à nous asseoir, mais la chaleur du foyer nous obligea bientôt à quitter la place. Ces deux vieillards portaient seuls sur les épaules un manteau assez curieux, fait de lanières très fines en peau de chien, si adroitement rapprochées qu'elles semblaient ne faire qu'une seule et même pièce.

Tous avaient, pour cette circonstance, chargé leur corps d'une profusion de joyaux ; je ne décrirai ni ces colliers de petits coquillages qui leur donnent, je ne sais

Ambrym. — Indigène montant abattre des cocos.

comment, un air audacieux et martial, ni ces cordons de perles jetés sur les épaules, ni ces belles ceintures tressées avec symétrie, ni ces bracelets fixés l'un autour du poignet, l'autre à l'origine du bras, où les perles blanches forment une suite de losanges entourés de filets blancs et noirs, ni de l'*ato* (1), grand anneau blanc comme l'albâtre, assujetti au-dessus du coude, ni du *pourri* (1) de la grosseur d'un œuf, attaché sur le devant du genou, ni des plumets qui leur ornent la chevelure. Je ne compte point ici mille ornements de circonstance qui, pour la grâce, ne le cèdent pas aux premiers, tels qu'une feuille de fougère, ou une fleur du plus vif éclat blanche ou pourpre, qu'ils se placent dans les cheveux. Bien que la nature fasse tous les frais du luxe indigène, leur toilette demande un long travail et une patience infatigable. Veulent-ils un *ato*? ils choisissent une coquille de grandeur convenable, ils l'usent en la frottant des mois entiers contre une pierre, et obtiennent ainsi un disque qu'il s'agit de percer et de polir. Ils le perforent avec une pierre à feu, puis agrandissent le trou en le limant avec des bâtons de corail gris, et ce n'est qu'après plusieurs mois d'un minutieux labeur qu'ils peuvent placer au bras cet éclatant bijou.

Notre étonnement redoubla encore quand, nous promenant de groupe en groupe, nous aperçûmes les femmes un peu isolées avec les petits *piquinini* accroupis autour des feux. Comme je m'avançais vers elles, Amenoto m'arrêta et me dit, avec son bon gros rire : « Popinées *no casser bois;* » ce que, pour les lecteurs peu au courant des us et coutumes kanacks, la décence me force à traduire par : respect aux femmes!... Je com-

---

(1) *Ato* et *pourri*, coquillages d'une blancheur remarquable.

pris qu'ils étaient très jaloux de leurs compagnes et qu'il serait d'ailleurs peu convenable d'insister. Les malheureuses restaient là comme des bêtes amenées de force sur ces lieux, le repos leur aurait été en effet bien plus nécessaire. Elles avaient sur les épaules des nattes grossièrement fabriquées. Ces nattes, moins bien tressées que leurs pagnes, leur servent également les jours de pluie pour aller aux plantations.

Tout à coup aux bruyantes acclamations succéda un profond silence. Les femmes allaient chanter. Elles commencèrent à faire entendre une sorte de roucoulement, de susurrement aigre et doux à la fois, en tremolo, quelque chose d'inarticulé et d'inimitable, d'un effet mystérieux et saisissant. Leurs voix descendaient aux tons les plus bas et montaient aux plus élevés; on aurait cru entendre des enfants de huit à dix ans. J'aurais bien désiré me faire donner la traduction des paroles; tout ce que j'en ai pu connaître se référait à la lune et à la mer. Quand les femmes eurent exécuté leur morceau, quelques hommes jouèrent de la flûte, c'est-à-dire soufflèrent dans deux petits roseaux attachés l'un à l'autre, en produisant des sons sans harmonie. Ces flûtes, le tam-tam et la trompe de guerre, cette trompe marine que l'on trouve dans toutes ces îles, composent tous les instruments de musique des *men Ambrym*.

La nuit était resplendissante et tiède, et nous l'eussions très volontiers passée à nous divertir des gestes et inventions de ces pauvres diables, s'ingéniant à satisfaire notre curiosité; mais notre excursion de la journée nous avait fatigués, de sorte que, sur les onze heures, nous prîmes congé de nos hôtes improvisés et regagnâmes l'embarcation, non sans une nombreuse escorte d'indigènes. De retour à bord, je vous laisse à penser si je goûtai un profond sommeil. Le lendemain, j'aperçus les indigènes qui venaient dès le matin procéder à leurs ablutions quotidiennes. Chaque matin, en effet, ils se baignent, se gargarisent consciencieusement d'eau salée par mesure d'hygiène, se nettoient les dents avec la coque de la noix de coco; aussi possèdent-ils une denture superbe. Puis ils rentrent dans leurs cases, s'oignent d'huile de coco qu'ils parfument, surtout dans le nord, avec l'essence de certaines fleurs et plus souvent encore avec le bois de santal. Hommes et femmes, vieillards et enfants, se lavent pêle-mêle dans cette grande cuvette, la mer!... Cette propreté, jointe à la sobriété et au régime de nourriture, contribue beaucoup à procurer à ces indigènes l'excellente santé dont ils jouissent; en effet, ils sont généralement bien portants, vivent très vieux, droits, n'ayant perdu que peu de cheveux et ayant les dents plutôt usées que gâtées.

Je n'ai rencontré dans aucune île de cas d'*éléphantiasis*, maladie si répandue cependant dans ces parages, si commune aux îles Marquises, à Taïti et à Nouméa.

Curieux d'assister de loin au spectacle divertissant que nous offraient les *men Ambrym*, je voulus prendre ma jumelle, quand tout à coup, ne la retrouvant plus, je me rappelai que je l'avais imprudemment emportée la veille au soir, et j'en conclus logiquement qu'on me l'avait volée.

Sur ces entrefaites, le capitaine me fit part de son projet d'aller déjeuner à terre, y emportant les vivres nécessaires.

Comme la veille, les indigènes nous prêtèrent leurs dos pour débarquer; pendant cette opération, nous passâmes à côté de plusieurs pirogues montées par des pêcheurs à la ligne. Le temps était un peu orageux et invitait presque à ce délassement. J'avais déjà cru remarquer chez les *men Ambrym* un grand penchant pour cette occupation; ils nous demandaient plus souvent qu'ailleurs des hameçons dans nos échanges, reconnaissant sans doute la supériorité de notre fabrication. Ils en fabriquent eux-mêmes d'assez bons en nacre, double avantage, car le brillant de la nacre attire le poisson, qui la prend pour un appât, et la nacre est facile à tailler. C'est de cette substance que sont faits les couteaux, les herminettes, comme instruments, et, comme bijoux, mille objets de parure, témoignant d'une extrême adresse et d'une industrie assez développée.

Leurs lignes de pêche, leurs filets de tout genre, et il y en avait des quantités, étalés sur des bambous et séchant le long du rivage, sont tressés et noués avec autant d'art que ceux des plus habiles pêcheurs de nos ports. N'ayant pas de liège pour en faire un flotteur, ils le remplacent par des morceaux de bois blanc qui, ayant séjourné sur le rivage un certain temps, devient aussi léger; comme lest ils se servent, au lieu de plomb qu'ils n'ont pas, de cailloux roulés très pesants enfermés dans le bas des filets.

Ils chassent également à la flèche le gros poisson, et combien de fois n'ai-je pas été émerveillé de la prodigieuse habileté déployée par les jeunes indigènes dans ce genre d'exercice!

Les cordes à l'usage des lignes et des filets sont de deux sortes, fabriquées : l'une avec les fibres extérieures de la coque des noix de coco, c'est la plus forte; l'autre, plus faible, faite avec l'écorce extérieure du *foon*. La corde de leurs arcs se compose des boyaux de gros poissons séchés au soleil ou dans les cases au-dessus des foyers.

Nous gagnâmes la tribu comme les jours précédents et y reçûmes le même accueil. Nous prévînmes immédiatement que l'un des coffres renfermait notre déjeuner, et priâmes Amenoto de le recommander, ainsi que le Malabar Samy qui s'était déjà faufilé parmi les indigènes, en vue de trafiquer et d'acheter des armes et autres curiosités.

A peine étions-nous sur les nattes que de jeunes boys grimpèrent avec l'agilité du singe au sommet des cocotiers les plus proches et en firent pleuvoir les fruits, puis redescendirent avec la même agilité. Si d'autres indigènes ne s'en étaient pas déjà emparés, ils ramassaient les noix, enlevaient d'abord avec leurs dents l'écorce tenace, et en faisaient sauter avec une pierre l'extrémité. Ils nous offraient alors leur récolte dont nous n'avions plus qu'à aspirer la fraîche et bienfaisante liqueur. Je me suis plu bien des fois à les voir ainsi suspendus à l'extrémité d'une branche; un seul pied leur suffisait à garder l'équilibre, tandis que, les bras tendus, ils saisissaient et détachaient les fruits. Certes, n'ayant jamais été atrophiés par la chaussure, leurs pieds sont très larges; leurs doigts, loin d'être paralysés comme chez nous, restent libres, dégagés, très mobiles. En résumé, ces pauvres Kanacks sont de véritables *quadrumanes*.

Après avoir savouré à notre aise la liqueur du coco, nous continuâmes notre visite, désireux de connaître le plus possible les us et coutumes de la tribu, où nous étions déjà de vieilles connaissances, car partout on nous appelait par nos noms et nos fonctions distinctives. Mais une triste surprise nous y attendait. Le matin, paraît-il, un petit combat avait eu lieu entre la tribu voisine et celle de nos amis, combat sans complication, il est vrai, ayant pour source la jalousie d'autres *men Ambrym*, irrités de ce que nous avions si longtemps séjourné dans la tribu d'Amenoto sans visiter la leur. Il semble qu'entre tribus il existe, sous ce rapport, une véritable police destinée à les tenir respectivement au courant des événements survenus chez le voisin. Dans cette escarmouche, l'un des indigènes de la tribu d'Amenoto avait été blessé par une flèche barbelée dont la pointe était restée sous les côtes. Nous demandâmes à le voir, prêts à lui prodiguer nos soins et à faire notre possible pour le guérir d'une souffrance dont nous étions la cause involontaire. On nous conduisit près de lui dans une case spéciale.

Là nous trouvâmes un jeune indigène à l'air moins sauvage que ses frères; sur sa figure la méditation avait gravé des signes d'intelligence : c'était le médecin de la tribu !... Il n'avait pour instruments de chirurgie, auprès de lui, qu'un morceau de bambou, un éclat de coquille très finement usée, et plusieurs grosses côtes de feuille de cocotier. Sans s'intimider de notre présence, sans paraître même y prendre garde, tout entier à son œuvre, il commença l'opération. Il fit avec le morceau de bambou, entre les deux côtes, une entaille d'environ 8 à 10 centimètres de longueur, assez large pour y mettre l'index et le pouce. Quand il eut saisi la pointe de la main gauche, il y attacha avec la droite une espèce de fil; puis, en se servant de deux doigts de cette dernière main seulement, il écarta les chairs et tira la tête de la flèche. L'opération demanda deux minutes, et l'habileté de l'opérateur nous prouva que, malgré sa jeunesse, il n'en était pas à ses débuts. Je

Indigène d'Ambrym.

partageais mon admiration entre le médecin et le patient. Le malheureux n'avait poussé aucun cri ; il perdit cependant connaissance, mais revint presque aussitôt à lui. On le fit alors aspirer fortement et à plusieurs reprises l'odeur de certaines plantes.

L'opération terminée, le médecin introduisit dans la plaie une feuille de bananier enduite d'huile de coco, puis il nous fit signe de nous retirer afin qu'on pût transporter l'opéré dans une autre case où il pourrait reposer tranquillement. Le transport s'effectua sur un brancard formé de branches vertes, et au petit trot, comme si la vie du malade eût dépendu de la promptitude à le transporter. Faisant des vœux pour son rétablissement, nous continuâmes notre excursion et nos observations.

A l'aspect d'une foule d'indigènes qui semblaient assiéger une case, nous nous dirigeâmes de ce côté. Après le médecin, le *frater;* nous pûmes nous convaincre que si les tailleurs font défaut, il n'en est pas de même des barbiers. Nous étions devant la boutique du figaro de la tribu. Voici comme il procédait : son rasoir se composait des valves d'une espèce particulière de coquillage. Il appliquait une coquille au-dessous d'une parcelle de barbe, et, plaçant la seconde au-dessus, il réussissait ainsi à couper le poil très près de la peau. Cette opération est longue, mais non douloureuse, à ce qu'il m'a semblé du moins, car, malgré mon amour de la vérité, vous me pardonnerez, cher lecteur, de n'avoir point confié ma tête aux doigts de *Messer Figaro*. Un autre frater était occupé à la taille des cheveux, et se servait de deux petits éclats de bambou, coupant aussi bien que des ciseaux ; je vous ai dit comment s'opérait la coupe, mais j'oubliais de vous parler des formes adoptées selon le rang ou l'âge. Jusqu'à vingt ans, ils se rasent entièrement et gardent la chevelure en couronne, c'est-à-dire rasée sur les côtés et dans le cou. A vingt ans jusqu'à trente et même quarante ans, ils portent le collier, jamais la moustache. A partir de quarante ans, ils conservent la barbe entière et longue. Est-ce pour paraître plus imposants? cela s'accorderait assez avec le respect dont les Kanacks entourent la vieillesse, respect qui trop souvent leur tient lieu d'affection. Amenoto lui-même, mon fidèle et brave Amenoto, partageait en cela la légèreté de ses compatriotes : il me parlait, sans la moindre peine, du jour où, son père *matamoé* (1), il deviendrait chef de tribu en vertu de l'ordre de succession établi chez eux. Et cependant cet être, si insensible aux affections de la famille, avait le dévouement du chien dans son amitié. L'amour brutal est peut-être le seul sentiment dont ils soient encore capables, si j'en juge par la jalousie avec laquelle ils gardent leurs *popinées*.

Nous touchions au quartier des femmes et nous crûmes devoir les honorer de notre visite. A notre aspect, elles ne s'enfuirent plus comme la veille : ces dames commençaient à s'apprivoiser.

Presque toutes étaient tatouées légèrement; mais, si nous voulions nous approcher pour en examiner les dessins, elles se renversaient en arrière en poussant des *houé* de frayeur.

Toutes ces popinées portaient des colliers, des boucles d'oreilles d'écaille de tortue, etc.; chaque année semblait avoir ajouté son contingent à ces ornements, ce qui permettait aux plus vieilles de cacher leur laideur

(1) *Matamoé*, mort. Ce mot a de la ressemblance avec le mot taïtien ayant la même signification.

sous des monceaux de bijoux, pendants de nez ou d'oreilles, colliers ou brassards. Je devrais, par égard pour l'âge, ne pas parler du dégoût qu'inspire la vieille femme dans ces parages...; rien de hideux comme ces êtres aux seins autrefois pleins et ronds, aujourd'hui décharnés.

Nous en rencontrâmes quelques-unes revenant de la montagne. Ces malheureuses courbaient sous le poids de leur fardeau. La plupart, à notre aspect, abandonnèrent leur charge pour s'enfuir dans la brousse, probablement parce que leurs mains embarrassées ne pouvaient cacher leur poitrine. Je pris la natte de l'une d'elles, elle était remplie d'ignames, et si lourde qu'à peine eus-je la force de la soulever. D'autres popinées revenaient de la pêche et, aussitôt rentrées, s'occupaient de la cuisson, faisaient griller des coquillages et des homards qu'elles distribuaient ensuite aux hommes et aux enfants. Elles avaient toujours soin de leur réserver les pattes et la queue et se contentaient du corps qu'elles avalaient sans grand appétit.

Les enfants de tout sexe et de tout âge pullulaient autour de nous. J'aimais aussi à les voir sur leurs pirogues; courbant leur petit corps qui fléchit à la peine, ils promènent mollement leurs pagaies et semblent dormir en effleurant la surface de l'eau. Vont-ils au jeu, ils se poursuivent dans la mer, sur le rivage, dans les buissons, dans les arbres; ce ne sont que bonds et cris pendant des heures entières. Ces exercices favorisent le développement de leurs membres et leur préparent une jeunesse exubérante de vie et de santé.

Poursuivons notre promenade.

Nous nous dirigeâmes sur la gauche de la tribu, sans toutefois nous engager dans le bois. Là, nous reconnûmes les mêmes richesses que dans nos précédentes excursions : le nari, les bananiers, les cannes à sucre, les cocotiers, l'arbre à pain, etc.

Au fond du quartier des femmes, à une centaine de mètres, nous aperçûmes plusieurs petites cases destinées à servir de refuge aux malades. On nous montra même celle où était renfermé le blessé à qui nous avions vu extraire une flèche ; toutefois on ne nous permit pas de le visiter. D'une apparence plus médiocre que celles des indigènes, ces petites cases sont brûlées aussitôt qu'évacuées par le malade, mort ou guéri.

Derrière cet *hôpital-baraque* prend naissance un sentier conduisant à l'endroit où ils portent leurs morts. J'aurais été très désireux de visiter ce lieu, mais on nous l'interdit. Je dus donc me contenter de renseignements oraux qui me furent donnés, du reste, avec complaisance. Les *men Ambrym* ont une grande vénération pour leurs morts et les pleurent pendant plusieurs semaines. Les personnes en deuil, c'est-à-dire les indigènes de la même case, s'abstiennent d'igname et de porc pendant un an.

Ils pratiquent plusieurs modes de sépulture.

A *Ambrym* et à *Erromango*, on transporte le défunt dans une espèce de grotte, l'y plaçant debout, attaché sous les bras. Dans d'autres îles on l'étend sur des bambous. Le plus souvent le caveau se trouve au bord de la mer dans un endroit isolé dont la surveillance est facile. Ce sont les femmes qui veillent les morts. Les exhalaisons des chairs putréfiées ne les empêchent point d'aller chaque jour oindre d'huile de coco les froides reliques de leur affection, et elles ne les abandonnent que le jour où le cadavre est réduit à l'état de squelette.

Mais ce respect et cette vénération s'arrête à la chair, et il n'est pas rare de voir ces sauvages employer les os de leurs aïeux à la confection des flèches et des sagaies dont ils trempent la pointe dans la chair en décomposition en y mêlant le suc d'une plante extrêmement dangereuse. Les blessures de ces flèches ainsi empoisonnées ne pardonnent jamais. C'est atteints par l'une d'elles que moururent, il y a peu d'années, en dépit des soins les plus empressés, l'infortuné commodore *Goodenough*, et plusieurs hommes de son équipage. Ni cautérisation ni amputation ne sauraient apporter quelque remède ou même quelque adoucissement aux horribles souffrances du malheureux atteint par la flèche fatale.

Cependant des indigènes de *Tanna* et d'autres îles m'ont affirmé qu'il existait une plante capable de servir de contrepoison ; jamais cependant je n'ai pu parvenir à leur arracher leur secret, ni me procurer cette herbe salutaire.

Au retour de notre excursion, le capitaine me quitta. Je tins à rester encore parmi de si chaleureux amis ; bien mauvaise inspiration, comme vous le verrez tout à l'heure ; mais n'anticipons pas sur les événements. Je me reposais donc seul, quand une grande rumeur vint frapper mes oreilles. On venait de découvrir le voleur de ma jumelle ; on m'amenait ce pick-pocket garrotté et l'on m'annonça que son vol serait puni de la peine de mort.

Je priai Amenoto de ne pas faire exécuter la sentence, mais en vain. — *Papa à moi l'a dit !* — Dans l'espoir de sauver ce misérable, je retournai trouver le vieux chef ; il demeura inflexible, et son aspect devint si terrible que je n'osai plus insister. Cela eût été, du reste, inutile, car le condamné avait été entraîné et subissait peut-être déjà son supplice ; terrible expiation que j'ai encore le regret de n'avoir pu lui épargner.

Rentré en possession de ma longue-vue, j'allai présider au chargement des approvisionnements que nous avions commandés : porcs, volailles, fruits, etc. Cela me procura le plaisir d'assister à une véritable chasse à la poule. Bien qu'à l'état domestique, elles sont tellement difficiles à attraper que les indigènes ont dû y remédier par une espèce de filet analogue aux épuisettes qui servent chez nous aux enfants pour capturer les papillons. Mais, tandis que je m'amusais à voir ces diables noirs poursuivant ainsi les gallinacées qui souvent leur faisaient la nique, je crus m'apercevoir qu'il se passait quelque chose d'extraordinaire autour de moi, et j'eus le vague soupçon que je pouvais bien en être la cause. Peu rassuré et craignant aussi d'en être la victime, je feignis une tranquillité qu'intérieurement je n'avais guère et interrogeai mon fidèle Amenoto, sans obtenir de lui autre chose qu'un malin sourire pour toute explication. J'étais sans armes et seul ; une certaine appréhension me saisit. Vainement je me rappelais toutes les occasions où nous nous étions mis, pour ainsi dire, à la merci de ces sauvages, vainement je me souvenais des marques d'amitié que l'on m'avait jusque-là prodiguées. Leur contenance me donnait à réfléchir, et cependant il me répugnait de soupçonner de trahison mes amis de la veille. Tout à coup Amenoto s'avance me menaçant des insignes royaux ; je dis me menaçant, bien qu'il me les offrît, car, pour devenir plus touchante, la perspective n'était pas pour moi beaucoup plus gaie. Il ne fallait pas espérer me dérober à tant d'honneur, je feignis donc de me prêter à la fantaisie de mes nouveaux sujets et, comme ils riaient, je me mis également à rire. En un clin d'œil on dépouille

Ma Majesté de sa chemise et de sa mauresque (1). Me voilà nu, et je riais de me voir ainsi devenu leur égal à l'état de nature, avant d'être revêtu des marques de ma souveraineté. L'investiture a bientôt lieu : on me ceint les reins d'une guirlande de plantes odoriférantes, on m'attache les cheveux, avec des cordons de poil de roussette, on y fiche des peignes ornés de plumes de toutes couleurs. Je les laissai faire avec une patience admirable, bien résolu à la première occasion à abdiquer ma souveraineté, beaucoup plus compromettante, ma foi, que celle des deux Russies, et dressai mon plan de campagne pour échapper à ces nihilistes bons enfants qui pouvaient devenir d'un instant à l'autre des enfants terribles. Quand ils m'eurent *enkanackisé* à leur idée, suffisamment bariolé les joues, la poitrine, de couleurs rouges et noires, je tins à Amenoto à peu près ce discours :

Votre reconnaissance me touche, et j'accepte de grand cœur l'hommage que vous daignez me faire; mais j'ai laissé à bord toute ma fortune, surtout ma poudre, mes fusils, mes haches, toutes choses qui seront un jour de la plus grande utilité pour mon peuple. Venez les chercher avec moi ; mon *taïo*, je partirai dans ta pirogue et tu me ramèneras toi-même ; et, pour donner plus de poids à mes paroles, j'oubliai à dessein ma chemise, mon salako, voire même ma jumelle que j'aurais tant voulu emporter.

Mon discours fût suivi de frénétiques applaudissements. Je sautai dans la pirogue avec un empressement que tout lecteur comprendra ; je m'emparai d'une pagaie et manœuvrai avec une habileté dont je ne me serais pas

(1) *Mauresque* : espèce de pantalon à coulisse, très large et très léger.

cru capable. Je vous laisse à penser quelle stupéfaction à bord du *Tanna* quand j'y montai dans tout mon attirail royal : on me crut atteint de fièvre chaude. Je me présentai moi-même en ma qualité de chef d'Ambrym, et d'un clignement d'yeux je mis le capitaine au courant de la situation, après quoi je le priai de me livrer plusieurs bouteilles de grog. Nous en fîmes sauter immédiatement les bouchons et je versai à ceux de mes sujets qui m'accompagnaient de larges rasades pour fêter *aperto* ma royauté, et *in petto* ma délivrance. Puis, le tableau changeant de face, je dis à Amenoto que je restais à bord, mais que je reviendrais bientôt avec ma famille.

Pauvres amis, ils m'attendent encore ! Il me répondit naïvement : « *Toi grand chef Ambrym, beaucoup popinées jolies, pas besoin femmes blanches.* » Bref, nous dûmes presque nous fâcher pour lui faire comprendre que nous allions lever l'ancre et qu'il lui fallait retourner dans sa tribu.

Il partit, m'obligeant à lui jurer que je reviendrais ; et, certes, si la France se décide enfin à annexer les Nouvelles-Hébrides, je n'aurai rien de plus à cœur que d'accomplir scrupuleusement mon serment. Après cette petite comédie, craignant de la voir tourner au tragique, nous abandonnâmes les provisions préparées et restées à terre, et quittâmes cette belle île d'Ambrym où nous avions tant vu, tant étudié, et où l'on nous avait accueillis avec une si généreuse hospitalité.

La brise qui nous poussa au large ne permit pas aux pirogues qui venaient de quitter le rivage de nous atteindre, et nous les perdîmes bientôt de vue.

Nous côtoyâmes la côte ouest de très près jusqu'à la hauteur de la pointe *Dip*, pour mettre de là le cap sur l'île Pentecôte.

Nous passâmes devant deux excellents mouillages, l'un au nord de la pointe Dip, l'autre appelé *Rodds anchorage* sur les cartes anglaises, au sud de la pointe nord de l'île. A l'extrémité nord se trouve un récif d'une petite étendue. Avant la nuit, nous nous trouvions dans le canal qui sépare Ambrym de l'île Pentecôte, canal qui a environ 3 à 4 kilomètres de largeur.

Nous nous dirigeâmes dans le sud de Pentecôte, où une pointe basse forme un excellent mouillage.

. . . .
. . . .

La Société a aujourd'hui un agent à Ambrym chargé d'y échanger le plus de cocos qu'il lui est possible, pour y fabriquer du coprah. Le même agent s'occupe également, pour le compte de sa Société, de la pêche de la biche de mer, qui se trouve en assez grande quantité, surtout sur la côte ouest. Prochainement aussi on compte en exporter le soufre pour le traitement du nickel en Nouvelle-Calédonie ; il ne sera peut-être pas aussi facile à exploiter qu'à Tanna, mais grâce au caractère pacifique des indigènes, cette facilité se trouvera largement compensée et la production ne sera guère moins abondante.

PENTECÔTE

(*Aragh*)

Latitude sud, 16°1'.
Longitude est, 165°26'.
Circuit, 40 kilomètres environ.
Découverte en 1768 par Bougainville, reconnue par Cook en 1774 ; c'est une terre de hauteur considérable couverte de forêts, à l'exception des terrains cultivés,

qui y sont assez nombreux. Les habitants paraissent d'ailleurs plus travailleurs à Pentecôte que dans les autres îles; la culture semble leur principale occupation.

Dès le matin à l'aurore une foule d'indigènes se portèrent vers le *Tanna*, les uns en pirogue, les autres à la nage. Pour la première fois depuis notre entrée dans l'Archipel les naturels nous saluaient du cri de *Taïo*, *Taïo* (ami, ami). Bientôt nous procédâmes avec eux aux échanges; j'en profitai pour étudier leurs corps et leurs parures. Ils se rapprochent des insulaires de Mallicolo par le physique et le costume, si l'on peut appeler de ce nom leurs pendants d'oreilles et de nez, leurs bracelets et leurs bandelettes. Au moral, ils me parurent assez honnêtes, car ils nous livraient leurs articles, laissant à notre bonne foi le soin d'en fixer le prix. Les quelques femmes qu'il nous fut donné d'apercevoir dans les pirogues me semblèrent plus laides que celles d'Ambrym.

Peut-être serais-je revenu de cette première impression, si j'avais pu voir celles qui étaient demeurées à la case, mais comme nous n'avions aucune affaire qui nous retînt dans cette petite baie, où nous n'avions jeté l'ancre que pour nous permettre d'éviter les brisants de la côte ouest, nous dûmes la quitter presque aussitôt. A peine en étions-nous sortis que nous en rencontrâmes une autre formant la pointe sud-ouest de l'île; nous l'évitons sans trop nous éloigner de la côte pour monter dans le nord. A quelques kilomètres nous distinguions la blanche écume de la pointe de l'Écueil, puis à une très faible distance la pointe *Toad-Stool* (faux champignon), et, à quelque distance de cette dernière, nous apercevions une chute d'eau semblable à un filet d'argent descendant de la montagne, puis une bande de récifs d'une assez longue étendue et une splendide et puissante cascade d'une hauteur considérable, ombragée de cocotiers et flanquée de plantes aux feuilles ornementales. Encore un récif à passer, et, comme par enchantement, après avoir longé une côte recouverte de superbes montagnes s'élevant de la mer avec une magnifique courbure, nous nous trouvons dans une jolie baie assez profonde appelée *Steep Cliff bay* (baie du rocher escarpé).

Comme dans celle où nous avions mouillé dans le sud de l'île, les indigènes vinrent en foule à bord. En examinant leurs pirogues qui toutes étaient des pirogues simples, je remarquai que chacune ne portait qu'un couple, homme et femme. La polygamie serait-elle inconnue à Pentecôte, et devrait-on attribuer au tempérament, à l'esprit agricole, ces apparences de ménages? Je serais tenté de le croire. A Pentecôte, en effet, l'homme ne rougit pas d'aider la femme aux champs, il la traite non en esclave, mais en compagne.

Du moins il en est ainsi dans les tribus du rivage; peut-être en est-il autrement à l'intérieur. Car, dans toutes ces îles, il ne faut pas oublier ce qui a été dit sur la distinction entre *man salt water* et *man bush* (l'homme de la mer et l'homme de la broussaille.)

Or nous avions précisément à bord, un *man bush* : le déposer au rivage, c'eût été le condamner à mort. « *Moi pas taïo, pas taïo de la tribu salée,* » nous disait ce malheureux. « C'est bien d'ici que je suis parti, car ils m'avaient enlevé pour me vendre, et j'avais dû m'y soumettre pour ne pas être mangé par eux. »

Nous engager nous-mêmes dans l'intérieur, c'était courir au-devant de la mort. Nous faudrait-il donc abandonner ce malheureux à son destin ? Tout en réfléchissant à nous tirer de cet embarras, j'interrogeai ce pauvre diable sur la manière dont s'était opéré son engagement. Voici sa navrante histoire. Il se trouvait un jour avec sa femme à travailler à sa plantation, heureux de la vie conjugale, rêvant à la prospérité de sa famille, quand tout à coup une invasion de *men salt water* fondit comme un ouragan sur son bonheur : garrotté, emporté jusqu'au rivage, il fut conduit à bord d'un navire en station et présenté comme un indigène désireux de contracter un engagement. Impuissant à expliquer l'odieuse violence dont il était victime, le malheureux, sachant bien quel sort lui était réservé s'il ne partait pas, malgré son amour et ses regrets pour sa famille et sa tribu, s'efforça de paraître accepter avec joie, et le capitaine fut dupe de ce jeu dramatique.

A ce sujet permettez-moi, chers lecteurs, de vous exposer la manière presque burlesque, si elle n'était pas si triste, d'effectuer les engagements.

Tout d'abord je dois vous dire, et cela nous servira peut-être d'excuse à nous Français, que nous l'avons empruntée à nos bons amis les Anglais, comme on le sait passés, maîtres en jésuitisme humanitaire. Lisez et jugez !

Un navire reçoit-il à son bord un indigène amené, car notez bien qu'il n'y va jamais seul, mais est toujours accompagné de plusieurs autres à qui l'on remet les objets d'échange, et qui font semblant de se lamenter comme au départ d'un ami, quand même ils livreraient la victime d'un rapt, exemple pris de notre *man bush* de Pentecôte. Alors c'est ici, lecteur, que j'appelle votre attention et provoque votre jugement : une fois à bord on fait signer au futur travailleur, au moyen de trois ignames, préparées à cet effet, qu'il part pour la durée de leur croissance, c'est-à-dire trois ans, sous la condition d'un retour gratuit; puis on ouvre devant lui, avec toute la gravité usitée dans les études de notaire, un registre dont les pages sont parfaitement encadrées d'un état indiquant et l'île et la baie, suivant les indications de la carte. On les remplit en ayant soin de désigner l'âge approximatif, le sexe, le nom de l'engagé, en un mot son signalement et son état civil; puis on l'invite, n'allez pas rire ou vous indigner, puis, chers lecteurs, on l'invite tout simplement à signer. A signer, un sauvage! Pourquoi cet étonnement? Ne peut-on lui conduire la main pour apposer à cet acte sa croix, de par Dieu! Il est vrai, n'est-ce pas, que pendant qu'on y était, on aurait bien pu pousser le formalisme jusqu'à lui faire griffonner une signature authentique. O Molière! que penses-tu de semblables tartufes? Voilà le règlement exécuté à bord par les navires de Sa très gracieuse Majesté Britannique. Bien plus, voilà le règlement que la sage, l'humanitaire Albion contraint les autres puissances à suivre, sous peine d'être accusées de trafiquer de la chair humaine. Pour s'assurer qu'on n'y a pas forfait, les vaisseaux de guerre qui croisent continuellement dans ces parages s'arrogent le droit d'envoyer un officier et plusieurs matelots visiter tous les navires, fussent-ils marchands ou de plaisance, et d'y opérer une véritable inquisition. Jusqu'ici ces messieurs ont pu se convaincre que jamais équipage français ne s'est adonné à l'achat de ce « *bois d'ébène* », et qu'il n'en est malheureusement pas de même de leurs compatriotes.

Nous avons personnellement eu mille occasions de constater la haute délicatesse avec laquelle les capitaines anglais exécutent de véritables rafles d'indigènes, ou achètent à coups de mitrailles le bois de santal aux pauvres Kanacks, heureux protégés de Sa très gracieuse Majesté l'Impératrice des Mers.

Le pauvre diable de *man Pentecôte* était donc là à bord devant son île, aspirant à pleins poumons l'air embaumé de la patrie, reconnaissant les pics, les montagnes qui recélaient sa tribu ; mais comment y parvenir ? comment traverser la tribu ennemie qui jadis l'avait enlevé et vendu ? Pour le tirer de ces réflexions désolantes, je lui demandai ce qu'était devenue sa popinée ravie avec lui : « *My no savais,* » me répondit-il ; elle avait été aussi vendue à quelque négrier. Mais ce souvenir le laissait assez froid. Son unique préoccupation pour l'instant consistait à transporter sans encombre son coffre très bien rempli à sa case, dans l'intérieur de de l'île : « *My partir quand il fera nuit, à la nage, prendrai brousse, gagnerai ma tribu d'où ramènerai taïo à moi et viendrai chercher mon coffre.* » Le capitaine, à qui je communiquai ce projet, l'approuva, et tous deux nous fîmes des vœux pour la réalisation de l'entreprise, car le caractère assez doux du pauvre diable nous l'avait rendu sympathique.

La baie où nous nous trouvions alors abondait en poissons ; nous résolûmes d'aller y jeter une torpille, sans songer au proverbe : *Qui trop embrasse mal étreint.*

A peine la torpille eut-elle fait bouillonner l'onde que, pêche vraiment miraculeuse, une multitude de poissons étourdis montèrent presque à la surface de l'eau, et les indigènes de l'embarcation n'avaient qu'à plonger pour remonter, les mains et aussi quelquefois la bouche chargées de proie. En quelques minutes notre embarcation étant prête à sombrer sous le faix, nous dûmes regagner le bord. Tout à coup, malgré le calme de la mer et la sérénité du ciel, les pirogues qui nous entouraient abandonnèrent la pêche et firent force de pagaies vers la plage. Quelle pouvait être la cause d'une retraite si précipitée ? Nous ne tardâmes pas à l'apprendre !

Tandis que nous nettoyions le poisson et l'encaissions dans de petits barils sur un lit de sel, des pirogues doubles, cette fois, prirent la mer, portant de nombreux guerriers armés jusqu'aux dents, et, derrière, dans la broussaille, le *tam-tam* jetait ses sons lugubres, comme un tocsin, appelant au combat tout naturel en état de prendre les armes. Nous n'eûmes que le temps de nous mettre sur nos gardes, de hisser nos embarcations et de charger nos fusils.

Trois grandes pirogues montées par une quarantaine d'hommes, l'arc tendu, et conduites par des femmes se dirigeaient sur nous. Les couchant immédiatement en joue, sans toutefois tirer, nous laissâmes accoster la première pirogue qui se présenta.

Heureusement nous avions encore avec nous notre homme de l'intérieur, il nous évita en cette occasion un conflit qui aurait pu facilement tourner en un désastre, car le *Tanna*, on le sait, n'était pas un vapeur qui pouvait fuir en lâchant ses bordées : notre navire à voiles aurait dû essuyer, pour appareiller, un déluge de flèches, et les matelots grimpant desserrer les voiles seraient infailliblement tombés sous leurs coups. L'interprète se mit à parlementer : surpris d'entendre parler leur langue, les indigènes modérèrent leur courroux ; se concertant entre eux, ils détachèrent un des leurs à l'avant de la pirogue. Celui-ci nous tint à peu près ce discours : « Pourquoi avez-vous jeté un sort sur les

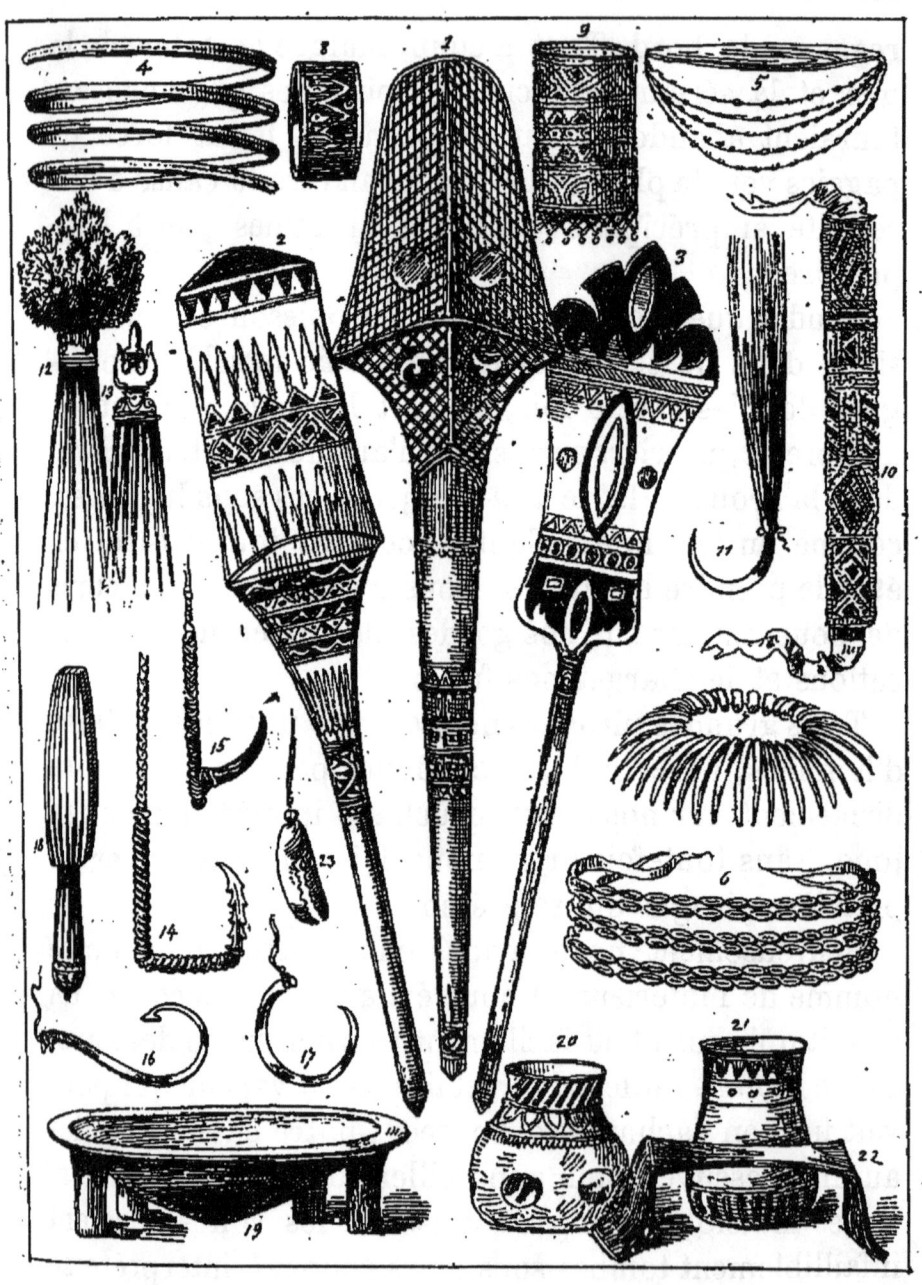

Nouvelles-Hébrides. — 1, 2, 3, pagaies; 4, 5, 6, ceintures; 7, collier; 8, 9, bracelets; 10, ceinture; 11, touffe de cheveux ornée d'une dent de cochon sauvage; 12, 13, peignes de bambou; 14, 15, hameçons en nacre; 16, hameçon en écaille de tortue; 17, dent de cochon sauvage servant de bracelet; 18, battoir; 19, écuelle en bois; 20, 21, poteries; 22, appuie-tête ou oreiller.

poissons de notre pays? La vague en rejette de grandes quantités sur le rivage ; voulez-vous nous empoisonner? Que nous soyons dédommagés sur-le-champ, sinon vous ne quitterez plus cette baie, nous vous tuerons et vous dévorerons. » Sachant à quel excès peut les porter leur esprit superstitieux et défiant, nous fîmes répondre : Que nous consentions à ce qu'une petite pirogue montée par quelques hommes seulement et sans armes vînt à bord fixer avec nous la valeur du dommage que nous étions prêts à réparer. Les trois grandes pirogues regagnèrent alors le rivage. La tribu entière s'assembla et après la délibération une pirogue simple avec quatre hommes revint vers nous. Ils montèrent à bord avec un air plutôt craintif qu'agressif. Celui qui avait parlementé avec notre passager et que nous n'eûmes pas de peine à reconnaître pour le chef de la tribu, indiqua qu'il voulait des haches, des clous (c'était la première fois que l'on nous demandait ce dernier article), de la poudre, etc.

Nous cherchâmes en vain à faire comprendre à cet étrange chef que le poisson n'était pas empoisonné puisque nous allions en manger, il se voila les yeux et ne voulut rien entendre.

Aussi leur donnâmes-nous ce qu'ils exigeaient et vîmes-nous avec plaisir s'éloigner le chef et ses hommes. Dès qu'ils furent partis, nous appelâmes notre passager pour l'avertir de ce que nous avions l'intention de faire en vue de faciliter son retour : nous lui devions bien cela en échange de l'immense service qu'il venait de nous rendre.

Le soir approchait, la brise soufflait, et nous aurions été bien favorisés pour gagner l'île Saint-Barthélemy, située à l'ouest de l'endroit où nous nous trouvions, si la reconnaissance ne nous eût fait un devoir d'attendre la nuit pour débarquer notre pauvre passager. Le capitaine recommanda à l'équipage la plus grande vigilance, craignant les rancunes canaques ; les indigènes pouvaient en effet se raviser et la nuit essayer de nous surprendre : n'était-ce point ainsi que le capitaine d'un navire anglais de *Maryborough* avait failli être dévoré, avec son équipage.

Un homme averti en vaut deux ; nous veillâmes donc et attendîmes la nuit pour débarquer le coffre de notre passager. Je faisais avec Mac partie de cette petite expédition ; la nuit, moins noire qu'en Europe, était sans lune, nous distinguions cependant à la surface de l'eau une tache mobile, c'était le *man bush* qui, parti à la nage avant nous, revenait nous avertir que le rivage était libre. Nous n'accostâmes pas, ignorant si, près du bord, ne se rencontrait pas quelque traître rocher sur lequel aurait pu se briser notre embarcation. Deux des rameurs se mirent à l'eau jusqu'à la ceinture pour transporter le coffre.

Rien ne me plaisait comme cette corvée mêlée de crainte et de délices. J'aurais bien volontiers accompagné *Hopo* dans sa tribu à travers la broussaille, mais je ne devais pas compromettre l'expédition du *Tanna*, il me fallut me contenter d'offrir à notre ami un verre de rhum en lui souhaitant bonne réussite.

Rien ne troublait la nuit profonde, pas le moindre bruit, la tribu des *men salt water* était plongée dans un sommeil de plomb, ne se doutant pas que nous participions au salut d'un de ses ennemis. Nous regagnâmes le navire très doucement, les mains pendantes et plongeant dans l'eau encore chaude des rayons du soleil. Combien les plus belles nuits de Venise, cependant si vantées, restent au dessous de ces nuits tropicales aux Nouvelles-Hébrides !

Le lendemain, à la première heure, nous levâmes l'ancre, et notre première attention fut de nous jeter sur nos longues-vues pour découvrir le point où nous avions déposé le *coffre*. Une branche verte de cocotier, piquée dans le sable, signal dont nous étions convenus, nous apprit la réussite du plan de notre passager. Ce dont nous eûmes tous le cœur soulagé, car nous avions, autant par reconnaissance que par charité, épousé sa cause.

Notre ancre était déjà amenée à bord, et les voiles, commençant à se gonfler, poussaient le navire au large.

Nous aperçûmes en plein la côte nord-ouest, la partie riche de Pentecôte et complètement dépourvue de montagnes. Cette position qui serait très propre à la culture porte sur les cartes anglaises le nom de *landing-point*, c'est-à-dire, pointe propre à l'atterrissement.

Nous allâmes mouiller dans la baie de la falaise, que nous quittâmes à la pointe du jour, cinglant vers l'île Saint-Barthélemy. Ambrym et Mallicolo restaient encore en vue, et par suite d'une brise sud-ouest nous dûmes tirer quelques bordées pour nous approcher du but de notre voyage. Vers 9 heures le calme se fit, probablement parce que Mallicolo nous abritait presque entièrement, et nous ressentîmes légèrement le courant qui paraît exister dans le détroit de Bougainville. Il nous fallut en effet nous maintenir avec nos voiles, une légère déviation nous poussant à l'est; nous n'avancions que difficilement.

Non sans maudire la brise, nous atteignîmes l'île Saint-Barthélemy où nous hésitâmes à nous arrêter. Le seul indigène que nous possédions de cette île aurait fort bien pu être conduit à terre en embarcation, tandis que le brick resterait en panne; mais après réflexion, comme la baie où nous nous proposions de le déposer se trouvait complètement masquée, afin de ne pas nous perdre de vue, le capitaine préféra relâcher.

SAINT-BARTHÉLEMY

(San Bartholomeo)

Latitude sud, 15° 17'.
Longitude est, 164° 27'.
Circuit, 25 kilomètres environ.

A été découverte en 1606 par Quiros, qui lui donna ce nom parce qu'il y mouilla le jour de la Saint-Barthélemy. Cette île gisant à 12 kilomètres environ de la pointe nord de Mallicolo et à 3 ou 4 de la pointe sud-est de Saint-Esprit, forme avec cette dernière le canal du Segond, se prolongeant jusqu'à la petite île *Aore* située au nord et dont elle n'est séparée que d'une faible distance. Elle forme avec Mallicolo le détroit de Bougainville. Les côtes sont d'une médiocre hauteur; à l'est elle semble se prolonger par trois petits îlots, entourés de récifs. C'est entre ces îlots et l'île que se trouve le seul et unique mouillage possédé par Saint-Barthélemy, encore serait-il peu prudent à un navire d'un fort tonnage de s'y aventurer. Des récifs bordent la côte sur tout son contour, excepté au sud-est, et au nord-ouest. En résumé Saint-Barthélemy n'a pas de port et n'a qu'une seule baie, celle où nous étions à l'ancre.

Les indigènes accoururent en foule; leur surprise nous porta à croire qu'ils n'étaient pas souvent visités par les navires, et leur inquiétude se traduisit tout d'abord par l'absence des *pil-ouït* de bienvenue et des pirogues marchandes. De notre côté, en raison du nombre considérable d'indigènes, nous hésitions à entrer en relation avec eux.

Les indigènes se décidèrent enfin à faire les premières avances. Mettant à la mer une grande pirogue, ils ne tardent pas à nous approcher, sans toutefois monter à bord ; nous les engageâmes à nous accoster, et après s'être de nouveau concertés, ils s'y résolurent. Par mesure de précaution sans doute, ces naturels sont restés armés jusqu'aux dents, d'arcs, de flèches, de casse-têtes, etc. Nous leur faisons préalablement déposer leurs armes dans la pirogue et ne laissons monter qu'une douzaine de guerriers seulement.

Je parlemente du mieux que je puis avec les indigènes de la pirogue, m'efforçant, mais en vain, d'échanger contre leurs armes ma verroterie. Ils ne consentent à me céder qu'un superbe bambou sculpté moyennant 3 verres de grog, leur liqueur de prédilection. De son côté le capitaine amuse le chef et ses compagnons et les promène à travers le carré. Tout à coup un cri strident retentit : craignant que l'ivresse eût tourné à la fureur, déjà je m'apprête à voler à mon rang de combat. Fausse alerte heureusement ! Un chef, notre hôte d'un moment, en visitant le carré, peu familiarisé avec l'usage des miroirs, s'est trouvé tout à coup en face d'une glace. De là une épouvantable frayeur ; car cet être si semblable à lui, qui répétait ses moindres mouvements, n'était-ce pas un esprit ?

Cet hercule noir tout tremblant, frissonnant, roulant des yeux hagards et tout à coup les fermant pour éviter une si terrible apparition, m'émouvait de pitié ; aussi lui fis-je donner l'explication de ce phénomène par l'indigène de sa tribu que nous avions à bord. Mais ce dernier a beau lui montrer les analogies de la réflexion par le verre et du mirage dans l'onde au bord d'un ruisseau, il ne se laisse convaincre qu'à moitié, et c'est un spectacle à la fois curieux et comique de le voir, hasardant un œil, mais non deux, voilant l'autre avec sa main, doucement, en tremblant, étendant la main pour toucher et reculant à l'instant effrayé par la reproduction de son geste, puis ouvrant la bouche, s'avançant de nouveau, palpant le coquillage qui ornait sa chevelure, exécutant enfin une foule de grimaces. Cette pantomime qui excitait le rire des matelots éveillait en moi une série d'observations philosophiques, tant sur la superstition qui désola les premiers âges de l'humanité que sur l'éducation des sens par le toucher. Probablement ce brave chef fit la paix avec l'esprit caché dans le verre, en le trouvant si docile à imiter ses moindres gestes, car il ne tarda pas à convier ses sujets à entrer à leur tour en communication avec le bon diable.

La crainte générale dissipée, indigènes de rire, mais du gros rire sot par lequel l'homme, impuissant à comprendre les forces de la nature, semble se moquer de sa propre raison. Pour mettre le comble à leur joie je fais une distribution de ces petites glaces rondes en zinc si communes en France. Et voulant étudier à mon aise les impressions de l'homme à l'état sauvage en face des découvertes de la civilisation, j'invite le chef à regarder dans une jumelle marine. Pauvre chef, il en serait certainement devenu fou, si le peu de culture de sa raison ne l'avait sauvegardé contre ces surprises et ces commotions violentes qui, chez un être de culture plus avancée, eussent détruit la notion des rapports entre les choses. J'en étais là de mes observations quand une seconde pirogue d'une vingtaine d'hommes, sans doute rassurés par le long séjour de leurs compatriotes, interrompit mon étude. Le philosophe céda le pas au voyageur, et, plus à même de découvrir en ces nègres le type de leur race, je me mis à faire la synthèse de leurs traits. De cette synthèse, il résulte que les Bartholomiens ne diffèrent guère des autres Kanacks de l'Archipel, exception faite cependant des Aobaniens.

Quant aux femmes, sont-elles belles comme à Aoba, hideuses comme à Mallicolo, je ne saurais le dire, car aucune des pirogues n'en portait, et eussions-nous eu le loisir de descendre à la tribu, nous n'en aurions pas aperçu. Un fait qui me parut très étrange, c'est que ces malheureuses non seulement ne cohabitent pas avec leurs maris, mais encore sont comme déportées dans un des trois îlots qui se trouvent en face. Chaque matin elles se rendent en pirogue à la tribu où elles viennent travailler, et au soleil couchant elles réintègrent leur lieu de résidence. Nous avions bien vu ce manège, sans y rien comprendre et sans pouvoir examiner la figure de ces recluses. D'un autre côté, nous n'aurions pas voulu nous exposer à violer ce gynécée, par crainte d'un double péril : blesser la susceptibilité des naturels, et nous exposer à nous briser sur les récifs environnant ces îlots où seules peuvent aborder les légères et dociles pirogues des indigènes.

Quelle raison a motivé une pareille relégation ? Cela reste pour moi un mystère.

Nous allions nous disposer à reprendre la mer quand l'indigène de cette tribu que nous avions rapatrié vint nous offrir d'opérer pour notre compte quelques engagements parmi ses compatriotes, ne demandant comme commission qu'un fusil. On le lui promit, à la condition qu'il nous amènerait ces travailleurs de suite, et nous refusâmes de lui avancer le fusil, car plus d'une fois nous avions été joués, notamment par un catéchumène

Indigène de Saint-Barthélemy.

protestant, faute d'avoir réfléchi qu'il avait étudié la duplicité près des missionnaires anglais.

Soit que le désir de posséder un fusil eût prêté à cet indigène une éloquence persuasive, soit que certains hommes de sa tribu eussent conçu le désir de s'engager, notre homme revint bientôt accompagné de quatre autres jeunes boys. Il était seul avec eux, il n'avait donc pas pu les enlever de force. Après avoir rempli les formalités prescrites, nous embarquâmes nos passagers et quittâmes l'île Saint-Barthélemy. A entendre notre intermédiaire, nous aurions dû attendre quelques jours encore, car de nombreux indigènes voulaient connaître Nouméa et auraient accompagné leurs compatriotes à bord. Mais le gaillard avait touché sa commission, nous craignions d'avoir affaire à des compères tout prêts à se sauver à la nage. En conséquence nous préférâmes lever l'ancre.

Mac m'avait beaucoup parlé d'une excursion qu'il avait faite en embarcation, à un de ses précédents voyages entre l'île Saint-Barthélemy et l'île Saint-Esprit, en longeant la côte est de Saint-Barthélemy.

Après bien des hésitations, le capitaine nous permit de la renouveler. Il fut convenu qu'il appareillerait pour la côte sud de Saint-Esprit, où il irait mouiller dans une baie en face la petite île *Hat* (chapeau), et que nous, nous gréerions notre embarcation pour aussitôt après longer la côte et finalement le rejoindre.

Mac, quatre hommes et moi, nous partîmes en touristes, notre déjeuner dans l'embarcation. Longeant la côte nord-est toute hérissée de récifs, nous entrâmes dans le canal formé par la petite île Aore et l'île Barthélemy, et continuâmes notre promenade entre cette île et la grande terre de Saint-Esprit. La navigation eût été dangereuse pour le brick par suite du peu de largeur de l'espèce de détroit où nous nous trouvions engagés et aussi parce qu'il y avait à craindre quelque courant inconnu.

De véritables merveilles se déroulèrent à nos yeux. D'abord, droit devant nous, une petite île en forme de chapeau et désignée pour cette cause sur les cartes anglaises sous le nom de *Hat*. Ses côtes basses forment les rebords, et une montagne de peu d'élévation à sommet plat figure le reste. Le tout empanaché de forêts de cocotiers et autres arbres en guise de fleurs.

Doucement poussés par la brise, nous avancions lentement dans ces eaux tranquilles, peu profondes, dont la transparence nous permettait d'admirer les merveilles qui tapissaient le fond de la mer. C'étaient des bouquets de corail, d'une infinie variété, des rouges, des violets, des blancs, des bleus, charmant le regard autant par leur forme que par l'éclat de leurs couleurs.

Autour de chacun de ces bouquets, d'innombrables petits poissons aux écailles étincelantes, bleus, verts, rouges, argentés, rayés ou tigrés de mille façons.

On apercevait également de petits polypes dans leurs brillantes cellules ou cachés dans une gelée douce et aspirant les particules les plus petites du gluant de la mer. Il y avait aussi des astéries remuant leurs membranes, des crabes agiles qui se jetaient dans les cavités des racines de corail, leur mystérieuse et brillante retraite. Plus loin encore reposaient, dans leur laideur, les paresseuses holothuries.

Tout contribuait à notre enchantement : le ciel par sa radieuse sérénité, la mer par ses trésors que la vague voilait à peine, la terre par sa verdure et sa forme gracieuse. Sans nous en douter, nous allions dépasser un petit îlot qui se trouve au nord de l'île *Hat*, quand nous aperçûmes, gracieux sur son ancre, le *Tanna*, au détour d'une petite pointe formant baie. Le capitaine ne voulait pas croire au fidèle rapport des merveilles qui nous étaient apparues et qui nous tenaient encore sous le charme.

Peu de temps après notre retour à bord, Mac parut étonné de ne voir encore aucune pirogue, aucun indigène sur le rivage; cette baie était connue de lui pour la densité relative de sa population.

Nous résolûmes de mettre une embarcation à la mer et nous nous dirigeâmes sur la tribu dont nous apercevions les toits élevés, établis par exception près du rivage et presque à découvert. Mais, en approchant, quel lugubre spectacle attrista nos regards! Sur une quinzaine de bambous fixés dans le sable, des crânes annonçaient quelque désastre. Une épidémie avait-elle donc ravagé ce pays? Mais alors nous retrouverions des squelettes!... L'attaque d'un ennemi supérieur avait-elle dévasté la tribu trop faible? Cette hypothèse, bien qu'assez probable dans ces parages, n'était guère plus admissible. On ne voyait ni armes brisées ni maisons au pillage; bien au contraire, tout était demeuré absolument intact, armes, poteries, idoles, objets domestiques! Ce qu'on pouvait raisonnablement conjecturer, c'était la retraite de la tribu frappée de quelque terreur superstitieuse, lui ayant rendu inhabitable une baie habitée par le malin esprit. Quoi qu'il en fût, l'occasion se présentait trop belle d'augmenter ma collection de curiosités canaques, et malgré le mystère funèbre qui semblait mettre le *tabou* sur ces trésors, je m'en emparai, et aujourd'hui ils ont enrichi, soit des collections particulières, soit les musées auxquels j'ai cru devoir les offrir.

SAINT-ESPRIT

(*Espiritu santo*)

Latitude sud, 15° 18'.
Longitude est, 164° 26'.
Circuit, 220 kilomètres environ.

Découverte en 1606 par Fernandez de Quiros, revue par Bougainville, reconnue par Cook, en 1774, cette île est la plus grande et la plus occidentale de tout l'archipel des Nouvelles-Hébrides. Elle a 100 kilomètres de longueur sur 50 de largeur. Elle est très élevée, surtout dans sa partie ouest, où les côtes constituent une chaîne de montagnes, s'élevant par endroits directement des bords de la mer. En général, elle possède une ceinture de collines bien boisées, bien arrosées, avec des vallées spacieuses et couvertes de plantations. Les îles situées le long des côtes méridionales et orientales forment, selon toute apparence, des baies et des ports aussi bien abrités que la grande baie de Saint-Philippe et Saint-Jacques qui se trouve au nord-est, et où mouillèrent Quiros et Cook. Néanmoins la côte ouest en contient davantage et a d'excellents mouillages aujourd'hui connus. La côte est est hérissée d'une masse de petites îles, dont quelques-unes sont assez étendues, telles que les îles Setovi, Palliluko, Sakau, etc. Cette côte possède aussi trois mouillages estimés : au nord le Port-Olry, au milieu la baie du Requin, et au sud, près de l'île Aore. On remarque à Saint-Esprit 3 caps, au sud-ouest le cap Lisburn, au nord le cap Cumberland, à l'est le cap Quiros; ces deux derniers formant l'entrée de la baie de Saint-Philippe et Saint-Jacques, ainsi nommée du saint fêté le 1ᵉʳ mai 1606, jour auquel Fernandez de Quiros y laissa tomber l'ancre. Il donna à son extrémité le nom de port Vera-Cruz. Cette baie, ou plutôt ce golfe, pénètre dans les terres à une assez grande distance, et les vaisseaux les plus forts y trouvent un abri sûr contre le vent.

A leur retour en Espagne, Louis de Torès et Fernandez de Quiros présentèrent à leur royal maître une requête dont il ressort qu'ils croyaient avoir découvert le continent austral. Je regrette de ne pouvoir citer *in extenso* cette requête, parce qu'elle met en pleine lumière les innombrables richesses des Nouvelles-Hébrides.

Pourquoi cette requête n'a-t-elle pas abouti ? Il faut sans doute en chercher la cause dans les préoccupations européennes qui assaillaient à cette heure Philippe III et dans la mort prématurée de l'illustre et malheureux Quiros.

Sans nous perdre en considérations rétrospectives, revenons à la baie de Saint-Philippe et Saint-Jacques.

Nous pouvons entrer de nuit, de jour ; aucun récif à craindre, aucun heurt non plus, étant donnée sa spacieuse superficie ; elle mesure en effet 20 kilomètres (environ) de largeur, courant du nord au sud.

La bande ouest, beaucoup plus longue, en comprend pour sa part 48, et celle de l'est 27.

Poussons-nous jusqu'à l'extrémité du mouillage, nous rencontrerons, comme Quiros, le port de Vera-Cruz enchâssé entre deux magnifiques rivières, par lui appelées Jourdain et Saint-Sauveur. Les rives de ces cours d'eau offrent un coup d'œil enchanteur avec leurs tapis de verdure et leurs berceaux d'arbres. La plage est large, si parfaitement abritée du vent, que la tempête a beau se déchaîner au dehors, la surface du port garde sa majestueuse sérénité.

Les montagnes avoisinantes sont entrecoupées de vallons plats et fertiles, arrosés par mille ruisseaux, qui donnent à ce coin du monde une supériorité considérable sur toute contrée européenne.

Fernandez de Quiros devança même l'effet de la requête qu'il se proposait d'adresser à son Roy : il prit possession de l'île au nom de Philippe III et fit exécuter à cette occasion une procession solennelle le jour de la Fête-Dieu, non sans avoir préalablement élevé une église et un calvaire et jeté les premières fondations de la Nouvelle-Jérusalem, où il établit alcades, corrégidors et autres officiers du Roy.

Malheureusement pour la nouvelle colonie, une sanglante discussion s'éleva entre ses habitants et les indigènes, et, faute de vivres et de munitions, alcades et corrégidors durent remonter à bord pour promener sur d'autres rivages leurs grandeurs *in partibus*.

Ce qui avait principalement déterminé ce pieux navigateur à jeter en cet endroit la fondation de cette ville, c'était la découverte de marcassites d'argent et de pépites d'or aux bords du Jourdain austral.

Dernièrement, des mineurs européens se sont fait massacrer en voulant rechercher ces mines d'or et d'autres qui leur avaient été indiquées.

Déjà de nombreux pionniers, nous le savons, se sont établis dans ces îles ; partout s'y glisse la mission presbytérienne (anglaise) y colportant, je ne crains pas de le dire, ses calomnies ; elle négocie actuellement l'achat des vastes plaines qui se trouvent sur la côte nord-ouest de Saint-Esprit. Puissions-nous ne pas lui laisser le temps de s'y asseoir !

Saint-Esprit est certainement l'île qui conviendrait le mieux pour établir dans cet archipel le siège du gouvernement colonial. Plus spacieuse, plus riche, plus riante que toutes ses congénères, elle ne s'est vue préférée par des colons l'île Sandwich que par suite de la proximité de cette dernière avec Nouméa et l'Australie.

Plus forts, mieux faits que ceux des autres îles, ses habitants sont de couleur noire, ont les cheveux laineux, ou du moins très bouclés.

J'ai été assez surpris de retrouver dans leur langue quelques mots offrant certains rapports avec la langue tahitienne. Cette remarque semblerait appuyer les assertions de Quiros qui prétend avoir vu à Saint-Esprit des nègres, des cuivrés et des blancs. Il ne reste aujourd'hui que l'élément noir, les autres se sont probablement fondus dans la race autochtone depuis 1606.

Par les mœurs, les coutumes, le langage, les *men Santo* diffèrent entièrement des habitants des autres îles du nord et se rapprochent davantage des naturels des îles du sud. Ils se chargent à plaisir de coquillages, et ignorent jusqu'à l'usage du tapa et du pagne.

Malgré tout, je suis revenu de Saint-Esprit aussi enchanté que Fernandez de Quiros, et bien souvent le désir d'y retourner est venu ranimer en moi les flammes du souvenir. Il me plaisait tant de contempler à mon réveil les majestueux cocotiers, les orangers luxuriants qui bordent la baie, de suivre du regard les gracieuses ondulations de la femme sauvage allant nonchalamment procéder à sa toilette dans la vaste cuvette de l'Océan !

Là, pas de cris discordants, pas de tumulte ni d'agitation comme dans nos ports de mer et dans nos grandes villes. On peut laisser bercer sa pensée au

Indigènes de Saint-Esprit.

roulis somnolent de la lame battant les flancs du navire, à l'accompagnement rhythmé des vagues se brisant impuissantes contre les écueils.

Là souffle l'air doux, embaumé, enivrant des tropiques. Tout porte le sceau d'une nature ravissante dans sa majesté de créole indolente : le vent, la mer, les arbres, le ciel, tout s'harmonise et se fond dans une capiteuse et mélancolique nonchalance.

Nous restâmes cinq jours dans cet endroit délicieux, ne pouvant plus nous en arracher; de temps en temps, nous descendions explorer le rivage, et pendant ces excursions on ne saurait décrire le charme que dégageait l'onde calme et limpide à peine émue des caresses de la rame.

Sa transparence laissait entrevoir les formes bizarres affectées par les buissons de corail au-dessus desquels glissait paresseusement notre baleinière. Ici le corail formait des arbres aux ramifications puissantes; là, il semblait percer une poussière d'étoiles, comme si le flot de la mer eût conservé intacts les reflets du ciel; ailleurs c'était tout un jardin aux plantes innombrables, arrondies ou anguleuses, imitant toutes les espèces de cactus. De temps en temps de petits poissons étincelants et multicolores, flairant tour à tour tel ou tel buisson, semblaient des papillons ou des abeilles voltigeant autour des fleurs ou se plongeant dans leur calice.

Connaissez-vous les surprises de la transposition musicale, du langage des fleurs, du jeu turc des Sélams? du concert des couleurs, si cher aux Japonais? Eh bien, c'est précisément une impression de ce genre que nous ressentions à l'aspect de ce monde sous-marin. C'étaient les mêmes faits interprétés autrement, ayant une essence analogue qui se combinerait avec la multiplicité des formes, de manière à donner une sensation étrange, presque extrahumaine, d'harmonie discordante, pour la perception de laquelle nos sens ne semblent encore que des organes embryonnaires.

Le premier jour de notre arrivée, Mac, connaissant l'entrée de la rivière du Jourdain, me proposa de la visiter de compagnie.

Là nous retrouvâmes les ruines de la Nouvelle-Jérusalem, dont les fondations avaient été jetées autrefois (1606) par Quiros. Il ne reste plus que des colonnades de briques où devait se trouver l'église que ce fervent chrétien avait fait construire avant tout.

Le navigateur espagnol avait su choisir admirablement l'emplacement d'une colonie ; nul lieu ne m'a paru, en effet, plus propre pour établir une station, non seulement à cause du voisinage d'une rivière, mais aussi à cause du petit nombre de la population, de l'extrême richesse du sol et de la majestueuse sérénité du site. L'espace compris entre le bord de la mer et le pied des montagnes est suffisamment large pour permettre d'y élever une ville importante. Du reste, la baie entière est bornée de chaque côté par deux chaînes de collines, s'élevant à l'ouest en amphitéâtre et traversant toute la longueur de l'île. De chaque côté de la rivière nous nous trouvions entourés d'arbres plongeant leurs têtes altières dans les vapeurs bleuâtres déroulées sur nos têtes. Je ne saurais décrire combien je fus émerveillé par la colossale hauteur des cannes à sucre sauvages qui bordaient le Jourdain; celles que j'avais vues à Sandwich et ailleurs, objet jadis de mon admiration, ne sauraient supporter la comparaison. Je laissai donc errer à mon aise mes compagnons et m'assis sur la rive, cherchant à démêler quelques idées pratiques entre les rêveries océaniques produites, selon l'expression du poète, par le flot fluent et refluent qui vient soit caresser la grève avec ce clapotement harmonieux des jours calmes, soit déferler, grondant et terrible, avec le bruit strident des vagues écumantes les jours de grosse mer.

Quand il fallut regagner le bord, Mac, le vieux Mac au cœur de roche, me montrait du doigt, comme un enfant, ces pics, cette végétation, cette splendeur incomparable, et les larmes lui coulaient des yeux. « Si ma présence à bord n'est pas nécessaire cette après-midi, commissaire, me dit-il, je vous conduirai dans un endroit tel que vous devrez vous mordre jusqu'au sang pour croire à la réalité de votre existence. » J'aspirais donc à ce moment et en pressais l'arrivée de tous mes vœux. Notre capitaine se laissa endoctriner si bel et bien qu'il remit au lendemain les opérations projetées et consentit à nous accompagner.

Nous gagnâmes tout d'abord, à gauche du Jourdain, une petite gorge s'enfonçant dans un massif de verdure. Là, Mac nous fit remonter, les pieds dans l'eau jusqu'à la cheville, un ruisseau qui devait nous mener à la terre promise. Bientôt nous perdîmes de vue le rivage ; nous avancions sous des berceaux de feuillage ; dans cet endroit croissaient toute espèce de plantes et d'arbres, entre autres de superbes ébéniers, atteignant une hauteur prodigieuse, des acacias semblables à ceux de France, des cocotiers, des arbres à pain, etc. Un moment nous eûmes beaucoup de difficulté pour pénétrer plus avant, les arbres, les roseaux, les lianes gigantesques embrassaient, comme le lierre chez nous, en les suivant jusqu'à leurs cimes, des arbres de toute essence dont les têtes formaient des voûtes de verdure impénétrables aux rayons du soleil. On se serait cru, au milieu de ce silence, loin des autres êtres humains, transporté dans un monde meilleur, un paradis digne d'être chanté par Milton ! Mon imagination, entraînée par cette suite d'idées agréables, s'abandonnait à des illusions qui augmentaient mon plaisir et me faisaient envier le sort des habitants de ces contrées si improprement appelées sauvages. Je me sentais comme halluciné par tant de merveilles. Nous oubliions famille et patrie, ne pouvant rassasier ni nos yeux ni notre esprit. Souvent il nous avait été donné de visiter des vallées bien autrement délicieuses que la célèbre Tempé, si chère à Virgile, aux îles d'Ambrym et de Sandwich par exemple, eh bien ! les vals d'Ambrym et de Sandwich s'évanouissaient alors comme de simples Tempé. Quelle différence entre ces forêts vierges et nos bois si vantés ! Oh ! Parisiens, mes frères ! on n'y rencontre pas d'assassins ni de désespérés choisissant de préférence vos fourrés mystérieux pour commettre leurs crimes ou en finir avec l'existence. Malheureux qui veux te tuer, embarque-toi pour l'île Saint-Esprit ! Mais pardon, lecteurs, je m'aperçois que je marche sur les brisées de Jean-Jacques, et je lui laisse le soin d'achever et de mieux peindre ma pensée.

Le lendemain nous fûmes accostés par plusieurs pirogues venant d'une tribu se trouvant à environ 4 kilomètres du Jourdain, et nous pûmes nous convaincre de la supériorité de ces indigènes sur leurs voisins, par les poteries et objets d'art qu'ils nous offrirent. Leurs sagaies surtout attirèrent mon attention; l'île Saint-Esprit est la seule île où cette arme possède quelque valeur ; l'art et l'adresse avec laquelle on les garnit, en font un objet de la plus légitime curiosité. Chaque sagaie a 3 mètres environ, elle porte à l'extrémité une garniture d'os humains de 50 à 60 centimètres solidement liés au moyen de petites cordes, et à l'extrémité un trident redoutable composé de trois os pointus. Il ne nous fut malheureusement pas possible de nous en procurer à notre volonté. Quant aux poteries, pour des poteries faites par des sauvages, elles étaient merveilleusement tournées et embellies de reliefs.

Le troisième jour de notre séjour dans la baie Saint-Philippe et Saint-Jacques, le soleil levant nous réservait une surprise fort agréable : à l'entrée de la baie se dressait majestueuse, toutes voiles dehors, une frégate anglaise se dirigeant sur notre mouillage. Nous hissâmes notre pavillon et attendîmes sa visite. Elle ne tarda pas à laisser tomber ses lourdes ancres à quelques encâblures (1) de nous, et nous pûmes distinguer à l'arrière son nom, c'était la *Pearl*.

Peu de temps après j'accompagnai le capitaine à bord de la *Pearl*, où nous accueillit d'une façon charmante le commodore Goodenough, son commandant. Le commodore maniait habilement notre langue ; la bonté se lisait sur sa figure, aussi fûmes-nous tout de suite à l'aise avec lui. Après avoir conversé de notre voyage, du sien, il nous invita à sa table.

Le commodore Goodenough fut, dans son genre, un homme semblable à celui dont la mort a mis récemment la patrie en deuil, je veux dire le commandant Rivière. Tous deux joignirent au mérite militaire et aux qualités du commandement, une juste renommée dans le monde des lettres. Tous deux sont tombés au champ d'honneur sous les coups des sauvages. Goodenough à Santa-Cruz, Rivière au Tonkin !... Ni l'un ni l'autre ne s'enferma dans un patriotisme étroit et tous deux déployèrent en toute occasion une bravoure chevaleresque, une largeur

(1) L'encâblure est une mesure de 200 mètres adoptée par la marine.

de vues empreinte d'un scepticisme, pour ainsi dire humanitaire.

C'est ainsi que l'une des premières paroles que m'adressa le commodore Goodenough eut trait à la nécessité pour la France d'annexer les Nouvelles-Hébrides. « Pourquoi votre gouvernement ne s'empare-t-il point de ce pays (1)? » Craignant le piège, de la part d'un Anglais jaloux, de sonder mes intentions, je ne répondis pas. « Mais, poursuivit-il, c'est un complément de votre colonie pénitentiaire; si les Nouvelles-Hébrides n'étaient pas si proches de Nouméa, certainement mon gouvernement s'en emparerait, car c'est un pays très riche; mais le voisinage de la Nouvelle-Calédonie, des Loyalty qui sont à vous, nous en empêchent. »

Voici les paroles textuelles d'un officier supérieur de la marine anglaise, entièrement désintéressé et qui connaissait à fond l'Océanie pour y avoir été longtemps gouverneur des îles Fidji.

Le reste de la conversation roula sur la salubrité, la richesse de l'archipel, et nous nous accordions à reconnaître qu'à part Aneitum et Foutouna, les Nouvelles-Hébrides offraient toutes les garanties désirables d'hygiène et de salubrité.

Le lendemain matin, nous retrouvant sur le rivage, il vint à moi et m'entretint du caractère doux et hospitalier des indigènes de Saint-Esprit qui échangeaient en ce moment contre nos verroteries leurs curiosités ou leurs marchandises. Comme je ne paraissais pas partager sa confiance. « Bah ! reprit-il, vous les voyez, ce sont des moutons. « Pauvre commodore ! ces mou-

---

(1) L'engagement relatif aux Nouvelles-Hébrides n'a été conclu qu'en 1878 entre le Foreign Office et l'ambassadeur français, et cet entretien avait lieu en 1876.

tons se sont pour toi changés en loups; ils n'ont pas craint, voyant ta bonté, ta confiance en eux, de te percer de leurs flèches empoisonnées et de te donner à toi et aux matelots qui t'avaient accompagné au rivage une mort atroce, contre laquelle n'ont rien pu tes chirurgiens si savants, et il nous était réservé d'apprendre cette nouvelle à notre retour à Nouméa, comme à toi de nous servir d'exemple à éviter et de modèle à suivre!

Mais détachons un instant notre pensée de cette épouvantable fin, et ravivons dans nos souvenirs les quelques journées qu'il nous fut donné de passer avec un homme aussi distingué à tous égards, et chez qui le savant valait le marin et le lettré.

Pendant que nous nous promenions le long du rivage, le commodore Goodenough me fit mille remarques soit sur les végétaux, soit sur les coquillages, et sa science s'étendait aux moindres détails; souvent il s'élevait à des dissertations bien au-dessus de ma portée. Au retour il me donna une nouvelle marque de son humanité et de sa bonté en mettant à notre disposition les médecins de son bord. Heureusement l'excellent état de santé qui régnait sur le *Tanna* rendit inutile cette offre qui ne laissa pas de me toucher profondément.

Le lendemain nous levions l'ancre à l'aurore. Le *Tanna* passait à l'arrière de la *Pearl,* salué une dernière fois par le commodore Goodenough. Il me semble encore le voir agitant sa large casquette toute galonnée aux armes d'Angleterre et nous souhaitant *good by.*

Ce départ, je ne sais pourquoi, avait quelque chose de solennel, nous nous arrachions non sans tristesse à une si agréable compagnie.

Nous sortîmes de la baie Saint-Philippe et Saint-Jacques, indécis de mettre le cap sur Santa-Maria, un peu au nord-est, ou de visiter la côte est de Saint-Esprit et

Femme indigène d'Aoba.

de là gagner l'île des Lépreux : mais la brise soufflait

nord-ouest, et, ayant le vent debout, pour aller dans le nord, nous doublâmes le cap Quiros, et nous engageâmes dans l'étroit détroit qui sépare Saint-Esprit de l'île Sakau, et allâmes visiter une baie portant aujourd'hui le nom de *Port-Olry*.

Port-Olry est un petit port bien fermé, rappelant tout à fait la rade de Nouméa. Comme à Nouméa, l'île Nou, un îlot en garantit l'entrée et en rend le séjour très sûr contre les vents de quelque côté qu'ils soufflent. Une fraîche rivière coule à l'extrémité de cette baie et sur ses bords s'est établie une tribu qui ne nous parut pas très nombreuse. Ces indigènes nous firent comprendre qu'il y avait peu de soleils un immense navire était passé devant eux.

Nous appareillâmes le lendemain, dès l'aube, longeant toujours la côte est de Saint-Esprit, jusqu'à la hauteur de la baie du Requin, où se trouve un excellent ancrage. En quittant *Port-Olry* nous aperçûmes à l'entrée d'une assez large et profonde baie une petite île. Le capitaine, ne voulant pas aller relâcher dans la baie du Requin, y envoya Mac avec une baleinière, je l'y accompagnai. Le *Tanna* louvoyait afin de ne pas s'éloigner trop de la côte en attendant notre retour à bord. Nous gagnâmes à la voile assez rapidement la baie du Requin, nous eûmes beaucoup de peine pour le retour, le vent contraire nous força à revenir à l'aviron, notre brick éloigné ne nous apparaissait plus que comme une tache sombre et incertaine. Il n'avait pu sans s'exposer rester près de la côte. Il ventait fort, de gros nuages noirs passaient sur nos têtes et augmentaient notre frayeur.

Nos quatre matelots furent obligés de faire à l'aviron plus de deux lieues qui nous séparaient du brick. Ils étaient harassés en arrivant à bord. La brise nord-est, fraîchissant de plus en plus, nous empêchait de mettre le cap sur l'île des Lépreux et nous descendîmes jusqu'à la hauteur de l'île *Aore*, après avoir passé devant l'île Setoni et les autres petites îles et îlots dont la côte est de Saint-Esprit est hérissée. Le capitaine se maintint le plus près possible sous le vent, mais ne parvint que fort tard dans l'après-midi, après avoir tiré plusieurs bordées, à virer de bord et à mettre enfin le cap sur l'île des Lépreux dont nous étions séparés de 44 kilomètres. A la nuit quelques légers grains se succédèrent et amenèrent du calme. Cependant nous ne pûmes atterrir que le lendemain matin à sept heures.

ILE DES LÉPREUX

(*Aoba*)

Latitude sud, 15°12'.
Longitude est, 165°18'.
Circuit, 30 kilomètres (environ).

Cette île gît de l'est au sud-ouest entre l'île Aurore et celle de Saint-Esprit, au nord-ouest de Pentecôte. Elle fut découverte en 1768 par Bougainville, et revue par Cook en 1774. Terre haute et bien peuplée, elle offre à la pointe nord-est un excellent ancrage appelé sur les cartes anglaises : *Bice Road* (rade vert pâle). Cette pointe est plus basse que le reste de l'île.

Aoba, presque entièrement couverte de cocotiers, est bien arrosée. Au premier coup d'œil on devine un pays riche, un sol fertile et les croupes de quelques montagnes pelées, de couleur rouge par endroits, semblent indiquer que leurs entrailles renferment d'abondants minéraux.

Pourquoi Bougainville a-t-il baptisé cet Eden du nom repoussant d'île des Lépreux ? Il me serait difficile de le dire, car il ne me paraît fondé sur aucune circonstance particulière ; il y règne, il est vrai, une sorte de lèpre blanche, mais cette affection, nullement exclusive, est répandue dans toute l'Océanie.

Ce n'est donc pas moi, charmante *Aoba*, qui te flétrirai du nom que tu ne mérites en aucune façon. De bien délicieux souvenirs me feront toujours demander pour toi à messieurs les hydrographes la très juste dénomination d'*Ile de Vénus*.

Nous étions encore assez éloignés du rivage, quand nous aperçûmes de grandes pirogues s'avançant vers nous. Les indigènes qui les montaient nous parurent d'une nature bien supérieure à tous les naturels que nous avions rencontrés jusqu'ici. Cette race aobanienne est très douce et parfaitement inoffensive, d'après Cook, et j'ai constaté moi-même que son caractère hospitalier et généreux tranche de plus en plus sur le naturel méfiant et féroce des autres Kanacks.

Est-ce leur supériorité morale qui a modelé leur corps et leur a imprimé une différence tout à leur avantage en raison de leurs congénères ? Est-ce à leur conformité physique que sont dues les qualités qui les distinguent ? A messieurs les anthropologues de trancher la question. Simple voyageur, je me contenterai de vous présenter les Aobaniens.

Regardez-les ces hommes bien faits, vigoureux, si coquets, avec leur opulente chevelure d'ébène attachée au sommet de la tête et rendue plus noire encore par l'heureux contraste de plumes blanches en forme d'aigrette. Comme ils manient élégamment la pagaie, et quelle loyauté respire leur regard au moment où ils nous entourent, formant au *Tanna* un cortège triomphal à son entrée dans la baie !

Qu'ils sont différents des êtres hideux et grimaçants dont nous évitions le commerce à Api, à Mallicolo et autres enfers du même genre ! La réputation d'Aoba m'était bien connue, mais je redoutais les exagérations si communes aux voyageurs ; combien n'ai-je pas été surpris d'y retrouver l'antique Cythère de voluptueuse mémoire, une première édition de Tahiti !...

A peine avions-nous laissé tomber l'ancre que notre bord fut pris d'assaut, et que nous nous trouvâmes en présence de sauvages charmants, bariolés de toutes couleurs, à l'air rayonnant, nous tendant fraternellement la main. Un détail surtout me charma : aucun d'eux ne s'était muni de ses armes. Leur main pourrait être trouvée un peu trop large et son étreinte un peu trop forte par quelque lady parisienne ; mais si les Aobaniens ne gantent pas du sept ou du sept et demi, le dandy le plus délicat se fût senti satisfait du *shake hand* des Aobaniennes. Bientôt, en effet, nous accostèrent d'autres pirogues, montées par de jeunes femmes, seules, qui sans façon grimpèrent à bord, et vinrent, d'un air presque timide, nous tendre une petite main dont la finesse et le potelé n'excluaient ni la grâce ni la force.

En les voyant ainsi à bord, légèrement timides et cependant implorant du regard nos caresses, leur attitude me remit en mémoire ce passage où la reine de Saba parlait ainsi aux filles de Jérusalem : « *Ne vous offensez pas de la noirceur de mon teint, c'est le soleil qui m'a brunie, je suis noire, mais je suis belle, ô filles de Jérusalem ! Si le jour est éclatant, la nuit étoilée n'a pas moins de charmes*, etc.

Les Aobaniens ne paraissaient point autrement jaloux,

et les Aobaniennes respiraient la liberté et l'amour du plaisir ! A mon grand regret, au moment où je croyais pouvoir me livrer à quelques observations sur ce peuple, je vis s'éloigner ces hôtes charmants, appelés à terre par le prosaïque souci du dîner. Il nous fallut bien avaler cet entr'acte, et, comme pour nous en consoler, les femmes s'éloignaient lentement, ramant à contrecœur, les yeux rivés au brick, nous disant du regard, non pas adieu, mais : « A bientôt l'ivresse du retour. »

Bientôt j'aperçus une quinzaine de charmantes sirènes luttant de vitesse pour gagner le « Tanna » et qui bravaient la gloutonnerie des requins, tant était vif leur désir de venir à bord. Elles grimpèrent le long du bastingage, puis entièrement nues, leur léger pagne tout imprégné d'eau ne les préservant en aucune façon, elles se blottirent les unes contre les autres, formant un groupe à tenter la plume de Flaubert ou le ciseau des Pradier ou des Carpeaux.

Après les avoir un instant contemplées dans un silence religieux, nous leur tendîmes la main qu'elles prirent et serrèrent les unes en riant aux éclats, les autres en souriant malicieusement de leur victoire incontestée, et nous les fîmes monter sur la dunette où les attendait une distribution de friandises.

Le jour commençant à tomber, bientôt nous vîmes de nombreuses pirogues montées par des Aobaniens nous apporter des fruits, des volailles, etc. Mais tel n'était point le véritable but de leur visite?...

L'Aobanien qui reçoit un léger présent comme un hommage rendu à la beauté de l'Aobanienne qu'il vous a confiée, croit exercer un devoir de l'hospitalité. Aussi, bien que fort expressive, la mimique à l'aide de laquelle ils traitaient avec nous un sujet si noble pour eux, mais pour un observateur superficiel d'une si scabreuse apparence, n'avait-elle rien de révoltant, rien qui imprimât sur leur face le stigmate de la dégradation.

Cependant Aobaniens et Aobaniennes dans les meilleurs termes s'éloignaient sur leurs pirogues, les Aobaniennes montrant avec ostentation nos libéralités à leurs compagnons. Mais ce qui me frappa le plus, ce sont les attentions délicates des *men Aoba* pour leurs femmes. Ils leur jetaient avec tant de soin leurs mantelets d'écorce sur les épaules !...

Le lendemain après le déjeuner, nous allâmes à terre où nous fûmes admirablement reçus. Partout le repos, une joie douce, une vie calme à faire croire au bonheur. A l'intérieur de la tribu régnait une minutieuse propreté. Le nombre de ses membres était très considérable, mais se composait en majorité de femmes et de jeunes filles. Contrairement à la coutume usitée dans les îles voisines, toutes portaient des pagnes, ce qui nous surprit, ne les ayant vues dans leurs pirogues lorsqu'elles venaient à bord que vêtues, pour ainsi dire, d'une guirlande de feuilles. Les jeunes filles mêmes avaient autour des reins une ceinture d'herbes fortement parfumées, à laquelle pendaient de petites touffes de fleurs odoriférantes. Nous en vîmes quelques-unes d'un âge assez avancé pour ne pouvoir prétendre à plaire, et qui passaient le temps à confectionner cet habillement rudimentaire.

Voici comment elles opéraient : prenant l'écorce d'un certain arbre, elles la battaient sur un billot décortiqué et bien poli, tout en y jetant de temps à autre quelques gouttes d'eau ; l'étoffe en résultant m'a semblé très unie, très ferme, de la nature du carton, mais plus souple et moins sujette aux déchirures. Elles en varient à volonté la longueur et l'épaisseur. D'autres pagnes se fabriquent avec des joncs tressés beaucoup plus finement à Aoba que partout ailleurs. Les premiers servent à entourer les reins, les autres s'utilisent, soit comme manteaux contre la pluie et la fraîcheur, soit comme hottes à mettre les enfants qu'elles s'attachent ensuite sous les épaules, soit enfin comme paniers à provisions. Les uns et les autres portent des dessins en losange noirs et rouges peints avec goût.

Nous constatâmes avec plaisir qu'à Aoba il s'en faut de beaucoup que la femme soit l'esclave de l'homme. Ce dernier aide toujours, dans l'exécution des travaux les plus rudes, les femmes âgées. Quant aux jeunes, on a soin de leur épargner tout ce qui pourrait flétrir leur printanière beauté. La seule occupation de ces êtres privilégiés consiste à conserver, par des prodiges de coquetterie, ce bienheureux apanage. Aussi faut-il les voir se défendre, avec des feuilles de bananiers formant parasol, contre les ardeurs d'un soleil qui les *noircirait* trop à leur gré. Grâce à ces mille procédés que l'Aobanienne pratique avec autant d'habileté qu'une Parisienne, ces sirènes ont les traits assez délicats. Leurs formes pleines célèbrent les bienfaits de la liberté, car jamais elles ne se sont avisées de les enfermer ou de les refouler à l'aide de corsets et autres engins aussi peu hygiéniques. Elles poussent d'ailleurs la coquetterie jusque dans l'ajustement de leurs légers pagnes.

La race mâle participe de cette beauté et c'est à croire, en voyant quel contraste forme ce peuple avec ses voisins, qu'il a été jeté dans ces îles, mais n'en est pas originaire.

Bien que fort doux pour les femmes, ils ne cohabi-

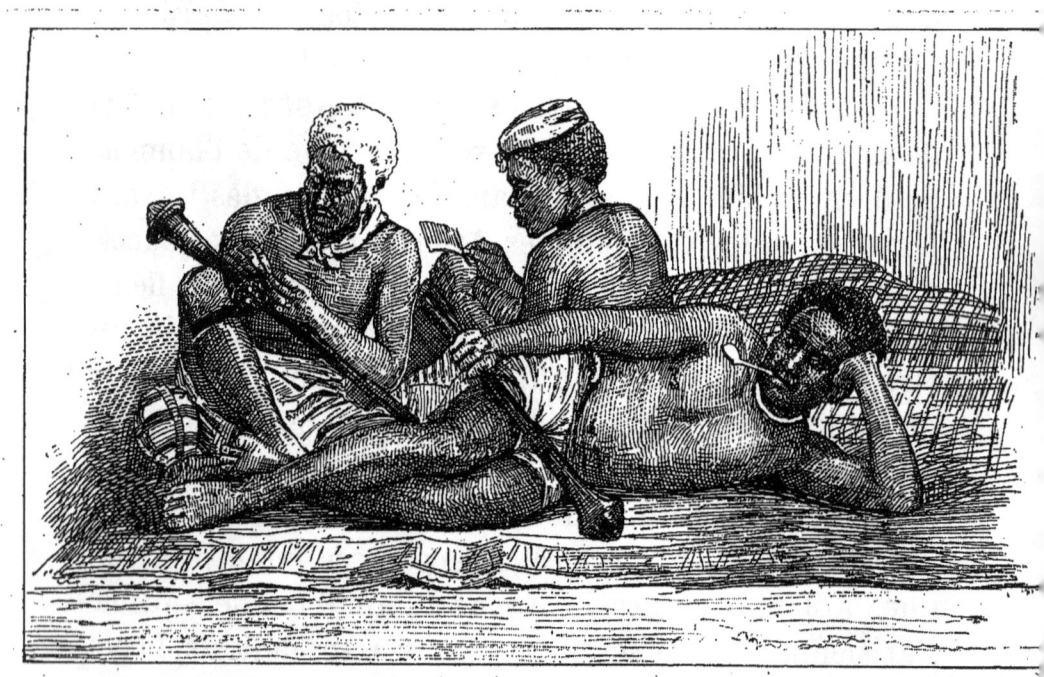

Indigènes d'Aoba.

tent pas plus avec elles que les autres indigènes de l'Archipel. Il y a des cases spécialement affectées aux hommes, et d'autres propres aux femmes.

Parvenus à la case du chef, nous la visitâmes ainsi que ses voisines. Comme à Ambrym et dans les autres îles, les maisons, ou plutôt les cases, revêtent un peu toutes les formes, mais elles sont toujours construites avec les mêmes matériaux. Les unes sont carrées, les autres coniques ; ces dernières ressemblent à des ruches d'abeilles. Les premières ne sont, à proprement parler, que de grands hangars. Le toit, qui se termine en faîte, descend presque jusqu'à terre ; il est fait d'herbes sèches mêlées à de la terre argileuse ou à des feuilles de cocotiers ou de pandanus tressées et superposées les unes aux autres : couverture fraîche et suffisante contre l'inclémence du temps. Elles ne sont ouvertes qu'à une des extrémités et construites, le plus souvent, à claire-voie, de bambous et de roseaux. La construction en est très simple.

Des pieux, la plupart du temps, des troncs de cocotiers placés en terre, se recourbent les uns sur les autres en deux rangées et sont liés ensemble. Le sol est recouvert de feuilles sèches et de nattes allant jusqu'au foyer qui se trouve au milieu. Le feu ne s'y éteint jamais, aussi sont-elles enfumées au point d'être inhabitables pour un Européen ; y a-t-il là, comme quelques-uns le prétendent, superstition, ou bien est-ce une simple précaution pour éloigner les moustiques ?

De meubles, point ; mais des arcs et des flèches dans leur carquois d'écorce, quelques idoles, des nattes teintes, et un petit tréteau bas qu'ils se placent sous la tête en guise d'oreiller.

Au milieu le foyer, ouvent entouré de trois grands

bâtons auxquels en sont attachés de plus petits, portant de vieilles noix de coco destinées sans doute à sécher pour que l'on puisse extraire l'huile de l'amande ; avec la coque durcie ils font des bracelets et autres objets tels que coupes à boire, salières, etc.

Les cases des hommes forment un groupe ; un second groupe compose celles des femmes et des enfants et ne diffère du premier que par les pagnes suspendus le long des murs de bambous.

Faut-il appeler cases leurs cuisines, formées de quatre pièces, misérable assemblage enfoncé en terre et surmonté d'une couverture très grossière ?

Les cases affectées aux malades sont exactement pareilles aux habitations de la tribu, mais plus souvent carrées que rondes et mieux closes, avec des écorces d'arbres.

Le lecteur connaît leur temple, je le lui ai décrit en lui racontant mon excursion dans la tribu d'Amenoto à *Ambrym*.

Nous visitâmes le chef, et, chose curieuse, parmi les présents que nous lui offrions, son choix se porta sur une simple bouteille vide.

En Calédonie les Kanacks attachent au verre un certain prix parce qu'ils se servent des tessons en guise de rasoir ; dans d'autres îles on prenait volontiers nos bouteilles à titre de vase, les trouvant plus commodes que les longues gourdes habituelles ; mais à *Aoba* je compris parfaitement qu'il ne s'agissait plus d'une pensée utilitaire, c'était un objet d'art que ce pauvre vieux chef avait entendu acquérir. Il s'était probablement tenu ce raisonnement : Tout objet poli nous coûte un immense travail ; cette bouteille si polie est donc un chef-d'œuvre de patience, d'un prix inestimable.

Et il me témoignait sa reconnaissance toujours à sa façon, il me tenait la main dans l'une des siennes, et de l'autre il me tapotait la joue ou me frisait la barbe avec des gestes de mère caressant son bébé ou de maîtresse lissant la moustache du bien-aimé.

Il n'est pas de supplice auquel ne se condamnerait une Aobanienne pour plaire davantage. L'un des plus cruels, sinon des plus féconds en résultats, consiste dans l'opération du tatouage. Toutes les femmes se font tatouer, légèrement il est vrai, et pas d'une si hideuse façon que celles des îles Marquises ou de la Nouvelle-Zélande. Pas de jeune fille ou de femme qui n'achète par d'horribles douleurs ce complément de grâce. Un proverbe aobanien dit : *Souffre, si tu veux être belle.*

Il nous fut donné d'assister au tatouage d'une jeune fille de neuf ans environ, mais déjà nubile.

Dans l'intérieur d'une petite case en bambou gisait la patiente étendue sur le côté ; un homme la tatouait. Le chef roulait de gros yeux pour nous faire remarquer sa beauté. L'opération me parut très pénible, elle s'effectuait au moyen de petits os et d'arêtes de poisson à pointes très aiguës. L'opérateur piquait de la main droite et de la gauche étanchait le sang avec de la bourre de coco imbibée d'huile. Chaque coup entaillait la chair à peu près comme chez nous un graveur entaille une pièce de métal, encore celui-ci se sert-il d'eau régale, tandis que l'autre emploie un affreux mélange de suie et d'ocre. La cuisse gauche du sujet présentait une croûte dégoûtante, conséquence d'une opération précédente, car si grande est la douleur éprouvée qu'il s'y faut prendre à plusieurs fois. La jeune fille ne poussait cependant aucun gémissement ; le désir d'acquérir une beauté nouvelle lui rendait le supplice tolérable.

Pour nous, spectateurs, nous n'avions plus la force de supporter son martyre, nous quittâmes donc cette case et nous avançâmes dans l'intérieur des possessions de la tribu.

Après une heure de promenade, nous rentrâmes au village surchargés de fleurs par les indigènes, fleurs en bouquets, fleurs en guirlandes, en collier, dont les senteurs, très suaves prises séparément, finissaient par nous incommoder.

De retour à bord, le capitaine divisa en deux bordées l'équipage, leur permettant à tour de rôle de visiter la tribu. Le service ainsi assuré, nous nous apprêtions à descendre dans l'embarcation quand Sami, notre cuisinier, aborda notre capitaine : *Sami bon garçon, capitaine ; Sami fait bonne cuisine à vous, capitaine ; Sami aller au village avec capitaine.* Nous ne crûmes pas devoir lui refuser cette faveur, et M. Sami partit avec nous, éblouissant de luxe, revêtu de ses plus riches habits de Malabar, et chargé d'un coffre à présents destinés à acheter les bonnes grâces des Aobaniennes.

Mac nous attendait au rivage déjà étincelant des feux allumés par les naturels en notre honneur. Il avait partagé avec les Aobaniens leur repas du soir.

Nous le chargeâmes de régler la soirée. Mais à peine l'avions-nous investi de ces nouvelles fonctions, qu'il voulut distribuer à flot le grog et, par malheur, dans notre hâte, nous l'avions oublié. Une fête sans grog ! Mac se serait cru déshonoré, et pour lui épargner un suicide à la Vatel, le capitaine s'empressa d'envoyer un matelot au navire chercher le complément indispensable au salut de Mac.

Cependant, véritable tableau de mythologie, le chef s'avançait majestueusement paré de ses habits de fête, entouré d'hommes et de femmes couverts de fleurs, de feuilles et de coquillages. Nous recommençâmes une petite distribution de présents, cela rompit la solennité de la réception et l'on en vint à s'asseoir pêle-mêle sur le gazon. La fête allait commencer.

Mac, comme chef de ballet, débuta par une gigue à sa façon qui éveilla la gaieté générale, les femmes de la tribu lui succédèrent.

Dans toutes les îles que nous avions visitées, nous n'avions assisté qu'à des danses de guerre, simulacres terribles des combats exécutés par des combattants farouches. A *Aoba*, le sort nous réservait une danse non moins curieuse, mais surtout plus gracieuse, elle rappelait celle des anciennes bacchantes, dans ses enivrements, mesurée et chantée par d'admirables femmes sauvages brillant de tout l'éclat de la jeunesse et de la beauté.

Le lendemain matin je descendis dans l'embarcation qui allait au rivage chercher nos permissionnaires.

Quant au beau Sami, s'étant jeté dans le village avec une bravoure héroïque, il se trouvait lié par des chaînes nouvelles et n'avait pu opérer sa retraite. Quel désastre pour nous! Qui remplacerait Sami?.. Sami la perle des coqs! Un matelot le tenta vainement, mais le capitaine, furieux d'avoir avalé de mauvais café, d'exécrable thé, n'y put tenir davantage et commanda une nouvelle expédition à l'effet d'arracher Sami à la captivité. Je réclamai l'honneur de faire partie de cette périlleuse entreprise conduite par Mac. Mais au village, que nous enlevons d'assaut, aucune trace de Sami. Nous commencions à croire que les féroces Aobaniennes l'avaient dévoré, quand l'une d'elles, par esprit de vengeance sans doute, nous dénonça le cachot du misérable. Mons Sami se prélassait dans une case indigène. Pour le moment sultan Sami dormait. La botte de Mac eut bientôt raison de cet engourdissement et il fallait entendre les rires des indigènes, en voyant ce Mentor d'un nouveau genre entraîner loin des Eucharis ce Télémaque à face jaune reconduit, non tambour mais pied battant jusqu'à l'embarcation. Des pirogues indigènes nous accompagnèrent à bord ; cette fois aucune femme ne les montait ; nous avions annoncé notre prochain départ, et ils craignaient de nous voir emmener avec nous quelques-unes de leurs compagnes. L'expédition à la recherche de Sami donna lieu à deux incidents remarquables. Quelques femmes m'offrirent un petit boy de six à sept ans. Très vif, très gentil, l'enfant me plut, et puisqu'on me forçait à l'accepter, je l'attachai à ma personne. Il partit avec nous pour Nouméa où il se montra jusqu'à mon retour en France d'une fidélité et d'un dévouement à toute épreuve.

Enfin, à peine avions-nous poussé au large que nous vîmes sur notre gauche une femme nageant de toutes ses forces dans la direction du navire. Aussitôt plusieurs men Aoba cherchèrent à la rejoindre, une pirogue même se détacha du rivage pour recueillir la fugitive. Déjà la sirène échappait aux bras prêts à la saisir et atteignait notre baleinière où nous la reçûmes, craignant qu'épuisée par cette lutte elle ne se noyât. Elle enjamba vivement le bord, nous faisant signe de ramer plus vite et, malgré les cris et les sanglots que poussaient sur le rivage ses amies, elle ne voulut plus retourner dans l'île, et quand des pirogues vinrent la réclamer à bord, elle se blottit le long du mât afin de ne pas entendre les supplications des siens.

Nous exposâmes aux *men Aoba* la répugnance de leur compatriote à rentrer dans la tribu, et, soit respect de la liberté individuelle, soit crainte de nous déplaire, ils se retirèrent sans exercer sur elle la moindre violence.

Mais, au moment où nous levions l'ancre, une nouvelle pirogue nous apporta des fruits, elle était montée par deux femmes et une petite fille de six à sept ans. Les fruits et la petite fille nous furent offerts en rançon de la fugitive : nous ne voulûmes pas accepter ce marché et les envoyâmes à l'obstinée, leur donnant tout le loisir de la convaincre, car il nous eût répugné de payer d'une trahison la généreuse hospitalité des *men Aoba*, et nous eussions été heureux de leur succès. Malheureusement ce fut le contraire qui arriva : gagnées elles-mêmes par le désir de l'inconnu, les ambassadrices nous supplièrent de quitter immédiatement ces parages, en les emmenant ; hésiter encore eut pu devenir fâcheux : que serait-il advenu si de nouvelles plénipotentiaires étaient venues réclamer les premières et ainsi de suite? il nous eût été impossible d'embarquer tout Aoba. D'autre part les reconduire de force à terre n'était guère plus sûr. Bref, nous appareillâmes promptement avec nos trois jeunes Aobaniennes, une petite fille et un boy à destination de Nouméa.

Le capitaine leur fit disposer un lieu où elles se trouvaient à l'abri des regards indiscrets de l'équipage et où elles étaient chez elles. Elles nous firent oublier les heures sombres pendant le reste de l'expédition du *Tanna* et nous rendirent plus agréables les heures riantes. En revanche nous nous montrâmes aussi empressés envers ces nouvelles passagères que nous l'eussions été envers une *étoile* abandonnant les scènes

Indigène d'Aurore.

de l'ancien monde pour le nouveau. Regrettant de ne pouvoir mieux leur témoigner notre reconnaissance, nous leur assurâmes, une fois de retour à Nouméa, un engagement comme bonnes d'enfants.

. . . .

Aujourd'hui trois colons se sont établis à *Aoba* pour s'y livrer à l'exploitation du coprah. Ils travaillent pour leur compte. Je ne sais si la Société Néo-Calédonienne Hébridaise y a déjà des intérêts. Si ce n'est déjà fait, elle ne tardera pas à le faire, cette île étant l'une de celles que le cocotier recouvre presque entièrement.

AURORE

(Maiwo)

Latitude sud, 15° 10'.
Longitude est, 165° 24'.
Circuit 38 kilomètres (environ).

Cette île fut découverte par Bougainville en 1768, reconnue par Cook en 1774; elle doit son nom à Bougainville, qui la vit à l'aurore. Elle est tout en longueur, gisant du nord au sud. Les terres, d'une bonne hauteur, paraissent majestueuses; elles sont ornées de forêts pittoresques d'où jaillissent de nombreuses cascades.

La côte ouest possède trois excellents ancrages, l'un dans la baie *Lakoto*, un peu au sud-est, le deuxième tout à fait à l'ouest dans la baie *Narovo-roro*, mais dont l'entrée demande une grande prudence à cause d'un écueil situé à droite et de deux roches, le troisième tout à fait au nord-ouest dans la baie *Laka-réré*, d'où l'on voit une gigantesque cascade tombant de deux côtés. A la pointe nord-est se trouve un important village. *Aurore* est distante de l'île Pentecôte de 6 kilomètres. Un détroit resserré sépare donc ces deux îles.

Nous doublâmes le cap sud-ouest d'*Aurore*; un petit îlot tient presque à cette pointe. A cet endroit la côte est fort basse et il en est ainsi presque jusqu'à la baie de *Narovo-roro*. Devant cette baie se trouve aussi un petit îlot ou rocher de forme circulaire uni à l'île par des brisants et qui protège une belle baie formée par un coude. Toute la côte du sud-ouest au nord-ouest est entièrement couverte d'arbres du rivage au sommet des montagnes.

La côte est ne paraît pas riche en ports, rien ne fait soupçonner des baies profondes, quelques légères échancrures s'aperçoivent seules, de place en place. Toute la côte est montagneuse, très boisée; peut-être y aurait-il moins de cocotiers, non seulement sur la côte est, mais sur l'île entière, que dans les autres îles du groupe. De nombreuses vallées, comme sur la côte ouest qu'elles vont peut-être rejoindre, apparaissent au milieu de ces forêts épaisses au vert si foncé qu'il nous semblait presque bleu.

Nous avions l'intention d'aller mouiller avant la nuit dans la baie *Laka-réré*; pour y parvenir il nous fallut essuyer quelques grains.

Enfin nous nous trouvâmes devant la baie *Laka-réré*, et nous apercevions les deux cascades qui descendent de son sommet et viennent se jeter à la mer.

Nous éprouvâmes quelque peine à pénétrer dans la baie où nous allions faire du bois et de l'eau, n'ayant pas voulu en faire à Aoba. *Laka-réré* est un excellent lieu pour permettre aux navires de s'approvisionner de ces deux matières; pas un seul indigène n'y habite.

Nous eûmes bientôt terminé sans avoir eu autre chose à noter que la possibilité de se livrer à la pêche du trépang, sur une large échelle, en raison de l'abondance fabuleuse de ces mollusques.

Comme aucun indigène ne se montrait, que nous n'apercevions aucun feu, nous supposâmes cette baie déserte et ne tardâmes pas à la quitter. Seules les lames qui venaient se briser contre notre navire troublaient la monotonie du lieu. Continuant donc à longer la côte ouest, nous ne tardâmes pas à doubler la côte nord et, après quelques bordées, à atteindre une baie située au nord-est et où se trouve un puissant village. A peine étions-nous à l'entrée de cette baie que le matelot de vigie signala un navire. Nous crûmes tout d'abord revoir la *Pearl*, mais nous vîmes bientôt, à la grosseur du navire signalé, que ce n'était pas la frégate du commodore Goodenough.

Vite nous braquons nos longues-vues et nous constatons non sans plaisir que ce navire était à l'ancre dans une baie voisine et qu'il commençait à appareiller. Il avait bon vent et bientôt il était près de nous et venait y jeter l'ancre. Mais comme toujours nous nous trouvions en présence d'un bâtiment anglais, d'un *ship man war*; une longue flamme qui distingue tout navire de guerre flottait au sommet de son mât.

Depuis bien des années déjà le gouvernement de Sa Majesté la reine Victoria entretient dans cet archipel des navires chargés de faire connaître aux indigènes l'influence de sa domination; la division navale d'Australie les envoie relever comme des fonctionnaires publics, et cela, non seulement dans les parties soumises au protectorat anglais, mais aussi dans les parages où il ne s'est pas encore imposé. D'autre part les navires missionnaires vont partout plantant des jalons pour le commerce et l'assujettissement. Quelles mesures prenons-nous, pour combattre cet accaparement? Rarement, bien rarement on aperçoit le pavillon français aux Nouvelles-Hébrides.

Où est-il le temps, cependant encore si peu éloigné de nous, où nous portions tant d'ombrage aux Anglais dans ces mers? Faut-il rappeler ce cri d'un missionnaire anglais : La France gagne en Océanie, elle semble vouloir se réveiller ; mais heureusement nous veillons! nous aussi nous la voulons, l'Océanie!

Hélas! qu'il a été court ce réveil et comme nous sommes retombés lourdement dans notre apathie! France, réveille-toi, renonce à tes discussions intestines, regarde à l'extérieur, regarde surtout sur la mer ; là il ne se passe pas de jour où tes officiers de marine, si dignes de respect et d'admiration par leurs capacités et leur bravoure à toute épreuve, n'aient à essuyer de sanglants affronts ; on te montre à leurs yeux agenouillée sous le glaive du Damoclès germanique, prête à recevoir le coup de grâce. Allons! bondis superbe, comme aux grands jours..... Qu'un rugissement formidable annonce ton réveil, que le temps du recueillement s'achève, que les forces te reviennent au tranchant de l'action!

Moi, le plus humble de tes fils, je reprends ma place à mon rang, heureux si j'ai pu dans une petite part quelconque contribuer à t'éclairer sur tes véritables intérêts.

Le bâtiment anglais, qui venait de jeter l'ancre près de nous, était un petit brick de 400 tonnes, d'une centaine d'hommes d'équipage ; il portait le nom d'*Alacrity*. Peu de temps après son mouillage se détacha de son bord, venant sur nous, une embarcation montée par quatre hommes et un *midshipman*. Ce *midship*, jeune homme d'une vingtaine d'années, en tenue de service, c'est-à-dire sabre au côté, nous demanda en excellent français, après nous avoir salués froidement, qui nous étions, d'où nous venions, ce que nous faisions, et finalement nous pria, comme son collègue de la *Pearl* l'avait fait, d'exhiber nos papiers. Il faut toute l'utilité de ces visites à bord dans ces parages, pour en faire supporter les vexations : c'est le seul contrôle possible, contre les négriers ; mais comme les Anglais auraient besoin de créer chez eux des écoles de politesse et de savoir-vivre ! Ce jeune *midship* eût mérité certes d'y être inscrit d'office. Nous le laissâmes griffonner au crayon son rapport, sur nos papiers apposer son large cachet, et quitter le bord aussi froidement qu'il y était venu.

Jaloux de savoir si le reste de l'état-major anglais valait son *midship*, le capitaine et moi fîmes quelques frais de toilette et nous nous rendîmes à bord de l'*Alacrity*.

Décidément l'âge et la position font les hommes en Angleterre. L'accueil très cordial du commandant nous réconcilia ; ce commandant, homme de trente-cinq ans environ, parlant parfaitement le français, n'avait réellement de l'Anglais que la casquette d'ordonnance. Rien, ni dans sa tenue aisée, ni dans son teint brun foncé, ni dans ses manières affables, qui pût nous faire soupçonner en lui un fils d'Albion. Il nous reçut à l'échelle, mais nous fit descendre aussitôt au carré, où nous trouvâmes le jeune *midship*, qui remplissait les fonctions de second, occupé à coucher son rapport sur le légendaire journal du bord, puis donna l'ordre au matelot remplissant les fonctions de maître d'hôtel, de préparer un *lunch* copieux généreusement arrosé. Nous nous mîmes tous quatre à attaquer *sandwichs* et tartines de beurre, buvant entre temps certain petit vin blanc d'Australie dont le commandant Morgan absorbait de telles quantités que nous regrettâmes de ne pas avoir avec nous Mac pour lui tenir tête. Cet Anglais, si peu Anglais, assez communicatif de son naturel, le devenait de plus en plus.

Sur l'*Alacrity* régnait l'ordre le plus parfait, la propreté la plus minutieuse. Nous y retrouvâmes à peu près les mêmes us et coutumes que sur nos navires de guerre. Mais un détail me frappa cependant. C'est la Bible, qui, uniformément reliée et portant la couronne royale d'Angleterre, fait partie du fourniment de tout marin et figure à toute inspection. Qu'on reconnaît bien là le pays formaliste à outrance où se manifestent à chaque instant des incidents comme l'annulation d'élection Bradlaugh pour refus de serment !

Le lendemain nous prîmes congé de nos voisins, pour nous enfoncer dans le nord. Nous avions vent contraire pour sortir de la baie et les manœuvres qu'il fallut faire afin d'arriver à un bon résultat furent très pénibles. Nous apercevions, comme un petit monde flottant au milieu de ces mers désertes, debout sur le pont, tout l'équipage du navire anglais, comparativement plus nombreux que le nôtre. Ai-je besoin de dire que nous étions devenus pour eux la *great attraction?* on tenait à voir comment nous allions manœuvrer, et certes, je le répète, difficile était la manœuvre. Notre capitaine virait de bord et après avoir loffé tentait la sortie, malgré une brise assez forte et contraire. L'*Alacrity* était tout yeux ; sur ses faces rubicondes se trahissait une joie mal dissimulée : les Anglais espéraient que le *Tanna* manquerait sa sortie et qu'il lui faudrait tirer de nombreuses bordées avant de réussir ou abandonner la partie. Mais bien qu'il ne fût Anglais, peu ni prou, le capitaine du *Tanna* sortait d'une école où se forment des maîtres en fait de navigateurs, et, à la grande déception de ces messieurs, il sut ranger ses voiles de telle façon qu'il sortît à reculons, l'arrière en avant, exécutant une des plus rares et des plus difficiles manœuvres pour un voilier. A bord de l'anglais pas un hourrah; la discipline s'y opposait. Mais avant de disparaître de la baie et quand nous eûmes accompli notre tentative, nous vîmes les marins levant en l'air bonnets et chapeaux. L'habileté de notre capitaine les avait fascinés. Nous aperçûmes également le commandant et son enseigne nous saluant de la casquette, et selon l'usage nous hissâmes trois fois notre pavillon, politesse à laquelle M. Morgan répondit par une salve d'artillerie de quelques coups de canon.

Nous étions fort contrariés de la nécessité où nous étions de revenir en arrière.

Plusieurs pirogues, dont quelques-unes montées par des femmes seules, vinrent nous offrir des fruits à échanger. Tous les hommes étaient désarmés; ils nous parurent aussi doux et aussi familiers que les indigènes d'Aoba, ils riaient et se trouvaient heureux parmi nous. Plusieurs femmes n'hésitèrent pas à monter à bord, elles étaient toutes jeunes et n'avaient aussi que des pagnes très courts, composés, comme ceux des Aobaniennes, de nattes fines peintes en rouge et noir, par losanges avec effilés dans le bas. Comme elles n'avaient ni pendants de nez ni pendants d'oreilles, nous leur en offrîmes; mais elles refusèrent, portant leur choix sur les perles, la cotonnade et le tabac. Elles se montraient fort communicatives avec les hommes de l'équipage, mais nous crûmes devoir recommander la plus grande réserve, car nous ignorions quel était le caractère des Kanacks qui se trouvaient avec elles sur le pont.

Je ne sais pourquoi, venions-nous à les approcher, elles se rejetaient en arrière, croisant les bras sur leurs seins qu'elles ne dérobaient pas ainsi aux yeux des matelots.

Était-ce la crainte ou la pudeur? Le respect me paraît plus probable. Les hommes nous parurent gais, bien portants; leur physionomie ouverte présage un prompt succès à qui tentera de les civiliser. Ils ont le goût du commerce et les *men Aurore* visitent souvent dans ce but les naturels des îles *Aoba* et *Pentecôte*. Bien que les dialectes diffèrent, la souche en est commune et ils finissent par s'entendre.

Le soir venu, des feux nombreux s'allumèrent sur le rivage et des cris nombreux nous appelaient à terre. Mais le capitaine, toujours prudent, ne voulut rien entendre: malgré Mac, malgré les demandes des matelots, il resta inflexible jusqu'au lever du jour: cependant je ne mettrais pas ma main au feu que la consigne n'ait pas été violée. Au matin nous descendîmes à terre déposer le coffre resté à bord d'un passager parti à l'avance à la nage, et nous trouvâmes notre homme joyeux et chargé ainsi que quelques naturels, ses amis, de fruits destinés à nous être offerts.

Vite on nous entoure, mais sans armes, hommes, femmes, enfants pêle-mêle, contrairement aux coutumes des autres îles. On nous amène huit jeunes boys qui nous entourent, enchantés de partir, et qui veulent de suite gagner le bord.

A peine eûmes-nous accosté le *Tanna* que, grimpant comme des singes, nos huit recrues nous devancèrent sur le pont.

Nous quittâmes alors l'île Aurore et longeâmes la côte nord pour de là virer de bord et mettre le cap sur l'île Sainte-Marie, éloignée environ de 70 kilomètres.

SAINTE-MARIE
(*Gaua*)

Latitude sud, 14°12'.
Longitude est, 165°7'.
Circuit 38 kilomètres environ.

Découverte par Quiros en 1606, cette île ne fait plus partie du groupe des Nouvelles-Hébrides, mais bien du petit groupe de *Banks Islands*. Elle affecte une forme ronde et paraît très petite. Entourée, dans la presque totalité de ses côtes, par des récifs, sauf à la côte ouest, elle ne possède en fait de mouillage convenable que celui de *Lakova* à l'ouest, et celui de *Losalava* à l'est où conduit une passe entre les écueils. Notre mission devait s'arrêter à cette île, pour redescendre dans le sud et rentrer à Nouméa. La baie de *Lakova* est une belle et bonne baie, nous pûmes à loisir y compléter notre plein d'eau et remplir la soute au bois, le bois de rose couvrait littéralement le rivage. Le bois dont nous nous étions servis jusque-là pour l'usage de nos cuisines était très résineux ; la résine en était blanche, transparente, et dégageait l'odeur agréable de l'encens.

Nous avions quatre Kanacks de cette île à débarquer dans cette baie; une grande fête accueillit leur retour et un Kanack revêtu d'une redingote, mais ne portant ni pantalon ni chemise, vint les chercher à bord. C'était le catéchumène de Sainte-Marie. Ce fanatique nous regarda à peine : nous n'étions pas Anglais ! et murmura aux Kanacks je ne sais quelles calomnies qui les firent jeter à la hâte leur coffre et leur personne dans les pirogues pour nous quitter au plus vite.

Toute la journée nous eûmes autour de nous une foule de pirogues offrant beaucoup et exigeant peu en échange. Aussi cette peuplade nous sembla-t-elle particulièrement généreuse. Cependant ils se défaisaient difficilement de leurs armes, supérieures par la matière et la forme. Leurs casse-têtes surtout semblaient de fabrication européenne, tant ils étaient bien tournés et finis. Mais si leur art les distinguait du reste des sauvages, ils avaient la même férocité comme en témoigne une aventure qui faillit priver le *Tanna* de son capitaine. Une bordée s'approvisionnait de bois et d'eau ; le capitaine lui-même était descendu au rivage et, confiant dans la douceur des indigènes, il poussa jusqu'à la tribu. Mal lui en prit, il pensa périr et seule sa présence d'esprit le sauva. D'abord tout alla bien et les sauvages lui firent fête, mais quand, devinant à certains signes qu'il se tramait quelque chose de perfide, il tenta de regagner le rivage il rencontra une assez sérieuse opposition. Le danger devenait imminent : pour le conjurer il se mit, tout en reculant, à donner aux indigènes à l'un son salako, à d'autres sa chemise, son pantalon, ses chaussettes, et c'est absolument nu qu'il parvint à rejoindre les matelots sous les ordres de Mac qui flairait, à juste titre, une trahison. Chemin faisant, l'escouade avait rencontré le catéchumène armé d'un fusil. En vain s'était-il dérobé derrière un arbre. Sauter sur ce fanatique et le désarmer avait été pour Mac l'affaire d'un instant. Aux reproches d'avoir excité ses compatriotes contre nous, d'avoir accusé faussement le capitaine français d'enlever les taïos, etc., le misérable n'avait rien répondu, mais, soudain, abandonnant son fusil, il s'était perdu dans la forêt, heureux d'en être quitte à si bon compte.

Quelques instants après le retour à bord, *Sainte-Marie* retentissait de tous côtés des lugubres sons du tam-tam et des flèches empoisonnées, des pierres lancées avec adresse s'abattaient jusque sur notre pont. Pour trouver un fond convenable dans cette baie, l'on est obligé d'aller mouiller tout près du rivage. Cependant nous eûmes la chance de n'avoir personne d'atteint par ces projectiles.

Le lendemain leur rage était probablement passée, car une foule d'indigènes demandèrent et obtinrent de venir à bord. Quand nous appareillâmes, ils s'évertuèrent même à nous signaler le danger de partir au moment où le vent s'élevait, où la mer grondait, présage assuré de la tempête. En réalité, le ciel s'obscurcissait et de nombreux éclairs le sillonnaient en tous sens. Mais le capitaine pensa que cela ne serait rien, ses observations météorologiques ne lui prédisaient aucun changement semblable à ceux que pronostiquaient les indigènes; en conséquence le *Tanna* quitta ce mouillage pour aller doubler la pointe nord, et après avoir longé la côte est, revenir dans chacune des îles que nous avions visitées, en commençant par Pentecôte.

Bientôt nous nous aperçûmes que les indigènes avaient dit vrai : il fallait nous préparer à essuyer une véritable tempête : la mer se faisait houleuse, le vent soufflait avec force, le tonnerre roulait formidable, tout enfin nous promettait une journée semblable à celle que nous avions eu à supporter au sortir de *Tanna*, avec cette différence aggravante que, peu éloignés des récifs, nous avions la perspective d'y être jetés presque infailliblement.

Nous consultâmes la carte. Heureusement nous n'étions qu'à quelques brasses d'une passe située parmi les récifs et conduisant au mouillage excellent de *Losolava*. C'était le salut! Une bordée, et nous sommes dans la passe et bien ancrés à *Losolava*, nous narguons le déluge qui devait nous engloutir. Là plus de lames perfides, pas seulement de houle à craindre, les coraux brisant la lame qui vainement les assaille et les couvre d'écume.

Cependant le baromètre est descendu avec une telle rapidité que nous ne pouvions y ajouter foi. La nuit se faisait si affreuse que notre capitaine jugea à propos de mouiller sa deuxième ancre. Le lendemain la tempête avait cessé, mais non la pluie, qui tomba jusque dans la nuit suivante. Il nous fallait rester là, bien malgré nous, et sans espérance de voir les indigènes, tant le tonnerre et l'orage leur inspirent une terreur presque religieuse. Aussi fûmes-nous surpris, quand le mousse vint nous apprendre qu'il venait de voir trois hommes sortir de la brousse et mettre une pirogue à la mer. En effet, il s'en avançait une vers nous montée par trois hommes qui bientôt furent à bord.

Si j'étais Mme de Sévigné, je vous donnerais en mille à deviner l'objet de leur visite; je ne puis encore y songer sans rire, mais j'aime mieux vous épargner la peine de déchiffrer l'énigme : ils venaient nous proposer un marché tout simplement. Et savez-vous quel marché? Celui de faire cesser le vent et la pluie moyennant une juste et préalable rétribution. **Par quel moyen?**... A l'aide de signes cabalistiques accompagnant la crémation d'un cochon ou d'un chien vivant. Pauvres sauvages! en faveur de l'intention, nous leur accordâmes la récompense, les laissant libres d'exécuter ou non leur œuvre magique.

Bientôt nous entendîmes, comme dans l'autre baie, résonner le lugubre tam-tam avec une telle persistance, un tel acharnement, que nous crûmes à une sortie malgré l'orage. Mais un indigène nous fit comprendre que tout ce bruit ne tendait qu'à faire cesser la pluie et effrayer les esprits malins.

Sans doute ils furent enchantés de leur opération, car peu de temps après la pluie cessa, « elle avait duré raisonnablement trois jours »; le ciel s'éclaircit et le soleil reparut radieux.

Sans donner le temps aux indigènes de venir à bord, nous levâmes l'ancre, tant nous pesait ce repos forcé, et nous nous dirigeâmes sur l'île Aurore par une mer dont tous les sortilèges n'étaient point parvenus à apaiser la houle.

. . . .

Sainte-Marie peut compter aussi parmi les îles fertiles; c'est pour cette raison que des maisons françaises viennent d'y établir des agents chargés d'en récolter les produits.

Quelques heures après, nous apercevions la petite île *Sainte-Claire* et nous contournions le point le plus septentrional des Nouvelles-Hébrides, l'îlot nommé par Bougainville le pic de l'Étoile ou *Meralaba* qui se trouve situé par

Latitude sud, 14° 15'.
Longitude est, 165° 20'.

Nous nous arrêtâmes dans chacune des îles où nous avions une première fois relâché quand nous nous dirigions sur le nord et nous eûmes toujours soin de visiter la côte, que nous avions négligée au premier voyage.

Nous passâmes de nouveau quelques jours à Sandwich, et c'est lors de ce séjour que me fut confiée la mission de rapporter une pétition implorant la protection du pavillon français.

Voilà déjà quelques années, eh bien! ce souvenir me semble dater d'hier. Il restera longtemps présent à ma pensée, comme celui de ces belles îles s'y est gravé pour l'éternité. Que n'ai-je pas fait afin de mener à bien cette rude entreprise, et de doter ma patrie d'une riche colonie qui lui est devenue presque indispensable et qu'elle pleurera demain si elle ne s'en empare!

Combien j'aime à me reporter à ces mois passés dans tes flancs, pauvre *Tanna!* que ces temps m'ont été doux! ils seront sans doute les meilleurs de mon existence. Mais combien mon cœur a-t-il été attristé d'apprendre ta perte au cours d'un voyage où une main moins habile que celle du capitaine L. N. L. gouvernait ta destinée!

Tu n'avais pas été construit pour donner asile à de noirs passagers. Tu ne devais pas périr dans un désastre si lamentable. Ton souvenir me sera toujours cher, je me rappellerai, comme l'enfant sa chaumière, mon séjour à ton bord.

CONCLUSION

Me voici arrivé au terme de notre voyage. Je demande pardon au bienveillant lecteur de l'avoir promené à travers ces îles enchanteresses un peu au hasard de mes souvenirs. Ce récit a été écrit sans trop de suite : à mesure que les faits me revenaient à la mémoire, je les notais attentivement ; mais les matières abondaient avec tant de magnificence, le besoin d'annexion s'imposait avec tant d'urgence, et l'inexorable temps pressait tellement, que je n'ai pas eu trop le loisir de choisir ni d'ordonner mes pensées.

Une seule préoccupation m'a tenu, celle de la vérité ; je me suis fait un devoir de rester dans les bornes étroites de la plus scrupuleuse exactitude ; mais tel est le prestige exercé sur le voyageur par la richesse des Nouvelles-Hébrides, que la réalité, dépouillée de tout ornement, a dû souvent paraître revêtir les charmes du roman et de la fantaisie. La nature est si belle dans ces îles fortunées !

Je n'ai rien voulu, dis-je, sacrifier à l'imagination dans une circonstance où il ne s'agissait pas d'un conte bleu de féerie, mais bien d'un intérêt majeur de la patrie. Il a été doux à mon âme de citoyen d'avoir pu étudier sur les lieux mêmes, dans ces parages lointains, la question si grande et si humaine d'un agrandissement de territoire et d'une importation de civilisation.

Cette question a été résolue par moi dans le sens de l'annexion après avoir vu, après avoir réfléchi, après avoir jugé. J'ose espérer que tous ceux qui sont guidés par le sentiment national et qui ne veulent point d'intérêts dans la spéculation étrangère, seront du même avis.

On ne saurait comprendre la Nouvelle-Calédonie sans ses dépendances naturelles, le groupe des Loyalty et les Nouvelles-Hébrides. Ou nous avons eu tort d'entrer en Océanie, ou nous devons y assurer notre établissement en nous reliant à ces îles voisines devenues françaises. Dans l'Océan, comme sur terre, il faut un appui au point principal, et, en toute éventualité, prévenir la suzeraineté possible d'un premier occupant ennemi sur les terres neutres qui nous entourent ; il y a là un devoir de prudence.

Cet admirable petit coin du monde, perdu et comme oublié dans les grands flots océaniens, attend la loi qui doit le révéler au reste du globe et ouvrir ses larges baies aux échanges des deux continents. Que la main de la France entr'ouvre la première ces barrières au commerce général et à la civilisation, et plante d'aplomb son drapeau protecteur sur cette fertile contrée. N'hésitons pas ; bientôt nous aurions le regret de voir flotter là-bas le pavillon de l'étranger.

FIN.

TABLE DES MATIÈRES

PREMIÈRE PARTIE
LA NOUVELLE-CALÉDONIE ET SES DÉPENDANCES

Préface	1
Chapitre 1er. — Géographie physique (Historique — Topographie — Orographie — Hydrographie, etc.)...........	5-23
— II. — Météorologie. — Population........ ...	24-28
— III. — Division du pays par arrondissement...	31-39
— IV. — Vie administrative. — Vie privée : A, des colons ; B, des indigènes............	40-68
— V. — Rapport des intérêts publics et des intérêts privés....................	69-70
Ile Nou, pénitencier-dépôt...............	72
Bourail (pénitencier des femmes condamnées)................................	75
Itinéraire de France en Nouvelle-Calédonie, et *vice versa*....................	77
— VI. — Exploitation animale, végétale, minérale.....................	78-85
— VII. — Passé, Présent, Avenir de la Nouvelle-Calédonie......................	86
Nécessité d'annexer les Nouvelles-Hébrides.	90

DEUXIÈME PARTIE

ILE DES PINS — ILES LOYALTY — ARCHIPEL DES NOUVELLES-HÉBRIDES

Départ de Nouméa pour les Nouvelles-Hébrides....... 93
Mouillage à la baie du Sud......................... 99
L'île des Pins..... 100
Les îles Loyalty.... 103
Relâche à l'île Maré.............................. 104
Les Nouvelles-Hébrides (description)............. 108-115
Caractère, us et coutumes des indigènes........... 117
Tableau des différents idiomes néo-hébridais..... 120

ANEITUM.. 123

    Fondation des missions........................ 124
    Port Inyang................................... 126
    Tempête....................................... 128

ERRONAN OU FOUTOUNA............................... 132

TANNA... 135

    Son volcan.................................... 136
    Port Résolution.... 136
    Kanacks essayant de cerner le brick........... 143

IMMER... 145

    Utilité du cocotier dans cette île............ 146

ERROMANGO OU ERROMANGA............................ 147

    Commerce du bois de santal.................... 149
    Descente à terre dans la baie de Cook......... 150
    Conduite de certains navires de commerce anglais.... 151

SANDWICH (VATÉ)................................... 154

    Visite chez un colon français................. 156
    Une partie de chasse à Port-Vila.............. 157
    Plantations des indigènes..................... 163
    Danse guerrière............................... 168
    Richesse de cette île......................... 175

TABLE DES MATIÈRES.

Prospérité d'une maison de commerce à Port-Havanah.	181
Hichinbrook	193
Montagu	193
Fly	193
Deux-Collines	194
Monument	194
Makura	194
Trois-Collines	194
Shepherd	195
Api	196
Manière de frauder l'ocre	197
Le Requin et son pilote	199-205
Rencontre du *Southern-Cross*, navire de la mission presbytérienne anglaise	200
Paoum (Paoma et Lopevi)	204
Mallicolo ou Mallicola	207
Coupe de bois d'ébène, ce qu'il en résulta	211
Rencontre du *Bob tail Nac*, navire d'Australie faisant l'immigration	214
Ambrym et son volcan	219
Joie des indigènes à notre arrivée	222
Cases. Plantations. Pirogues. Us et coutumes	223-238
Fête de nuit	240
Extraction d'une flèche par un médecin indigène	248
Ambrym veut un roi	255
Pentecôte	258
Comment s'opèrent les engagements des Néo-Hébridais.	261
Pêche à la torpille. Ses conséquences	263
Saint-Barthélemy	269
Frayeur d'un chef indigène à la vue d'une glace	270
Excursion en embarcation	274
Saint-Esprit	277
Fondation d'une ville, la Nouvelle-Jérusalem, par F. de Quiros en 1606	279

Rencontre de la frégate de guerre anglaise *la Pearl*; conversation avec son commodore..................	288
ILE DES LÉPREUX (AOBA)................................	291
Sans-gêne des femmes indigènes.....................	293
Opération du tatouage................................	300
L'équipage descend à terre.........................	301
Persistance d'une femme indigène pour venir avec nous à Nouméa..	304
AURORE...	307
Rencontre d'un brick de guerre anglais *l'Alacrity*. Sa mission..	309
Manœuvre difficile opérée par notre capitaine pour gagner le large..	312
SAINTE-MARIE...	315
Tentative d'assassinat sur notre capitaine par un catéchumène protestant..................................	316
Des indigènes viennent à bord proposer de faire cesser la tempête..	318
SAINTE-CLAIRE...	319
PIC DE L'ÉTOILE..	319
CONCLUSION...	321

FIN DE LA TABLE DES MATIÈRES.

TABLE DES GRAVURES

ET DES CARTES

Carte de la Nouvelle-Calédonie et des Nouvelles-Hébrides.	1
Carte des archipels de l'Océan Pacifique......	329
Néo-Calédoniens...	9
Vue de la ville de Nouméa, prise du sémaphore..........	17
Vallée et rivière Nakéty...................................	25
Une habitation à Canala...................................	29
Hyenghène. — Roches connues sous le nom de Tours de Notre-Dame..	33
Femme néo-calédonienne de Koné......................	37
Indigène de la tribu d'Hyenghène........................	41
Ataï, l'un des chefs de l'insurrection de 1878.............	45
Hauts-fourneaux de la pointe Chaleix. — Nouméa.........	49
Danse guerrière. — Pilou-pilou.............................	57
Jeune femme néo-calédonienne	61
Ile Nou. — Pénitencier-dépôt.............................	65
Première installation de déportés........................	73
Canala. — Mines d'antimoine.............................	81
Thio. — Plan incliné des mines de nickel..	89
Ile des Pins. — La reine Hortense et son époux Samuel...	97
Ile des Pins. — Atelier de déportés faisant de l'ébénisterie.	101
Iles Loyalty. — Indigène d'Ouvéa........................	105
Iles Loyalty. — Indigène de Lifou	109
Iles Loyalty. — Indigène de Maré........................	113

TABLE DES GRAVURES.

Aneitum. — Femmes indigènes	129
Femme indigène d'Erronan	133
Indigène d'Erronan	137
Erromango. — Grotte servant de cimetière	153
Sandwich. — Jeune fille indigène	161
Sandwich. — Indigène jouant de la flûte avec le nez	169
Armes des Néo-Hébridais	185
Indigène d'Api	201
Lopevi. — Volcan	209
Indigène de Mallicolo	217
Ambrym (village)	225
Ambrym (divinité canaque)	229
Lancement d'une pirogue double	233
Ambrym. — Indigène montant abattre des cocos	241
Indigène d'Ambrym	249
Instruments des Néo-Hébridais	265
Indigène de Saint-Barthélemy	273
Indigènes de Saint-Esprit	281
Femme indigène d'Aoba	289
Indigènes d'Aoba	297
Indigène d'Aurore	305

FIN DE LA TABLE DES GRAVURES ET DES CARTES.

1106-84 — Corbeil. Typ. et Stér. Crété.

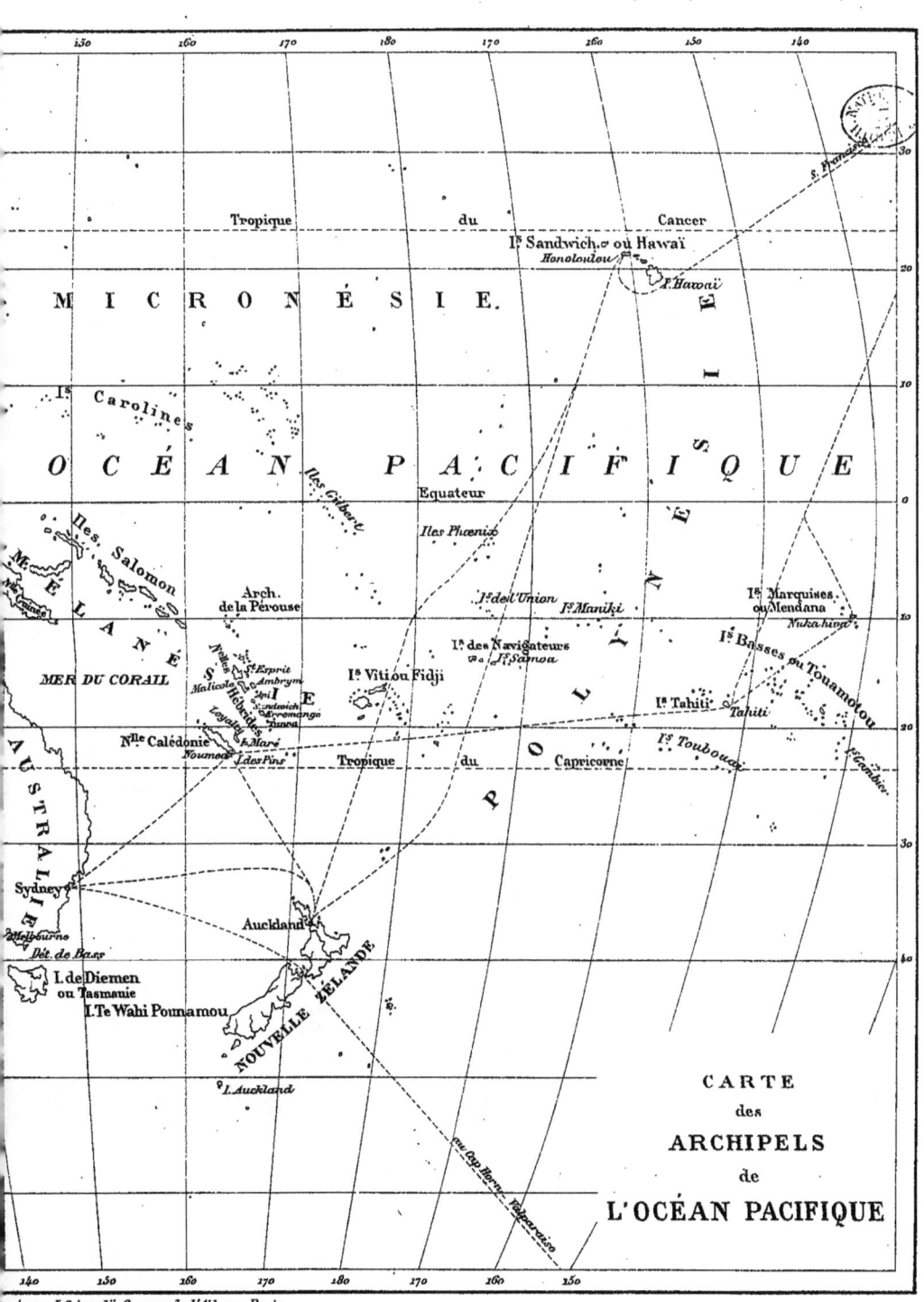

Extrait du Catalogue JOUVET & Cie
5, Rue Palatine, à Paris.

…ouvrages marqués d'un astérisque sont adoptés par le Ministère de l'Instruction …ublique et par la Ville de Paris pour être donnés en prix et placés dans les biblio…èques scolaires et populaires.

BIBLIOTHÈQUE INSTRUCTIVE

…ection de volumes in-16 illustrés. Brochés .... 2 fr. 25
…tonnés en toile rouge ou lavalière, avec plaques or, tranches dorées, 3 fr. 50

…ES PLANTES QUI GUÉRISSENT ET LES PLANTES QUI TUENT
… O. de Rawton. 1 vol. illustré …e 130 gravures sur bois.

L'HÉROÏSME FRANÇAIS
… A. Lair, agrégé de l'Univer…ité. 1 volume orné de 65 gra…ures sur bois.

* LES COLONIES PERDUES
… Canada et l'Inde), par Ch. …anivet. 1 volume orné de 55 …ravures sur bois.

LES CHASSES DE L'ALGÉRIE
…notes sur les Arabes du Sud, …ar le Général Margueritte. …e édition.) 1 volume orné de …5 gravures sur bois.

* LE BOIRE ET LE MANGER
…stoire anecdotique des aliments, …ar Armand Dubarry. 1 vol. orné …e 126 gravures.

* LE JAPON
… G. Depping, bibliothécaire à …a bibliothèque Sainte-Geneviè…ve. 1 volume orné de 47 gravu…res et accompagné d'une carte …du Japon.

* L'ÉGYPTE
… J. Hervé. 1 vol. orné de 87 …gravures sur bois et accompa…gné de deux cartes de la Haute …et de la Basse-Égypte.

* LA GRANDE PÊCHE
(Les Poissons), par le Dr H. E. Sauvage, aide-naturaliste au Muséum d'histoire naturelle. 1 vol. orné de 87 gravures.

* L'ARCHITECTURE EN FRANCE
par G. Cerfbeer de Médelsheim. 1 vol. orné de 126 gravures.

* VOYAGE DE LA MISSION FLATTERS
Au pays des Touareg-Azdjers, par le lieutt H. Brosselard, ancien membre de la mission d'exploration du chemin de fer Trans-Saharien. 1 vol. orné de 40 compositions d'après les croquis de l'auteur, et accompagné d'un itinéraire de la mission.

* LES GÉNÉRAUX DE LA RÉPUBLIQUE
par A. Barbou, bibliothécaire à la bibliothèque Sainte-Geneviève. 1 volume orné de 25 grav.

* L'ART DE L'ÉCLAIRAGE
ou les Procédés d'éclairage employés depuis l'Antiquité jusqu'à nos jours, par Louis Figuier. 1 volume orné de 114 figures.

* LES AÉROSTATS
ou Histoire des ballons depuis leur origine, jusqu'aux plus récentes ascensions célèbres, par Louis Figuier. 1 volume orné de 53 gravures sur bois.

OUVRAGES ILLUSTRÉS DE CHROMOLITHOGRAPHIES

AU

PAYS DES FÉERIES

Un fort volume grand in-4°

CONTENANT 40 CONTES EMPRUNTÉS AU DOMAINE DU MERVEILLEUX

et illustrés de treize superbes chromolithographies

Relié en toile, avec plaques or, tranches dorées.. 12 fr.

COLLECTION DE VOLUMES-ALBUMS

Charmants volumes in-4 avec texte, illustrés chacun de 6 chromolithographies, élégamment reliés, tranches dorées. Chaque volume, 3 fr. 50

Le Lièvre et le Hérisson.
Les trois Frères ou la Table, l'Ane et le Sac.
Jeannot.
Cendrillon.
Obéron ou le Cor enchanté.
Le Génie de la Montagne.
Le Loup et les sept Chevreaux.
Geneviève de Brabant.
Gulliver (chez les nains et chez les géants).
La Flute enchantée et Bouton d'Or.
Baron de Munchhausen (les Aventures du).
Robinson Crusoé (Aventures de).
Don Quichotte (Vie et Aventures).
Un Conte d'Hoffmann : Histoire du prince Casse-Noisettes et du roi des souris.
Le petit Chaperon rouge.

LA JOIE DE LA MAISON

PAR

ÉMILE DESBEAUX

Un beau volume in-8 raisin, élégamment cartonné, tranches dorées, orné de 9 chromolithographies...................... 4 fr.

CONTES ILLUSTRÉS

ÉDOUARD LABOULAYE
(DE L'INSTITUT)

ntes bleus. *Quatrième édition*. 1 beau volume in-8 raisin, illustré de 200 dessins par YAN' DARGENT.................. 10 fr.

ouveaux contes bleus. *Quatrième édition*. 1 beau volume in-8 raisin, illustré de 120 dessins par YAN' DARGENT............ 10 fr.

erniers contes bleus. Superbe vol. in-8 raisin illustré de 149 dessins dans le texte par H. PILLE et H. SCOTT, et orné de 10 eaux-fortes hors texte dessinées par H. PILLE et gravées par H. MANESSE ainsi que d'un portrait de l'auteur gravé sur acier. Broché. 12 fr.

ÉLIE BERTHET

es petits écoliers dans les cinq parties du monde. *Deuxième édition*, 1 vol. in-8 raisin, illustré de grandes compositions, par Émile BAYARD, et de 83 vignettes dans le texte............ 7 fr.

es petites écolières dans les cinq parties du monde (*ouvrage couronné par l'Académie française*). 1 magnifique vol. in-8 raisin, illustré de 104 vignettes sur bois....................... 7 fr.

Histoire fantastique du célèbre Pierrot, par ALFRED ASSOLLANT. *Deuxième édition*. 1 beau vol. in-8 raisin, illustré de 100 dessins de YAN' DARGENT................................. 7 fr.

Nouveau cabinet des fées. Contes choisis, par L. BATISSIER. *Deuxième édition*. 1 beau vol. in-8 raisin, illustré de nombreuses vignettes sur bois.. 10 fr.

Voyage au fond de la mer, par DE LA BLANCHÈRE. 1 beau vol. grand in-8 raisin, illustré de nombreuses vignettes placées dans le texte, et de 16 magnifiques gravures imprimées en couleur....... 10 fr.

HISTOIRE

ŒUVRES DE M. HENRI MARTIN
SÉNATEUR, MEMBRE DE L'ACADÉMIE FRANÇAISE

*Histoire de France depuis les temps les plus reculés jusqu'en 1789. 4e édition, suivie d'une table générale analytique et alphabétique. 17 vol. in-8 cav. avec le portrait de l'auteur........ 102 fr.

LE MÊME OUVRAGE, 17 vol. ornés de 52 grav. sur acier... 118 fr.

*Histoire de France depuis 1789 jusqu'à nos jours, complément de l'*Histoire de France depuis les temps les plus reculés jusqu'en* 1789, du même auteur. L'ouvrage formera 7 vol. in-8 cav. — Chaque vol. sans grav. 6 fr. ; — avec grav........................ 7 fr.

Le tome VII s'arrêtant en 1871, après la Commune, est sous presse.

*Histoire de France populaire depuis les temps les plus reculés jusqu'à nos jours (1866) 6 vol. grand in-8 jésus, illustrés de 1483 grav. — Prix des 6 vol... 48 fr.

*Histoire de la révolution française de 1789 à 1799 ; 2 forts vol. in-16... 7 fr.

*Jeanne d'Arc. Un vol. in-18 jésus, orné d'une grav. sur acier. 2 fr.

Daniel Manin, dernier président de la République de Venise ; précédé d'un *Souvenir de Manin*, par M. E. LEGOUVÉ (de l'Académie française). 1 vol. in-18 jésus, orné du portrait de Manin..... 3 fr. 50

La Russie et l'Europe. 1 beau vol. in-8 cav.................. 6 fr.

---

*Précis de l'histoire de la révolution (Mai 1789. — Novembre 1795), par E. HAMEL. — *Deuxième édition*, 1 vol. grand in-8.... 7 fr. 50

Histoire des croisades, par MICHAUD, 4 vol. in-8 cav. 7e édition. 4 grav. sur acier et une carte............................. 24 fr.

Vie de Monsieur Du Guay Trouin, *écrite de sa main et dont il a fait présent, lui-même, à la famille de MM. de Lamothe, à Brest.* Un vol. in-8º écu, tiré sur vélin teinté, orné d'un portrait de Du Guay Trouin en héliogravure, ainsi que de cartes et plans. 6 fr.

ŒUVRES DE M. A. THIERS

toire de la révolution française, 13ᵉ édition, ornée, de 55 grav.
ır acier. 10 vol. in-8.................................... 60 fr.

MÊME OUVRAGE, 4 vol. grand in-8 jésus, 40 grav. sur acier.. 40 fr.

MÊME OUVRAGE, 8 vol. in-18 jésus...................... 28 fr.

MÊME OUVRAGE. *Édition populaire*, illustrée de plus de 400 grav.
'après les dessins de YAN' DARGENT. 2 forts volumes grand in-8
ısus.. 22 fr.

as de l'histoire de la Révolution française, 32 cartes et plans
ravés sur acier. In-folio cart............................ 16 fr.

MÊME ATLAS. *Édition populaire*, in-4°. Cart........... 10 fr.

toire du Consulat et de l'Empire. 20 vol. in-8 carré, illustrés de
5 grav. sur acier; plus un vol. de table analytique et alphabéti-
ue. Les 21 vol. brochés................................ 125 fr.

MÊME OUVRAGE. *Edition populaire*, illustrée de 350 grav. L'ou-
rage complet, 5 vol. grand in-8 jésus................... 48 fr.

as de l'histoire du Consulat et de l'Empire. 66 cartes ou plans
ravés sur acier. In-folio cart........................... 30 fr.

MÊME ATLAS. *Edition populaire*. In-4°. Cart.......... 15 fr.

la propriété. Un vol. in-8 carré........................ 4 fr.

MÊME OUVRAGE. Un vol. in-18 jésus................... 2 fr.

ainte-Hélène. Un vol. in-18 jésus...................... 2 fr.

Vaterloo. 2 vol. in-18 jésus............................ 2 fr.

ongrès de Vienne. Un vol. in-18 jésus.................. 2 fr.

AUGUSTIN THIERRY

uvres complètes, 5 v. in-8 cav., ornés de 21 gr. tirées à part. 30 fr.
    Chaque ouvrage se vend séparément.................. 6 fr.

même ouvrage. 9 vol. in-16............................ 18 fr.

* *Histoire de la conquête de l'Angleterre*, 4 vol........... 8 fr.
* *Lettres sur l'Histoire de France*. 1 vol................. 2 fr.
* *Dix ans d'Etudes historiques*. 1 vol................... 2 »
* *Récits des temps mérovingiens*, 2 vol................. 4 »
* *Essai sur l'histoire du tiers-état*, 1 vol............... 2 »

istoire de la conquête de l'Angleterre par les Normands. Un beau
vol. grand in-8 jésus, illustré de 35 grav. hors texte........ 10 fr.

Le comte de Chambord, par G. DE NOUVION et E. LANDRODIE, 1 vol. orné d'un portrait du comte de Chambord............... 3 fr. 5

L'empereur Alexandre II, VINGT-SIX ANS DE RÈGNE (1855-1881); par C. DE CARDONNE. Un superbe vol. grand in-8 jésus, orné d'un portrait sur acier du tzar Alexandre II............................ 20 fr.

Histoire de Paris et de ses monuments par DULAURE, édition refondue et complétée par L. BATISSIER. Un vol. in-8 jésus, orné de 51 vues sur acier, des armoiries de la ville de Paris imprimées en couleur et d'un plan de cette ville.............................. 20 fr.

Rome ancienne et moderne, par M. Mary LAFON. 1 fort vol. in-jésus, illustré de 26 gravures sur acier................... 20 fr.

Histoire de Venise, par Léon GALIBERT. 1 beau vol. grand in-8 jésus orné de 23 vignettes sur acier et d'une vue de Venise....... 18 fr.

Histoire de l'Algérie ancienne et moderne, par Léon GALIBERT, orné de 23 vign. sur acier, d'un grand nombre de bois dessinés par RAFFET, de 12 costumes coloriés et d'une carte de l'Algérie. 1 beau vol. grand in-8 jésus........ .... 18 fr.

La Russie ancienne et moderne, par MM. Charles ROMEY et Alfred JACOBS, 1 beau vol. in-8 jésus, illustré de 18 grav. sur acier. 18 fr.

Histoire d'Espagne, par MARY LAFON, 2 vol. in-8 cav. 16 grav. sur acier .... 12 fr.

* **Histoire des ducs de Normandie**, par A. LABUTTE; préface par H. MARTIN. 2ᵉ édit., 12 grav. 1 beau vol. in-8 cav................. 6 fr.

* **Les marins**, par MM. E. GŒPP et MANNOURY d'ECTOT. 2 vol. in-carré, ornés de 47 portraits et de 9 dessins de navires...... 8 fr.

LE MÊME OUVRAGE. 2 vol. in-8 raisin, augmentés de 24 grav. hors texte... 14 fr.

Campagne de 1870, armée du Rhin, par le Dʳ QUESNOY. 1 beau vol. in-8 avec *carte en* 5 *couleurs*. 2ᵉ édit.; suivie des Ambulances. 6 fr.

* **Analyse des principales campagnes** CONDUITES EN EUROPE DEPUIS Louis XIV JUSQU'A NOS JOURS, par Gustave HUE, professeur de géographie à l'école militaire de Saint-Cyr. Un fort vol. in-16. 3 fr. 5

* **L'Europe sous les armes**, par le Lieutenant-colonel HENNEBERT 65 cartes et plans. 1 volume in-16.................... 3 fr.

GÉOGRAPHIE ET VOYAGES

Introduction à l'étude de la géographie, ou Notions de géographie mathématique et de géographie physique, par un MARIN. Un beau vol. in-16, ill. de 40 grav. et de 4 cartes.................... 3 fr.

Géographie universelle de Malte-Brun, édition entièrement refondue et mise au courant de la science par Th. LAVALLÉE, ancien professeur de l'École militaire de Saint-Cyr. 6 forts volumes in-8 jésus, illustrés de 64 gravures sur acier.................... 72 fr.

Atlas universel de géographie Ancienne et Moderne, pour servir à l'intelligence de la *Géographie universelle de Malte-Brun* et *Th. Lavallée*. 31 cartes in-folio, coloriées, dressées par A. TARDIEU, revues et corrigées par A. VUILLEMIN. L'atlas cartonné............ 16 fr.

Atlas universel de géographie moderne, physique, politique, historique, industriel, commercial et militaire, dressé par MM. BUREAU, HUE et GŒDORP, professeurs de géographie à l'École militaire de Saint-Cyr, revu, pour toutes les cartes générales, par M. MASPÉRO, professeur au Collège de France, et composé de 42 magnifiques cartes imprimées en plusieurs couleurs. Cartonné..... 42 fr.

1. Planisphère.
2. Europe physique.
3. Europe politique.
4. Carte politique de l'Europe centrale.
5. Europe centrale (partie occidentale).
6. — (partie centrale).
7. — (partie orientale).
8. Carte géologique de la région française.
9. Carte physique de la région française.
10. France forestière.
11. France agricole.
12. France météorologique.
13. Formation du territoire français.
14. Carte historique de la région française.
15. France administrative.
16. France militaire.
17. France industrielle et commerciale.
18. Communications rapides du territoire français.
19. Camp retranché de Paris.
20. Frontière du Nord-Est de la France.
21. Carte des places fortes du Nord et de l'Est de la France.
22. Frontière du Sud-Est de la France.
23. Carte des Pyrénées.
24. France (région du Nord-Ouest).
25. Algérie et Tunisie.
26. Colonies françaises.
27. Iles Britanniques.
28. Carte de la Suisse.
29. Italie.
30. Carte physique et militaire des Alpes et du Pô.
31. Carte de la péninsule ibérique.
32. Russie et pays scandinaves.
33. Hongrie et Turquie.
34. Grèce.
35. Caucase et Crimée.
36. Asie.
37. Afrique.
38. Amérique septentrionale.
39. Carte militaire des États-Unis (partie orientale).
40. Carte militaire des États-Unis (partie occidentale).
41. Amérique méridionale.
42. Océanie.

GÉOGRAPHIE PHYSIQUE

Historique et militaire de la région française (France, Hollande, Belgique, Suisse, frontière occidentale de l'Allemagne), par E Bureau, chef de bataillon d'infanterie, ancien répétiteur d'histoire, ancien professeur de géographie militaire à l'École de Saint-Cyr, 1 fort volume in-16 de 1,000 pages, cartonné à l'anglaise. 7 fr. 50

APERÇU DE GÉOGRAPHIE MILITAIRE

de l'Europe (moins la France), par Gustave Hue, professeur de géographie à l'École de Saint-Cyr, Un vol. in-16, avec 41 cartes ou plans.. 4 fr.

VOYAGE AUTOUR DU MONDE

Nouvelle édition, résumé général des Voyages de découvertes de Magellan, Bougainville, Cook, Lapérouse, Basil-Hall, Duperrey, Dumont d'Urville, Laplace, Baudin, etc., publié sous la direction de M. Dumont d'Urville, accompagné de 45 grav. sur acier dessinées par Rouargue, et de deux cartes pour l'intelligence du voyage. 2 vol. grand in-8... 30 fr.

VOYAGE DANS LES DEUX AMÉRIQUES

Publié sous la direction de M. Alcide d'Orbigny. Nouvelle édition, revue et augmentée de renseignements sur les états du nouveau monde, et principalement sur la Californie, le Mexique, Cayenne, Haïti, etc. 1 vol. in-8 jésus, illustré de 28 grav. et deux cartes sur acier... 15 fr.

VOYAGE EN ASIE ET EN AFRIQUE

Par Eyriès. Édition corrigée et augmentée des récits des plus récents voyages dans l'intérieur des terres, par M. Alfred Jacobs. 1 vol. in-8 jésus, illustré de 25 vignettes sur acier et de deux cartes.... 15 fr.

PEINTURE GÉOGRAPHIQUE DU MONDE MODERNE

suivant l'ordre dans lequel il a été reconnu et découvert, par Mme Élée. 1 vol. in-18 orné de gravures sur bois............ 3 fr.

L'ITALIE D'APRÈS NATURE

(*Italie Méridionale*), par Mme Louis Figuier. 1 volume in-8. Broché... 3 fr.

SCIENCE — INDUSTRIE
HISTOIRE NATURELLE — BEAUX-ARTS

* **Les merveilles de la science**, ou description populaire des inventions modernes, par Louis Figuier, 4 forts vol. grand in-8 jésus, illustrés de 1817 grav.; broché.................................... 40 fr.
  Chaque volume se vend séparément, broché............ 10 fr.
* **Les merveilles de l'industrie** ou description populaire des procédés industriels depuis les temps les plus reculés jusqu'à nos jours, par Louis Figuier, 4 vol. gr. in-8 jésus, illustrés de 1380 grav.. 40 fr.
  Chaque volume se vend séparément, broché............ 10 fr.
* **Métaux, mines, mineurs et industries métallurgiques**, par Émile With. 1 vol. gr. in-8, illustré de 192 grav........... 10 fr.
* **Traité élémentaire d'astronomie**, par A. Boillot. 2ᵉ *édition*. Un beau vol. in-18, orné de 108 grav. sur cuivre............... 4 fr.

ŒUVRES COMPLÈTES DE BUFFON

Nouvelle édition, avec la classification de Cuvier et des extraits de Daubenton, ornée de 123 planches gravées sur acier, contenant 300 sujets coloriés d'après les dessins de M. Édouard Traviès. 6 vol. grand in-8 jésus.. 90 fr.

ŒUVRES DE LACÉPÈDE

Cétacés, Quadrupèdes ovipares, serpents et poissons. Nouvelle édition, précédée de l'éloge de Lacépède par Cuvier, avec notes, et la nouvelle classification de Desmarest. 2 vol. grand in-8 jésus, ornés de 36 planches gravées sur acier d'après les dessins de M. Édouard Traviès, représentant 72 sujets coloriés.... 30 fr.

Nids, tanières et terriers. (*Les Architectes de la nature.*) Deuxième édition. D'après J.-G. Wood, par Hippolyte Lucas. Magnifique publication illustrée de 200 vignettes placées dans le texte, et de 20 gravures tirées à part. 1 beau vol. grand in-8 jésus..... 10 fr.

Les insectes nuisibles à l'agriculture. Moyens de les combattre, par Ernest Menault. 1 vol. in-16 illustré.................. 2 fr.

Les principaux types des êtres vivants des cinq parties du monde; atlas in-4, contenant 582 gravures, à l'usage des Lycées, Collèges, Écoles primaires et de tous les établissements d'instruction, accompagné d'un texte explicatif, formant un volume in-16, par M. Edmond Perrier, professeur au Muséum d'histoire naturelle. Prix de l'atlas et du volume cartonné........................ .... 6 fr.

ENCYCLOPÉDIE DES BEAUX-ARTS PLASTIQUES

Historique, archéologique, biographique, chronologique et monogrammatique, par Auguste Demmin. *Épigraphie, Paléographie, Architectures* civile, religieuse et militaire; *Céramique* ancienne et moderne; *Sculpture* et *Peinture* de toutes les écoles; *Gravure* sur métaux et sur bois, etc. Cette publication illustrée de 6,000 grav., complétée par une table alphabétique de 20,000 mots, forme 3 vol. grand in-8 cartonnés en toile.................................. 80 fr.

Dessin indutriel. — *Cours élémentaire et pratique*, par L. Guiguet, officier de l'Instruction publique, professeur à l'Association polytechnique. 1 vol. grand in-8 jésus, avec un album de 46 planches in-folio. Prix du volume broché et de l'album cartonné..... 22 fr

Toutes les planches de l'album se vendent séparément 50 cent.

LITTÉRATURE

Œuvres complètes de Chateaubriand, nouvelle édition, ornée de 31 magnifiques gravures sur acier. 12 forts vol. in-8 cavalier .. 72 fr.

Chaque volume se vend séparément. 6 fr.

TOMES
1. Essais historiques sur les Révolutions.
*2. Le Génie du christianisme.
*3. Les Martyrs.
*4. Itinéraire de Paris à Jérusalem.
5. Romans et poésies diverses.
6. Essai sur la littérature anglaise, le *Paradis perdu*, et Poèmes.

TOMES
7. Études historiques.
8. Analyse raisonnée de l'histoire de France et Mélanges politiques.
9. Voyages et mélanges littéraires
10. Congrès de Vérone.
11. Polémique et Mélanges politiques.
12. Opinions et Discours, et Vie de Rancé.

ŒUVRES DE LAMARTINE

(Chaque ouvrage se vend séparément)

IN-8 CAVALIER

Premières et Nouvelles Méditations. 1 vol., 4 gravures......	7 50	Voyage en Orient. 2 vol. 12 grav.	15 »
Harmonies poétiques, Recueillements. 1 vol., 3 gravures.....	7 50	Confidences et Nouvelles Confidences. 1 vol. 8 gravures.....	7 50
Jocelyn. 1 vol. 3 gravures......	7 50	*Le Manuscrit de ma mère. 1 vol.	7 50
Chute d'un Ange, 1 vol., 1 grav.	7 50	Histoire des Girondins. 4 vol., 40 gravures................	30 »

IN-18 JÉSUS

*Premières Méditations. 1 vol...	3 50	Nouvelles Confidences. 1 vol....	3 50
*Nouvelles Méditations. 1 vol...	3 50	*Manuscrit de ma mère. 1 vol..	3 50
*Harmonies poétiques. 1 vol...	3 50	Histoire des Girondins. 6 vol...	21 »
Recueillements poétiques. 1 vol.	3 50	Lectures pour tous. 1 fort vol...	3 50
Jocelyn. 1 vol......:...........	3 50	Raphaël. 1 vol.................	1 25
Chute d'un Ange. 1 vol........	3 50	Graziella. 1 vol................	1 25
Voyage en Orient. 2 vol.......	7 »	*Le Tailleur de pierres de Saint-Point. 1 vol................	1 25
Confidences. 1 vol.............	3 50		

ŒUVRES DE JEAN REYNAUD

Terre et Ciel. Philosophie religieuse 5e éd. 1 fort vol. in-8 cav........	7	L'esprit de la Gaule. 1 beau vol....	6
Merlin de Thionville, avec portrait et fac-simile. 1 fort vol. in-8 cav.	7	*Lectures variées. 1 vol. in-8......	6
		Études encyclopédiques. 3 vol.....	18

ŒUVRES DE WALTER SCOTT

Traduction de M. DEFAUCONPRET; édition illustrée de 59 vignettes et portraits sur acier d'après RAFFET. 30 vol. in-8 cav........ 150 fr.

Chaque volume se vend séparément.................... 5 fr.

1. *Waverley.
2. *Guy Mannering.
3. L'Antiquaire.
4. Rob-Roy.
5. { Le Nain noir. / Les Puritains d'Écosse.
6. La Prison d'Édimbourg.
7.* { La Fiancée de Lammermoor. / L'Officier de fortune.
8. *Ivanhoé.
9. Le Monastère.
10. L'Abbé.
11. Kenilworth.
12. Le Pirate.
13. Les Aventures de Nigel.
14. Peveril du Pic.
15. *Quentin Durward.
16. Eaux de Saint-Ronan.
17. Redgauntlet.
18. Connétable de Chester.
19. *Richard en Palestine.
20. Woodstock.
21. Chroniques de la Canongate.
22. La Jolie Fille de Perth.
23. *Charles le Téméraire.
24. Robert de Paris.
25. { Le Château périlleux. / La Démonologie.
26. }
27. } Histoire d'Écosse.
28. }
29. } Romans poétiques.
30. }

LE MÊME OUVRAGE, *nouvelle édition*, publiée en 30 volumes in-8 carré, avec gravures sur acier. Chaque volume.......... 3 fr. 50

ŒUVRES DE J. FENIMORE COOPER

Traduction de DEFAUCONPRET ornée de 60 jolies vignettes d'après les dessins de MM. Alfred et Tony JOHANNOT. 30 volumes in-8 cavalier.. 150 fr.

Chaque volume se vend séparément.................... 5 fr.

1. Précaution.
2. *L'Espion.
3. *Le Pilote.
4. Lionnel Lincoln.
5. *Les Mohicans.
6. *Les Pionniers.
7. *La Prairie.
8. *Le Corsaire rouge.
9. Les Puritains.
10. L'Écumeur de mer.
11. Le Bravo.
12. L'Heidenmauer.
13. Le Bourreau de Berne.
14. Les Monikins.
15. Le Paquebot.
16. Ève Effingham.
17. *Le Lac Ontario.
18. Mercédès de Castille.
19. *Le Tueur de daims.
20. Les deux Amiraux.
21. Le Feu-Follet.
22. A Bord et à Terre.
23. Lucie Hardinge.
24. Wyandotté.
25. Satanstoë.
26. Le Porte-Chaîne.
27. Ravensnest.
28. Les Lions de mer.
29. Le Cratère.
30. Les Mœurs du jour.

LE MÊME OUVRAGE, *nouvelle édition*, publiée en 30 volumes in-8 carré, avec gravures sur acier. Chaque volume.......... 3 fr. 50

OUVRAGES DIVERS

Le Chien, *son histoire, ses exploits, ses aventures,* par Alfred BARBOU, bibliothécaire à la bibliothèque Sainte-Geneviève. Un vol. grand in-8 raisin, illustré de 87 compositions...................... 10 fr.

Musée historique de Versailles, contenant tous les tableaux remarquables des galeries de Versailles, 56 planches gravées sur acier, avec un texte explicatif, par M. Henri MARTIN, 1 splendide volume in-4, relié.. 30 fr.

Physiologie du goût, par BRILLAT SAVARIN. Nouvelle édition précédée d'une Introduction par ALPHONSE KARR, illustrée par BERTALL de 200 gravures sur bois placées dans le texte et de 7 grav. sur acier tirées sur papier de Chine. 1 magnifique vol. gr. in-8 jésus. 15 fr.

Histoire de la Magie et de la Fatalité à travers les temps et les peuples, par P. CHRISTIAN. 1 beau volume grand in-8, illustré par Emile BAYARD... 10 fr.

Don Quichotte de la Manche, par Michel CERVANTÈS, traduction de M. Ch. FURNE. 1 beau vol. grand in-8 jésus illustré de 160 dessins par M. Gustave ROUX, broché. .... 8 fr.

Les aventures du Baron de Munchhausen, édition nouvelle, traduite par Th. GAUTIER fils, et illustrée par Gustave DORÉ. 1 volume in-8. Br. 4 fr., relié avec plaques or, tranches dorées...... 7 fr.

Album-Vocabulaire du premier âge, en français, anglais, allemand, italien et espagnol, par MM. A. LE BRUN, H. HAMILTON et G. HEUMANN. 1 vol. grand in-8 raisin, illustré de 800 gravures, avec plaques et biseaux.. 6 fr.

Chefs-d'œuvre épiques de tous les peuples, par A. CHASSANG, inspecteur général de l'instruction publique, et L. MARCOU, maître de conférences à la Faculté des lettres de Paris. 1 vol. in-16. 3 fr. 50

A cheval! En chasse! par Robert DE FAUCONNET, charmant volume in-8 écu, illustré de 70 gravures, tiré sur papier vélin teinté (Édition d'amateur).. 5 fr.

La vie à la campagne, Chasse, pêche, courses, haras, beaux-arts, agriculture, acclimatation des races, pisciculture, régates, voyages, bains de mer, eaux thermales, etc. 6 beaux vol. grand in-8 jésus, ornés de nombreuses gravures sur acier et de plus de 2,000 gravures sur bois intercalées dans le texte.. 60 fr.

Charles Jobey. — *La Chasse et la Table,* Nouveau traité en vers et en prose donnant la manière de chasser, de tuer et d'apprêter le gibier. Joli vol. in-18, pap. vélin glacé, avec grav. sur acier 3 fr. 50

La Séparation de corps et le Divorce, *à l'usage des gens du monde et la manière de s'en servir.* Manuel des époux mal assortis, par G. DE CAVILLY, avec une lettre de M. NAQUET, député. 1 beau vol. in-16, couverture artistique, dessinée par Kauffmann. 3 fr. 50

L'Éloquence sous les Césars, par AMIEL, agrégé de l'Université. 1 vol. in-8.. 5 fr.

Histoire des villes de France, avec une Introduction et un Résumé général pour chaque province, par ARISTIDE GUILBERT, et une société de membres de l'Institut, de Savants, de Magistrats, d'Administrateurs, etc., ornée de 90 magnifiques gravures sur acier par ROUARGUE FRÈRES, de 113 armoiries coloriées des villes, et d'une carte de France par province. 6 vol. grand in-8 jésus..... 92 fr.

Histoire d'Espagne, depuis les premiers temps historiques jusqu'à la mort de Ferdinand VII, par **Rosseeuw Saint-Hilaire,** professeur agrégé d'histoire à la Faculté des lettres de Paris 14 volumes in-8 carré... 70 fr.

LITTÉRATURE CLASSIQUE

MOLIÈRE. — Œuvres complètes, précédées de la Vie de Molière par Voltaire. 2 volumes in-8 cavalier ornés de 16 vignettes d'après MM. Horace Vernet, Desenne et Johannot, gravées par Nargeot.. 14 fr.

P. CORNEILLE. — Œuvres dramatiques, précédées de la vie de P. Corneille par Fontenelle. Nouvelle édition, ornée de 11 gravures sur acier d'après Bayalos, et d'un magnifique portrait de P. Corneille. 1 fort volume in-8, papier cavalier .... 7 fr.

JEAN RACINE. — Œuvres, précédées d'un essai sur sa vie et ses ouvrages par L. S. Auger, de l'Académie française, et ornées de 13 vignettes d'après Gérard, Girodet, Desenne. 1 beau volume in-8 cavalier... 7 fr.

BOILEAU. — Œuvres, avec un choix de notes, et les imitations des auteurs anciens. Nouvelle édition précédée d'une notice sur Boileau par Sainte-Beuve, de l'Académie française. 1 volume in-8 cavalier, 6 vignettes et 1 portrait sur acier.................. 5 fr.

Le même ouvrage, édition de luxe, tirée à 110 exempl., sur grand papier vergé, numérotés à la presse. 1 vol. orné de grav. sur acier, imprimées sur papier de Chine .... 25 fr.

LA BRUYÈRE. — Les Caractères et les *Maximes de La Rochefoucauld*, précédés d'une notice par M. Suard. Nouvelle édition. 1 beau volume in-8 cavalier, orné d'un portrait de J. de La Bruyère.. 5 fr.

LA FONTAINE. — Fables, illustrées par Tony Johannot de 13 gravures sur acier. Nouvelle édition, augmentée d'un choix de notes. et précédée d'une Notice sur La Fontaine par Sainte-Beuve, de l'Académie française. 1 vol. in-8 cav..................... 5 fr.

VAUVENARGUES, édition nouvelle, précédée de l'*Éloge de Vauvenargues* couronné par l'Académie française, et accompagnée de notes et commentaires par M. D.-L. GILBERT. 1 volume in-8 cavalier avec portrait sur acier.

— *Œuvres posthumes et œuvres inédites*, avec notes et commentaires par M. D.-L. GILBERT. 1 volume in-8 cavalier. — Prix des deux volumes .... 12 fr.

FÉNELON. — Les aventures de Télémaque. 1 beau vol. in-8° cavalier, orné de 12 grav et d'un portrait gravé sur acier .... 6 fr.

BOSSUET. — Discours sur l'Histoire universelle et Oraisons funèbres. 1 volume in-8° cavalier............................... 5 fr.

Mme DE SÉVIGNÉ. — Lettres, précédées d'une notice historique et littéraire. 1 beau volume in-8 cavalier, orné d'un portrait .... 6 fr.

VOLTAIRE. — Siècle de Louis XIV. 1 beau volume in-8 cavalier, orné d'un portrait de Louis XIV......................... 6 fr.

VOLTAIRE. — Théâtre, précédé d'une notice sur sa vie et ses ouvrages. 1 beau volume in-8 cavalier, orné d'un portrait..... 6 fr.

BEAUMARCHAIS. — Théâtre, précédé d'une notice par SAINT-MARC GIRARDIN. 1 vol. in-8 cav., illustré de 5 vignettes sur acier, d'après Tony Johannot .... 6 fr.

DEMOUSTIER. — Lettres à Émilie sur la Mythologie. 1 vol. in-8 cav., orné de 12 grav. sur acier, imprimées sur Chine....... 7 fr.

Le même ouvrage, édition de luxe, 1 fort volume tiré à 110 exemplaires sur grand papier vergé, numérotés à la presse, orné d'une collection de 13 magnifiques gravures sur acier, tirées sur Chine..... 25 fr.

LE SAGE. — Gil Blas de Santillane. Nouvelle édition, 1 volume in-8 cavalier, orné de 8 gravures sur acier et d'un portrait de l'auteur .... 7 fr.

A. HAMILTON. — Mémoires de Grammont et contes. 1 volume in-8 cavalier orné de 6 gravures sur acier, d'après les dessins de Moreau... 6 fr.

MICHEL CERVANTES. — Don Quichotte de la Manche. Traduction nouvelle par Ch. FURNE, 2 volumes in-8 cavalier, ornés de gravures sur acier... 8 fr.

1271-84. — Corbeil. Typ. et stér. Crété.

www.ingramcontent.com/pod-product-compliance
Lightning Source LLC
Chambersburg PA
CBHW070908170426
43202CB00012B/2235